128분, 나를 바꾸는 시간

128분, 나를 바꾸는 시간

지은이 김성삼
펴낸이 임상진
펴낸곳 (주)넥서스

초판 1쇄 발행 2019년 3월 5일
초판 4쇄 발행 2024년 5월 1일

출판신고 1992년 4월 3일 제311-2002-2호
주소 10880 경기도 파주시 지목로 5 (신촌동)
전화 (02)330-5500 팩스 (02)330-5555

ISBN 979-11-6165-603-8 03180

www.nexusbook.com

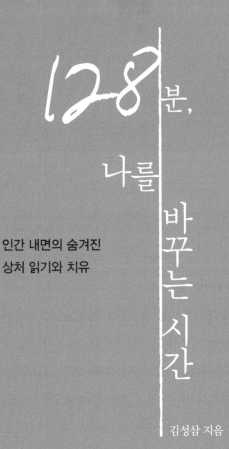

128분,

나를

바꾸는 시간

인간 내면의 숨겨진
상처 읽기와 치유

김성삼 지음

지식의숲

'카우보이' 교수의 감성혁명

경상북도 경산시 자인면 북사리…

'한의대 오바마'라 불리는 나의 현주소다. '시골교수'란 별명은 서울에 있는 동료 교수들이 붙여준 별명이고 '한의대 오바마'는 학생들이 붙여준 별칭이다. 둘 다 맘에 든다. 내가 있는 곳은 3월이면 수선화가 노래하고 4월이면 복숭아꽃이 붉은색 비단으로 수를 놓는 햇빛 좋은 언덕이다. 아침엔 왜가리를, 저녁엔 고라니를 만날 수 있는 곳에서 나는 역설적으로 '감성혁명'을 부르짖고 있다.

교수가 주도하는 일방적 주입 교육의 현장에서 소크라테스의 문답법식 수업을 하고, 집에서 선행 학습 후 학생이 주도하는 거꾸로 플립러닝(flipped learning) 수업을 한다. 미술에서 음악을 듣고 영화에서 인문학을 그려내는 창조적 수업이 거침없이 진행된다. 숨 가쁘다. 누가 그렇게 하라고 했으면 아마 절대 하지 않았을 것이다.

한 강좌에 모든 스킬을 다 집어넣어 강의하는 일명 '비빔밥 강의(감성티칭)'를 가장 즐긴다. 오감을 총동원한 나의 전매특허인 이 강의는 시간 대비 학습효과가 가장 높다. 강의 만족도는 95퍼센트, 결과물의 평가는 평균 87~90점대를 유지한다. 단, 단점은 교수의 에너지 소모가 너무 크다는 것이다.

'오감'을 살리니 학생이 살더라!

이 느낌을 완전하게 살린 강좌가 바로 필자의 '영화 속의 인간심리'란 강의다. 어떻게 하면 인간의 심리를 재미있게 강의할까 고민하다 영화란 소재를 가져오게 되었고, 수업 방식을 고민하다가 영화보다 더 재미있고 감동적인 스토리를 구성했다. 강의 내용에 따라 직접 주인공의 명대사를 통째로 외워 연극 형식으로 표현하기도 하고, 학생들 사이에서 애드리브를 치면서 소통하기도 한다. 강연 중간에 쉬는 시간에는 강의의 몰입도를 높이기 위해 영화 OST를 동영상으로 틀어주며 청각적 자극도 주었다. 강의에서 미술의 향기와 오케스트라의 장엄을 느끼게 했고, 인문학의 감성을 깨어나게 했다. '여행은 움직이는 독서'이고 '독서는 앉아서 하는 여행'이다. 이런 논리라면 '영화는 앉아서 하는 독서이자 여행'이 된다. 이것이 강연 속에 오감을 넣어야 하는 이유다.

10분의 짧은 쉬는 시간, 그 틈을 놓치지 않고 봄, 여름, 가을, 겨울, 사계절에 맞는 음악을 장르별로 분류해서 틀어준다. 비 오는 날이면 베토벤 교향곡 〈엘리제를 위하여〉를, 화창한 날엔 데이비드 가렛의 바이올린 연주곡 〈캐리비안 해적〉 영화음악을, 뭐 이런 식이다.

4월 10일은 이곳 경산캠퍼스에 벚꽃과 복숭아꽃이 함께 피는 시기다. 그 한 주는 모두 야외수업이다. 당신은 지금까지 살아오면서 단 한 번이라도 흩날리는 벚꽃 아래서 강의를 들어본 적 있었는가? 수업의 진도보다 더 중요한 건 바로 가슴과 눈이 기억하는 뜨거운 감동의 추억이다.

"교수님의 강의에서 웃음과 해학, 지혜와 절제, 지식과 정보, 감성과 치유를 동시에 만납니다!"

"강의 시작은 알았는데 마치는 걸 잊었습니다!"

"한 편의 감동적인 영화를 본 듯한 강의는 처음이었습니다!"

시험을 친 후 답안지 맨 끄트머리에 깨알 같은 글씨로 달아준 학생들의 응원 댓글이다. 반응이 좋아지면서 나의 강좌를 촬영하게 되었고 최대한 절제된 그 강좌가 2016과 2017년에 전국 대학 3만 2,500여 사이버 개설 강좌 중 '1위'를 차지하며 'KOCW 인기강의 어워드' 상까지 수상했다.

그러나 내가 이러한 감성을 일깨우는 강의를 개발하게 된 데는 개인적인 슬픈 사연이 있다는 걸 아는 사람은 거의 없다. 그 누구한테도 이야기를 하지 않았기 때문이다. 난 어릴 적 쌍둥이로 태어났다. 얼굴이 달랐으니 이란성 쌍둥이다. 5분 먼저 태어난 이유로 난 형이 되었다. 어릴 적 나는 약했고 어눌했다. 그에 비해 동생은 튼튼했고 총명했다. 동생이 지금까지 잘 자랐더라면 나보다 훨씬 잘생기고 똑똑했을 것이다. 그런 동생을 삼신할머니가 시기한 것 같다. 태어난 지 얼마 되지 않아 동생은 소아마비에 걸렸다. 왼손과 머리 쪽만 빼놓고 모든 기능이 마비되었다. 소위 말하는 '식물인간'이 되었다. 소변은커녕 자기 의지로 돌아눕지도 못하는 지독한 고통은 시지포스(Sisyphus)의 모습을 그대로 닮았다.

17살! 숨을 거두기 직전까지 동생의 모든 대소변을 다 받아내야만 했다.

그 일은 온전히 내 어머니와 나의 몫이었다. 어릴 때 기억이 가슴에 훈장처럼 남아 있다. 어머니가 아픈 뒤로 그 일은 자연스럽게 내 담당이 되었다. 초등학교 때부터 기억이 나는 걸로 보아 10년을 꼬박 동생의 대소변을 다 받았던 것 같다. 저주받은 몸을 받았지만 동생은 한 번도 자신을 원망하지 않았다. 장애는 동생이 입었지만 형인 나를 항상 챙겼고 위로했다. 새벽에 소변을 뉘게 하는 내게 "고맙고 미안하다"는 말을 단 한 번도 잊어버리지 않았던 배려심 많은 아이였다. 어설픈 한 손으로 그림을 그렸고 한글을 썼으며 천자문을 뗐고 띄엄띄엄 영어까지 읽었다. 아무도 가르쳐주지 않았는데 말이다.

눈빛으로 소통할 수 있음을 난 그때 처음 알았고, 오감으로 체득할 수 있음도 그때 알았다. 긍정의 에너지가 있다는 걸 그때 알았고 이타심의 실천도 그때 배웠다. 어쩌면 내 감성의 발견은 그 무렵부터였는지 모른다. 지금도 가끔 동생을 돌보는 꿈을 꾼다. 37년이 지났지만 어제의 기억처럼 생생하다. 살아보니 그렇더라. 상처가 없는 사람은 없더라. 그저 덜 아픈 사람이 더 아픈 사람을 안아주는 것일 뿐….

〈죽은 시인의 사회〉의 '키팅'처럼 하루가 감동적일 수 있다면!

김재동의 토크 개그감과 마틴 루서 킹 목사의 폭발적 연설을 함께 표현할 수 있을까? 혹은 모모랜드의 〈뿜뿜〉과 임재범의 〈여러분〉을 동시에 뒤섞어 전 세대를 공감시킬 수 있을까? 일반적 접근법으론 어림없다. 강의 방법을 바꿔야 한다. 그래야 학생이 살고 강연자가 산다.

강의 좀 한다는 사람도 쉽게 성공할 수 없다는 3대 강의처(?)가 있다. 아무리 강의를 잘해도 본전이니 가능한 한 그곳에선 강의하지 말라는 곳으로 강의 평가가 짜기로 유명한 곳이기 때문이다. 교육연수원 교장 승진자 교육과정, 공무원교육원 5급 승진자 교육과정, 초등학생 1학년부터 6학년까지 모두 모은 합동 교육과정이 바로 그곳이다. 이 세 곳 중에서도 가장 힘든 곳을 꼽으라면 바로 초등학생 교육과정이다. 역설적이다. 초등학생들의 집중 시간은 5분이다. 5분 단위로 그들을 집중시키지 못하면 무조건 강사의 완패다.

난 가장 어렵다는 그 세 곳의 오지에서 온전히 살아남았다(웃음). 초등학생 200명을 상대로 강연한 후 학생들 20여 명에게 둘러싸여 사인을 받아본 적 있는가? 분명 그건 감동이다. 감동을 불러일으킨 대가는 흔적을 남겼다. 그 뒤 2주 내내 목이 쉬어 고생했다. 아무튼 그들의 마음 문을 여는 키는 결국 감동과 유머이자 감성의 힘이었다.

닫힌 마음의 문을 열고 박수와 환호성을 이끌어내는 유일한 방법이 바로 '거꾸로 수업'인데 '거꾸로 수업'은 머리가 아닌 가슴으로 하는 수업이자 학생이 주인공이 되는 수업이기 때문이다. 강단에 선 자의 정서적 차가움은 교수가 학생들에게 가하는 정서적 폭력이다. 그래서 분필 든 자의 용기가 필요하다.

'첫사랑이 아름다운 건 머리가 아닌 가슴으로 사랑하기 때문이다!'

2008년 미국 민주당 대선후보 경선에서 오바마가 힐러리를 이겼던 결정적 이유는 머리가 아닌 가슴으로 연설했기 때문이다. 철저한 논리로 무장한 이성적 연설의 대가인 힐러리의 머리는 따뜻한 감동으로 다가선 감성적인 오바마의 가슴을 결코 이길 수 없었다. 오바마의 연설을 들은 수많은 청중은 눈물까지 흘렸고 그 감동을 주변 사람에게 전했던 것이다. 바이럴 마케팅의 확산이다. 마케팅이 고객의 공감을 불러일으키는 과학이라고 한다면, 세일즈는 고객의 마음을 훔치는 예술이다. 사람의 행동을 결정하는 것은 이성이 아니라 감성이다. 오바마가 대통령이 될 수 있었던 건 바로 이것 때문이다. 감성이 풍부한 사람은 감동을 줄 수 있고 감동을 줄 수 있는 사람은 사람들을 변화시킬 힘이 있기 때문이다.

　반응 없는 그들을 이끌어낼 수 있는 강력한 무기는 바로 '감동'이다. 영화 〈죽은 시인의 사회〉 속 키딩 선생처럼 아무도 알아주지 않더라도 머리와 배가 아닌 가슴으로 교감하는 영원한 '시골교수'로 남고 싶다. 이것이 오늘도 나의 강의를 내 인생의 마지막 강연인 깃처럼 모든 걸 불태우는 이유다.

김성산

c o n t e n t s

"빛이 어둠 속에서 비치고 있다. 그러나 어둠이 결코 빛을 이겨본 적이 없다."

〈요한복음〉 1장 5절

영화를 통한
감성의 발견

사람들에겐 3가지 본성이 있다. 이성, 감성, 야성이다. 나는 어느 쪽에 가까운 사람인지 글을 읽으며 찬찬히 음미해보는 것도 재미있다. 이성은 머리 중심으로 살아가는 사람을 말하고, 감성은 가슴 중심으로 살아가는 사람을 말하며, 야성은 배 중심으로 살아가는 사람을 말한다. 흔히, 머리(이성) 중심의 사람은 논리적이고 합리적이란 평가를 받지만 대체적으로 차갑다는 인상을 받는다. 이에 반해 가슴(감성) 중심의 사람은 감성적이고 이타적이라는 평가를 받지만 우유부단하다는 평가가 따른다. 배(야성) 중심의 사람은 도전적이며 모험적이란 평가를 받지만 자기중심적이란 소리를 듣는다. 모든 본성에는 긍정과 부정이 함께 존재한다. 비율의 문제이자 활용의 문제다.

　2008년 44대 미국 대선 민주당 예비경선 후보로 나왔던 힐러리 클린턴(Hillary Rodham Clinton, 1947~)은 머리 중심의 대표적 인물이었고, 오바마(Barack Obama, 1961~)는 가슴 중심의 대표적 인물로 평가받았다. 차가운 이성을 가진 힐러리는 따뜻한 감성의 오바마를 결코 이길 수 없었다. 대선에서 사람들의 마음을 움직였던 것은 논리와 이해의 문제가 아니라 공감과 감성의 문제였기 때문이다. 2017년 미국의 대통령으로 트럼프(Donald Trump, 1946~)가 당선되었다. 이전에 볼 수 없었던 새로운 리더십이다. 그러나 분명한 사실은 그는 이성도 감성도 아닌 철저한 야성에 의한 본능적 정치를 구사한다는 점이다. 야성적이고 본능에 충실한 정치는 자기중심적일 수밖에 없다. 자국 중심의 정치적 행보, 끊임없이 디져 나오는 크고 작은 주변부와의 충돌은 그 분석이 결코 과장이 아니라는 명백한 증거다. 직선과 직진의 이야기가 나오는 근본적 이유도 여기에 있다.

별은 세상에서 가장 아름다운 도형이다. 기원전 6세기 고대 그리스 수학자 피타고라스(Pythagoras, BC 570~BC 495)가 정오각형에서 발견한 별, 그 속에 숨어 있는 황금비는 완벽하고 편안한 자연미의 극치다. 모나리자의 미소가 아름다운 것도, 〈금동미륵보살반가사유상〉의 묵상이 아름다운 것도, 자연의 모든 대상이 아름다운 것도 모두 이 비율을 따르기 때문이다. TV와 명함의 가로와 세로의 비율에서 심리적 편안함을 느끼는 것도 황금비가 주는 자연미 때문이다.

그래서 필자도 우리가 갖추어야 할 감성과 이성의 비율을 감성 1과 이성 1.618의 자연 비율의 법칙을 따르자고 조언하는 것이다. 조금 다르게 표현하면, 창조적이고 감성적으로 움직이는 우뇌 1의 비율과 논리와 합리적 사고를 중심으로 하는 좌뇌 1.618의 비율로 뇌를 사용하라는 이야기다. 여기에 야성의 비율을 포함시키지 않은 이유는, 이성과 감성에 모두 녹아 있는 것이 야성이기 때문이다. 굳이 야성을 드러내지 않아도

학생들에게 새로운 강의 패러다임을 보여주기 위해 2012년부터 시작한 필자의 토크콘서트 모습. 첫 회 참석자로 시골의사 박경철 씨가 초대되었다. 강당이 비좁을 정도로 많은 학생들이 참석해 무대까지 올라온 모습이 재미있다.

된다는 뜻이다. 야성의 본능이 이성과 감성의 비율을 넘어서면 반드시 싸움이 일어난다. 강철처럼 단단했던 미국이 최근 시끄러운 건 새로운 리더의 스타일에서 기인한 소소하지만 비중 있는 성격 탓이다.

몇 해 전 '시골의사' 박경철과 필자가 토크콘서트를 할 때 그의 슬로건을 이용해서 대화를 나눈 적 있다. "철학자의 심장으로 고뇌하고, 시인의 눈빛으로 비판하고, 혁명가의 열정으로 실천하라." 이를 세 가지 본능으로 대입해보니 철학자는 이성으로, 시인은 감성으로, 혁명가는 야성으로 움직인다는 말로 완벽하게 대응되었다. 딱 맞아떨어지는 절묘한 비유였다. 내가 감성을 중심으로 한 야성의 소유자라면 박경철은 이성을 중심으로 한 야성의 소유자다. 예술 계열의 화가로 출발해서 교수와 강연자로 변신한 나와 자연 계열의 의사로 출발해서 작가와 강연자로 변신한 박경철 사이에는 한 뼘 정도의 미묘한 감성의 차이가 존재했다.

이 책은 영화를 다루고 있지만, 영화가 주는 아니다. 영화 속에 인문

2014년 제2회 토크콘서트 때 사진. 그해 학생들이 가장 모시고 싶은 연예인 1위로 선정된 개그우먼 김신영 씨와 필자의 모습. 단순한 강연이 아닌 토크 배틀과 학생들이 직접 참여하는 프로그램으로 꾸며 진정한 토크콘서트의 장을 열었다는 평가를 받았다.

학의 향기와 음악의 멜로디는 물론 미술의 상상력도 함께 들어 있다. 이 책을 눈이 아닌 머리와 가슴으로 함께 보아야 하는 이유가 여기에 있다. 그렇게 모아진 이야기엔 진한 에스프레소의 향 같은 감성이 묻어 나온다. 감성은 감동과 닮았다. 필자는 그저 감동을 전달하는 배달부일 뿐이다. 감동은 사람을 변화시키는 힘이 있다는 분명한 사실을 직시하고 있는 배달부 말이다. 나를 바꾸고 세상을 변화시키는 원재료가 감성이라면, 결정적 손맛은 감동이다. 감성과 감동이 만든 진정성은 이 책이 지향하는 시선의 끝이다. 영화는 그것을 만나러 가는 아름다운 여정이다.

1

감성의 새로운 발견

음악, 미술을 비롯한 예술이나 자신의 전문 분야에 오랫동안 종사한 사람들에겐 다른 전공자들이나 일반인들이 쉽게 이해하지 못하는 감각이 하나 더 있다. 소위 말하는 '필(feel)'이다. 자신의 분야에서 달인이란 소리를 듣는 분들이면 공통적으로 가지고 있는 일종의 '근자감(근거 없는 자신감)' 같은 것으로, 상당히 높은 정확도와 확률을 자랑한다.

학문적 근거와 신뢰도를 바탕으로 강의를 하는 대학에서 필이니 감각이니 하는 단어는 논거가 약한 이들의 자기주장일 뿐이라고 일축하겠지만 그럼에도 나에게 필은 높은 자존감의 확신 같은 느낌이다. 한국 미술사학계의 거두였던 이동주 전 서울대 교수가 어느 고택에서 나온 그림을 감식할 때의 일이다. 작가를 추정할 만한 낙관(落款)이나 화제(畵題)가 전혀 없어 그림의 연대와 그린 이를 추정하기 어려웠음에도 불구하고 제작 연대는 물론 작가까지 정확히 말씀하시자 주변에서 무슨 근거로 그런 말을 하는지 물었다.

"평생을 통해 옛 그림을 보고 분석해온 사람만이 느낄 수 있는 일종의 감이지요." 당대 최고의 석학 입에서 나온 의외의 답변에 당황했지만, 모두 수긍했다. 오랜 경험에다 오감과 식스센스까지 더해 해답에 접근하는 훈련을 오래전부터 하지 않았다면 결코 나올 수 없는 촌철살인, 신의 한 수였다. 물론 논거와 증거 지상주의의 현대식 교육에 익숙해져 버린 나에겐 의문의 한 방이었지만 말이다.

오랫동안 학생들에게 강의를 해오면서 강의를 통해 학생들이 진정으로 바라는 것이 무엇인지 알지 못했다. 단지, 교수가 가진 지식과 정보를 최선을 다해 전해주면 내가 할 일은 다한 줄로만 알았다. 그래서 더 많은 자료를 찾았고 더 많은 지식을 퍼다 날랐다. 지식에 쏟아붓는 시간만큼 감성은 상대적으로 줄어들었다. 시간이 흐를수록 나의 차가운 '지식이성'은 가을 억새 뿌리처럼 촘촘하고 견고해져만 갔지만 따뜻한 '생활감성'은 말라버린 쭉정이처럼 황폐해져 갔다. 균형을 잃어버려 구멍 뚫린 지식의 배는 침몰을 기다리는 초라한 몰골을 하고 있었다.

"단순한 지식만이 아니라 책에서 배울 수 없는 삶의 지혜와 의미를 교수님의 강의를 통해 배우고 싶습니다." 2007년 학기를 마친 자유 토론 시간에 어느 여학생이 '툭' 하고 던진 한마디는 교육에 대한 나의 모든 생각과 신념을 뒤집어놓았고 잊고 지냈던 '필'을 꺼내게 했던 결정적 계기가 되었다. 그리고 그 한마디가 지금의 나를 있게 했고 이동주 교수의 '감'을 잡게 했다. "그래, 감성의 시작은 잊어버린 오감의 감각을 찾는 것에서부터 시작하는 거야!"

나와 봄날의 데이트

2017년 대한민국은 어떻게 역사에 기록될 것인가? 소설 속 상상이나 영화 속 환상보다 훨씬 더 충격적인 현실이 눈앞에 펼쳐졌다. 상상과 현실의 경계가 무너졌고 우리가 상상하는 것보다 더 파격적인 일들이 현실로 나타났다. 가히 충격적이다. 현실과 상상의 무너진 경계 속에서도 우리들은 곧 과거가 될 현재의 시간을 끝없이 만들고 있었다. 그리고 그 속에 우리가 있었다.

1898년 작가 모건 로버트슨(Morgan Robertson, 1861~1915)이 타이타닉호의 침몰을 예견한 《퓨틸리티(Futility, 무용지물)》라는 소설을 출간할 당시만 해도 14년 뒤 세계에서 가장 크고 안전한 배로 알려진 타이타닉호가 실제로 1912년에 북대서양에서 빙산 때문에 침몰하게 될 것을 알지 못했다. 할리우드의 전설적인 명감독 스탠리 큐브릭(Stanley Kubrick, 1928~1999)이 1968년에 만든 영화 〈2001 스페이스 오디세이〉(1968)에 나온 인공지능(AI)과 슈퍼컴퓨터, 아이폰이 오늘날 현실이 될 것이라고 상상한 이는 아무도 없었다. 결코 일어나선 안 될 부정의 상상이 현실이 되었고, 긍정의 상상도 현실이 되었다. 우리가 감성을 키워야 하는 이유가 여기에 있다. 감성의 개발은 우리의 미래를 긍정적으로 실현시키는 새로운 발견의 시작이기 때문이다.

어미 새가 새끼를 가르칠 때, 어미 새는 결코 나는 법을 가르치지 않는다. 다만 나는 행동을 반복해서 보여줄 뿐이다. 날 수 있는 능력은 본능이기에 자신이 그랬던 것처럼 처음의 두려움만 없애준다. 그래서 감성은 타고나지만 그 감성의 활용은 선택적이라는 것이다.

최근 들어 대학가에서 강연 요청이 부쩍 늘었다. 강연의 대상자들이 학생들이 아니고 교수들이다. 주제는 '스토리텔링을 중심으로 한 감성교수법'이다. 해당 분야의 탁월한 업적을 남긴 교수들에게 지식과 정보가 없어서 필자를 초청하는 것은 아닐 것이다. 학생들을 감동시키고 사람들을 변화시키는 감성이 어떤 것인지 알기 위해 모이는 것이다. 2시간 정도의 짧은 강연에서 감성이 무엇이고 어떤 에너지를 갖는지 조곤조곤 들려준다. 그리고 필자가 시연한 사례를 슬라이드로 보여주면 그들의 반응은 한결같다.

"아니, 어떻게 그걸 실천할 생각을 했죠?"

"아휴! 나는 절대로 못하겠다."

익숙지 않고 부담스럽다는 이야기다. 조금 더 솔직하게 말하면 자신이 없다는 뜻이다. 영화 〈죽은 시인의 사회〉(1989)의 키딩 선생처럼 나도 저렇게 하고 싶다는 사람은 많지만, 키딩 선생의 수업 방식을 응용해서 직접 적용하는 사람을 지금까지 단 한 명도 만나보지 못했다. 생각과 직면의 차이다. 강연 때 키딩 선생의 수업 방식을 업그레이드해서 강의한 다양한 사진을 보여주면 여기저기서 웃음과 감탄이 동시에 쏟아진다. 새로운 수업의 실천은 머리가 아닌 가슴으로 다가갈 수 있다.

4월 초순 "오늘은 야외수업"이란 식상한 문구 대신 "I Have a Date with Spring(나와 봄날의 데이트)"라고 적고 눈부신 햇살이 쏟아지는 벚꽃 아래로 학생들을 모았다. 그리고 자신의 신념을 짧은 문장의 시로 만들어 한 명 한 명이 발표하게 하며 선물로 긍정의 박수를 친구들 모두에게 받게 한 적 있다.

"제 생애 그때의 수업은 절대 잊을 수 없을 겁니다." 대학원 진학을 위한 인터뷰 때 그때의 수업을 감동적으로 말해 화제가 되었다는 어느 학생의 고백은 지금도 잊을 수 없다. 키딩 선생처럼 교탁 위에 올라가 수업하기도 하고, 예일대 철학과 셸리 케이건 교수처럼 교탁 위에 앉아 수업을 하기도 한다. 엄청난 도발이며 아웃사이더의 행동이지만 학생들은 필자의 이런 '깜찍한 반란'을 뜨거운 열정으로 기억해주었다.

학과 예산을 아끼면서 학생들의 환경을 미술치료학과의 특성에 맞게 획기적으로 바꿔줄 요량으로 전문가를 불러 칙칙한 공장 같은 강의실을 뒤집었다. 천장엔 미니 비행기를 달고 벽엔 아름다운 숲속의 풍경과 포토존 장소를 만들고 매직아트까지 그려 넣었다. 그리고 복도엔 카페의 공간처럼 붉은색 비치파라솔과 소파를 놓고 깔끔한 인테리어까지 강의실 공간을 완전히 영화 속 세트장처럼 변신시켰다. 깜짝 변신한 학과의 모습에 등교하는 학생들의 감동과 환호성이 아직도 기억에 생생하다. 지금도 강의 중간 학생들이 카페 같은 넓은 복도와 사방에 아름다운 벽화가 그려진 공간에서 커피를 마시며 휴식하는 모습을 보면 입가에 미소가 절로 번진다. "그래, 참 잘한 거야! 이것 보라고! 감동은 영원하잖아!"

감성과 직면이 만나면 모든 걸 뒤집는다. 긍정의 선순환은 여기에서 출발한다. 직면의 힘은 아름답고 위대하다. 영화는 아름다운 직면을 만나게 하고 함께 여행하게 만든다. 독서보다 강렬하고 여행보다 감성적인 영화는 그래서 살아 있는 교과서다.

직면이 가진 위대한 힘과 관련한 여러 영화들이 있다. 롤랑 조페(Roland Joffe, 1945~) 감독이 만든 아름다운 영화음악이 일품인 〈미션〉(1986)은 직면과 관련한 최고의 영화다. 예수교 소속의 가브리엘 신부는 과라니족을 교화시키기 위해 목숨을 걸고 원주민들이 사는 곳으로 가지만, 그들이 사는 계곡으로 접어드는 순간 자신을 주시하는 살기를 느낀다. 순간 가브리엘 신부는 자신이 가져온 오브에를 꺼내 죽음과 마주한다. 모든 걸 내려놓고 두려움과 직면하는 순간 기적같이 자신을 죽이러 왔던 과라니족과 형제가 된다는 스토리는 영화음악계 거장 엔니오 모리코네(Ennio Morricone, 1928~)의 〈넬라 판타지아〉와 함께 전설로 남아 있다.

그리고 1994년 프랭크 다라본트(Frank Darabont, 1959~) 감독의 영화 〈쇼생크 탈출〉(1994)은 영화 곳곳에서 주인공 앤디가 현실의 벽과 당당히 마주하는 주옥같은 장면들이 나온다. 가히 직면의 교과서 같은 영화다. 참 흥미로운 것은 이 영화가 현재의 대학생들이 태어나기도 훨씬 전에 만들어졌음에도 불구하고 영화를 보고 나서 받는 감동은 상상을 초월한다. 가성비 대비 만족도가 기대 이상인 최고의 영화가 바로 〈쇼생크 탈출〉이다. 심지어 어떤 학생은 만약에 자신이 '영화 속의 인간심리'라는 필자의 강의를 통해서 이 영화에 대해 알지 못했더라면 인생에서 가장 소중한 걸 놓칠 뻔했다고 말하기까지 했다. 말속에 빛이 있다는 걸 처음 알았다.

간수장 해들리와 옥상에서 방수 작업 중 목숨을 걸고 그를 설득하는 장면과 쇼생크 교도소에 처음으로 음악을 들려주는 장면 그리고 맨 마지막에 앤디가 탈출하는 장면은 우리가 한계라고 생각하는 모든 일상의 현실과 대신 마주해준 앤디의 '직면'을 읽는다. 어떻게 감동을 받지 않을 수 있겠는가?

어디 그뿐인가? 유대인 피아니스트 블라디슬로프 스필만(Wladyslaw

Szpilman, 1911~2000)의 일생을 소재로 로만 폴란스키(Roman Polanski, 1933~) 감독이 만든 〈피아니스트〉(2002)에는 주인공 스필만이 독일군의 눈을 피해 오랫동안 빈집의 다락방에 숨어 지내는 이야기가 나온다. 하지만 배가 너무 고파 먹을 것을 찾아 아래층으로 내려왔다가 그만 독일군 장교 호젠펠트에게 들키고 만다. 직업을 묻는 말에 피아니스트라고 대답하자 피아노 앞으로 그를 데려가 피아노를 쳐보라고 말한다. 죽음과 직면한 바로 그 순간 생의 마지막이 될 수 있는 연주를 담담하고 격정적으로 치는 장면은 말로 설명할 수 없는 감동 그 자체다. 두려움은 보이지 않았다. 죽음의 정막이 잠시 멈춘 그곳에는 달빛과 피아노 그리고 피아노를 치는 자신만 있을 뿐이었다. 독일군 장교를 감동시킨 쇼팽의 〈발라드 1번〉이 이렇게 아름다운 곡임을 처음 알았다.

세상에는 감성의 또 다른 모습인 '직면'을 내 것으로 만드는 사람과 잊고 사는 사람으로 대별된다. 그래서 어미 새의 교육처럼 감성의 사례를 스토리로 보여줄 방법밖에 도리가 없다. 직면하면 극복되는 자연의 이치처럼 말이다.

■ 오바마와 라과디아의 줄탁동시(啐啄同時)

버락 오바마와 피오렐로 라과디아는 베스트셀러 인물들이다. 그들의 스토리는 끝없이 재생산되어 나올 것이다. 그들이 가진 직위와 권위의 무게 때문이 아니라 그들이 보여준 감동의 크기 때문이다. '나비효과(Butterfly Effect)'처럼 그들의 스토리는 수많은 사람들에게 행복과 희망을 준다. 감성의 정의를 내려달라고 하는 사람들에게 난 감동의 사례를 항상 먼저 꺼낸다. 감성보다 감동의 사례가 직접적이고 빠르기도 하지만 감성은 감동과 묘하게 닮은 같은 듯 다른 느낌이기 때문이다.

이재규 감독의 영화 〈역린(逆鱗)〉(2014)을 보면 정조(현빈 분)가 나온다. 개봉 시기가 세월호 사건과 맞물려 크게 흥행하지는 못했지만 울림이 있었던 영화였다. 가장 감동적인 장면은 정조가 말을 타고 달리면서 독백으로 《중용》 23장을 이야기할 때다. 그 대사에 감성과 닮은 감동의 징의가 나온다. 군더더기 없는 대체 불가의 명대사다.

작은 일도 무시하지 않고 최선을 다해야 한다. 작은 일에도 최선을 다하면 정성스럽게 된다. 정성스럽게 되면 겉에 배어 나오고 겉에 배어 나오면 겉으로 드러나고 겉으로 드러나면 이내 밝아지고 밝아지면 남을 감동시키고 남을 감동시키면 이내 변하게 되고 변하면 생육된다. 그러니 오직 세상에서 지극히 정성을 다하는 사람만이 나와 세상을 변하게 할 수 있는 것이다(其次는 致曲이니 曲能有誠이니 誠則形하고 形則著하고 著則明하고 明則動하고 動則變하고 變則化니 唯天下至誠이야 爲能化니라).

너무 긴 대사여서 날것으로 외우니 3일 걸렸는데 가슴으로 이해하니 3분 만에 새겨졌다. 확실히 감성은 이성보다 빠르고 오래 갔다. 전달력과 감동을 높이기 위해 한 줄로 줄이니 훨씬 강렬하게 다가왔다.

"작은 일에도 최선을 다하면 사람들은 감동을 받고 감동을 받은 사람은 꼭 변한다." 강연 때 이 대사를 뒤에서부터 읽어주면 항상 마지막에 박수가 터진다. "누군가를 변화시키고 싶은가? 그러면 반드시 그 사람을 감동시켜야 한다. 감동시키기 위해서는 작은 일에도 최선을 다해야 한다."

결국 이 글들을 종합하면 지극히 최선을 다하는 마음으로 사람들에게 감동을 주는 것이 바로 감성의 본질인 셈인데, 어찌 다른 사족이 있겠는가?

오바마와 피오렐로 라과디아는 바로 그런 사람이다. 작은 일에도 최선을 다하는, 그래서 사람들을 감동시키고 사람들을 변화시키는 사람들이다. 피오렐로 헨리 라과디아(Fiorello Henry La Guardia, 1882~1947)는 미국의 법조인이자 정치인이다. 판사 시절엔 공정하면서 가난한 사람들에게 감성적인 판결을 많이 내려 유명세를 탔고 정치인 시절 땐 정직하고 진보적인 성향으로 인기를 얻었다. 영화 〈배트맨〉(1989)에 나오는 고담시의 암울한 풍경과 1930년대 뉴욕의 분위기는 닮아 있었다. 정의는 사라졌고 거리엔 마피아들이 득실거렸다. 그는 영화 속 〈배트맨〉처럼 악당을 소탕했고 어떠한 타협도 허락하지 않았다. 이러한 주목받는 삶에도 불구하고 우리가 그를 기억하는 건 판사 시절 보였던 짧은 감동의 판결 스토리다.

상점에서 빵 한 덩이를 훔치고 절도 혐의로 기소된 노인에게 10달러의 벌금형을 선고했다. 동시에 노인에게 아무런 도움을 주지 않고 방치한 책임을 물어 자신에게도 10달러의 벌금형을 내리고 방청객들에게는 50센트에 벌금형에 동참해줄 것을 선고해 화제를 모았다. 엄청난 감성적 판결이 아닐 수 없다. 자칫 감정적으로 흐를 수 있고 선고에 대한 근거를 가볍게 할 수도 있는 상황에서 '사회적 방임죄'를 포괄적으로 해석함으로써

법의 질서도 깨뜨리지 않고 사람들과 노인의 감동까지 얻어내어 세상에서 가장 아름다운 명판결의 역사를 만들어냈다. 감성이 가진 여러 가지 가치 중에 첫 번째가 감동이 만들어내는 빛의 전염성이다. 라과디아의 이 판결은 누구나 공감할 수밖에 없는 최고의 감성 스토리로 기억되고 있다.

이에 오바마가 보여준 영화 같은 감동의 장면도 뒤지지 않는다. 라과디아의 스토리가 밀리언셀러라면 오바마의 스토리는 베스트셀러급이다. 파급력과 진파력에서 그렇다는 이야기다. 2015년 6월 26일에 교회 안에서 일어난 인종혐오 총기사고는 미국의 갈등을 상징적으로 보여주는 사건이었다. 단지 흑인이라는 이유로 증오 범죄의 희생양이 된 클레멘타 핑크니 목사와 신자들을 위해서 사우스캐롤라이나 주 찰스턴의 영결식장 추모 연설 도중 그가 부른 찬송가 〈어메이징 그레이스(Amazing Grace, 놀라운 은총)〉는 말 그대로 위대한 은총이었다.

박수가 터져 나왔고 단상에 있던 교회 목사와 추모객들이 차례로 일어났다. 뒤늦게 오바마의 노래를 눈치챈 반주자가 오르간을 쳤고 6,000여 명의 추모객이 한목소리로 〈어메이징 그레이스〉를 불렀다. 슬픔과 분노가 절망과 폭력으로 변할 수도 있었던 장례식장을 웃음과 박수, 치유와 은총의 공간으로 만들어버렸다. 감성의 에너지가 만든 감동의 명장면이 아닐 수 없다.

이 감동적인 장면을 미국 언론들은 일제히 '오바마 재직 중 최고의 순간'으로 치켜세웠고 혹자는 1963년 워싱턴 D.C에 있는 링컨기념관 앞에서 20만 명의 미국인들 대상으로 "I Have a Dream"을 외쳤던 마틴 루서 킹 목사의 연설보다 더 위대했다고 했다. 어떤 이는 이보다 100년 전인 1863년 링컨의 게티스버그 연설보다 더 감동적이었다고 한다. 감동은 파도를 탄다.

코스모스를 닮은 이규리 시인은 감성의 중심을 이렇게 설명했다.

…

기척만 내도 온 체중이 흔들리는

저 가문의 내력은 허약하지만

잘 보라

흔들리면서 흔들리면서도

똑같은 동작은 한 번도 되풀이 않는다

코스모스의 중심은 흔들림이다

흔들리지 않았다면 결코 몰랐을 중심,

…

〈코스모스는 아무것도 숨기지 않는다〉에서 시인은 중심의 힘을 흔들림에서 찾았다. 흔들림이 있어야 중심을 발견할 수 있다는 것이다. 이렇듯 감성의 힘은 흔들리듯 가냘프지만 꺾이지 않는 이유는 중심이 '가슴'에 있기 때문이 아닐까?

2

영화와 스토리가 만나는 곳에 감동이 있다

비 오거나 진눈깨비 흩날리는 날, 혹은 갈대에 바람 부는 날이면 갈 곳이 있는가? 특별히 의도한 것도 아닌데 발걸음이 저절로 향하는 곳이 나에겐 한 곳 있다.

좀 더 정확히 말하면 나를 불러내는 곳이다. 유혹을 한 번쯤 매몰차게 뿌리칠 법도 한데 난 한 번도 그 유혹을 이겨내지 못했다. 그곳은 나의 몸과 마음 그리고 영혼과 감성까지도 완전히 정화시키는 곳이기 때문이다. 필자의 대학 캠퍼스에서 그곳까지 거리는 35킬로미터, 자동차로는 45분 정도가 걸린다. 딱 한 호흡이다.

예로부터 '호랑이가 기거하는 곳'이라 알려져 지금까지도 사찰 입구 현판이 "호거산(虎踞山) 운문사(雲門寺)"로 되어 있다. 운문산과 이웃한 해발 962미터의 산 이름도 호랑이 봉우리 '범봉(虎峰)'이고 운문사 앞산

운문사 경내에서 일진 스님(전 운문승가대학 학장)과 다담을 위해 목우정으로
가고 있다. 뒷배경으로 어둡게 나온 다리가 불국토로 가는 다리 극락교다. 운문
사에는 일반 사찰과 달리 불이문이 없다. 눈에만 보이지 않을 뿐 극락교가 불이
문 같다는 느낌을 받는 건 나만의 느낌일까? 도리천으로 향하는 길목에 초가을
볕이 미색 철릭에 따스하게 스몄다.

인 지룡산도 호랑이가 엎드린 '복호산(伏虎山)'으로 불릴 정도니 실제로
운문사에 가면 호랑이가 한 마리쯤 튀어나올 분위기다. 이 엄청난 지세
덕분인지 운문승가대학은 동양 최고를 자랑한다.

　호랑이가 떡 하고 버티고 있어야 할 우리나라 최고의 승가대학에 호
랑이는 온데간데없고 지금은 고고한 학이 1,500년 고찰을 지키고 있다.
500년 묵은 청송(靑松)을 좌청룡으로, 450년 먹은 행자목(杏子木)을 우
백호 삼아 학처럼 수행하는 일진 스님이 바로 청학(靑鶴)이다. 소나무에
이는 바람이 가을의 소리를 내는 날 일진 스님을 만났다. "언약은 강물처
럼 흐르고, 만남은 꽃처럼 피어나리." 신영복 교수의 바람처럼 필자와의
다담(茶談)은, 선재동자가 만난 선지식(善知識)처럼, 학승(學僧)이 고행 끝
에 찾은 십우도(十牛圖)의 황소처럼 '목우정(牧牛亭)'에서 설레고 아름다
웠다.

자타 공인 한국 최고의 화술가인 유홍준 교수가 '운문사의 아름다움 다섯 가지' 속에서도 미처 언급하지 못했던 극락교 너머의 비밀 정원 목우정은 존재 자체가 이미 극락이다. 운문 1,500년의 가을빛이 목우정 아래 연꽃 연못에 담길 때 일진 스님에게 물었다.

　"스님! 이 가을에 가장 잘 어울리는 영화를 추천하신다면 어떤 영화를 추천하고 싶습니까?" 속세와 거리가 먼 스님에게 던지는 영화 질문은 치기 어린 법납 3년차가 50년차 고승에게 도발을 위해 던지는 우문(愚問)과 같다.

　"자주는 아니지만 가끔씩 저희도 영화를 보는데요. 꽤 오래전 영화였던 걸로 기억합니다. 〈가을의 전설〉이라고 브래드 피트가 나온 영화입니다."

　뜻밖이다. 〈가을의 전설〉(1995)은 영화계 마니아들이 영상과 스토리 그리고 주인공들의 연기까지 세 박자가 완벽하다고 찬사한 영화가 아니던가? 여기에 전설의 작곡가 제임스 호너(James Horner, 1953~2015)의 영화음악까지 덤으로 들을 수 있는 영화를 선정한 건 분명 특별한 이유가 있을 거라 생각하고 다시 우문을 이어나갔다.

　"스님! 그 영화가 특별히 기억에 남는 이유가 있습니까?"

　"산중 생활을 오래한 제가 그 영화를 특별하게 생각하는 이유는 사람 냄새 때문일 것 같습니다. 아름다운 자연을 배경으로 살아가는 자연을 닮은 사람들의 이야기, 그리고 가을빛 저녁노을을 닮은 노래가 우리의 삶과 너무 같아서겠죠."

　"우리네 인생은 그런 것이죠! 우리들의 이야기가 담긴 작지만 소박한 이야기 그릇."

운문사 극락교를 넘어오면서 바라본 물빛에 1,500년을 말없이 지켜온 운문의 이야기가 함께 흘렀다. 2,500년 전 최고의 세공품 청동거울이 경기도 용인시 기흥에서 발견되어 세계 최고의 반도체 공장이 그곳에 들어선 것이 우연이 아니듯 일연 스님의 《삼국유사》가 동양 최고의 강원(講院)이 된 이곳 운문사에서 시작되었음은 결코 우연이 아니다. 운문사에 들어서면 글 향기가 나는 이유도 그래서다.

비 오는 날, 나는 운문사에 간다. 그동안 운문사가 품었을 세월의 이야기를 비와 함께 들으러 간다.

▪ 감동이 만든 이야기

스토리에 영(靈)이 담기면 '꽃불'이 되고 혼(魂)이 담기면 '혼불'이 된다. 꽃불과 혼불이 들려주는 이야기에는 감동이 들어 있다. 할머니가 들려준 옛날이야기에 감동받는 이유는 이야기 속에 할머니의 지극한 '사랑'이 숨어 있기 때문이다. 세상의 모든 출발은 이야기로 시작한다. 성경의 첫 출발도, 이집트 신화에 등장하는 오시리스도, 그리스로마 신화도 '이야기'다. 이야기를 한 꺼풀 벗겨본 적 있다면 알 것이다. 이야기 속에 수많은 보석들이 숨어 있다는 걸. 그 보석 이름을 우리는 '감동'이라 부른다. 감동은 세상을 여는 신이 만든 첫 번째 기적이다.

스토리와 관련한 강연을 할 때 빼먹지 않고 꼭 꺼내는 이야기가 있다. 한약의 감초처럼, 음식의 소금처럼 이야기의 맛은 비록 간간하지만 전체를 아우르는 힘이 있다. 빌 포터 스토리는 그래서 감동이다.

1932년생인 그가 지금까지 살았으면 86세가 되었겠다. 뇌성마비 환자로 미국 샌프란시스코에서 출생한 그는 신체장애와 언어장애를 가지고 태어났다. 삐뚤어진 몸으로 세상에 나온 그를 사람들은 받아주지 않았지만 그의 어머니는 결코 포기하지 않았다. 영화 〈포레스트 검프〉(1994)에서 검프의 어머니가 그를 포기하지 않은 것처럼 말이다. 어머니가 몸으로 가르친 '인내'의 교훈을 그는 늘 가슴으로 안고 있었다. 그런 어머니를 위해서 그는 굴곡진 몸에도 불구하고 방문 판매원이 된다. 일반인들도 힘들다는 방문 판매를 하기 위해 한 집 한 집 다니며 최선을 다했다. 느리지만 결코 뒤로 돌아서지 않는 달팽이같이, 모두가 절망이라고 말하는 벽을 말없이 오르는 담쟁이처럼 말이다.

불구인 그를 처음 보는 사람은 마치 괴물과 외계인을 보듯 대했고 현관 앞에서 문을 닫아버렸다. 사람들이 닫은 것은 문이지만 사실은 그들의 몸과 마음을 닫은 것이다. 그럼에도 불구하고 그는 단 한 번도 실망하지 않았다. 그들의 거절이 빌 포터의 가슴까지 도달한 적이 단 한 번도 없었기 때문이다. 사람들의 거절을 더 좋은 물건을 가지고 와달라는 의미로 받아들이고 다시 한걸음 한걸음 머리가 아닌 가슴속으로 걸어 들어갔다.

참 재미있는 게 인생이다. 단 하루도 거르지 않고 자신의 지역을 방문하는 그에게 사람들은 어느 순간 친근감을 느끼기 시작했다. 인내가 가져다준 선물이며 그 속에 숨어 있는 진정성의 힘이 만든 기적이다.

"중대한 결정만이 삶을 변화시키는 것은 아닙니다. 우리가 생각하는 사소한 결정과 행동들이 삶을 변화시킵니다…" 그 후 24년 뒤 생활용품을 판매하는 왓킨슨사 최고의 방문 판매왕이 된 빌 포터가 어느 강연장에서 한 명언이다. 그리고 그의 기록은 아직도 깨어지지 않고 있다고 한다.

우리가 잊고 있는 게 있다. 사람들은 빌 포터가 참 성실하게 물건을 판매한 사람으로만 알고 있는데 사실은 그게 아니다. 한걸음 더 들어가면 사람들이 산 것이 빌 포터가 판매하는 물건만이 아니라 빌 포터의 진정성과 신뢰 그리고 변함없는 인간의 미덕도 함께 샀다는 걸 나중에 깨닫게 된다. 사람들의 마음이 변한 건 바로 이 때문이다. 빌 포터는 물건이 아니라 자신이 가진 세상에 하나뿐인 마음을 판 것이다. 진실한 마음 말이다. 빌 포터의 어머니가 아들을 위해 점심으로 싸준 토스트 위에 케첩으로 눌러 쓴 단어인 "인내(Patience)"의 감동이 그래서 생각보다 맛이 깊다.

미국의 천재 영화감독 크리스토퍼 놀란(Christopher Nolan, 1970~)이 만든 〈인터스텔라〉(2014)에는 또 다른 색깔의 '인내(Endurance)'의 스토리가 있다. 인간의 오만이 가져온 지구 종말의 위기에서 사람들을 구할 영웅이 나타나는데 그 사람이 바로 주인공 쿠퍼(매튜 맥커너히 분)다. 어릴 적에 소풍 가서 선생님이 숨겨놓은 보물찾기 놀이처럼 놀란 감독은 영화 속에 등장하는 다양한 이름들 속에 보석을 감춰놓았다.

사람들을 구하기 위해 먼 우주로 떠날 때 끝까지 가지 말라고 아버지를 말렸던 딸의 이름이 공교롭게도 머피(Murphy)다. 딸은 아버지가 돌아오지 못할 것으로 생각했지만 단 하루도 아버지를 기다리지 않은 적이 없었다. 그런 딸을 위해 쿠퍼는 시간과 공간 그리고 중력을 넘어서 아버지의 사랑을 전한다. 머피의 부정적 의미를 극복하려는 듯 영화 속 부녀가 보여주는 사랑의 힘은 우주의 한계도 뛰어넘는다.

"우린 답을 찾을 것이다, 늘 그랬듯이." 영화 카피에서 보듯 성공의 확신을 위해 놀란 감독은 인류를 구원할 먼 우주로 떠나는 우주선의 이름을 짓는 데 꽤 많은 공을 들였다. 가끔 강연을 다닐 때 주인공 쿠퍼가 타고 갔던 우주선의 이름을 뭐냐고 물으면 맞추는 사람이 거의 없다. 하기야 러닝타임 3시간에 걸친 영화 속에 등장하는 우주선의 이름까지 속속들이 기억하는 사람이 누가 있겠냐마는 그래도 우리는 이 이름에 주목해야 한다. 그게 감독이 던지는 영화 속 희망의 슬로건을 이해하기 위한 유일한 단초이기 때문이다.

친재 감독의 영화 속에 등장하는 지구를 구할 유일한 우주선! 그 우주선의 이름은 바로 '인듀어런스(Endurance)'다. 직감적으로 이 이름에 감동적인 이야기가 있을 것으로 생각하고 근대사 자료까지 다 뒤져보니 뜻밖에 100여 년 전의 기록에서 인듀어런스 호의 단초를 발견했다.

마르코 폴로, 페르디난도 마젤란, 로알 아문센 그리고 비극적인 죽음으로 끝났지만 결국엔 남극을 정복했던 로버트 스콧까지 그들은 모두 탐험 시대의 영웅들이었다. 그런데 우리가 기억하지 못하는 또 한 명의 영웅이 있었으니 그 사람이 바로 '어니스트 섀클턴(Ernest Henry Shackleton, 1874~1922)'이다. 그는 1914년 호기 있게 남극 대륙 횡단에 도전했으나 끝내 실패하고 만다. 그럼에도 불구하고 수많은 사람들은 그의 도전을 '위대한 실패'라 불렀고 역사상 가장 위대한 탐험가로 기억한다. 엄청난 반전이고 역설이다. 도대체 그의 탐험에 무엇이 있었던 것일까? 일등만 기억하도록 교육받은 세상에서 실패한 탐험가를 기억해야 할 이유를 찾기는 쉽지 않았기 때문이다.

이 질문에 대한 답을 놀란 감독이 새로운 지구를 찾기 위해 고심 끝에 지은 우주선의 이름, 인듀어런스 호에서 찾을 수 있다. 100여 년 전에 새클튼 일행이 타고 갔던 배의 이름이 바로 인듀어런스 호였기 때문이다.

선장을 비롯한 27명 선원의 호기에도 불구하고 남극의 엄청난 추위로 인듀어런스 호는 빙하에 갇히는 신세가 된다. 봄까지 기다려보지만 얼음이 녹으며 빙하는 그들의 배를 가차 없이 삼켜버렸다. 이때까지만 해도 적어도 그들에겐 희망이 없어 보였다. 하지만 그들은 포기하지 않았고 보트 3척으로 무인도 섬인 엘리펀트 섬에 도착한다. 숨 돌릴 사이도 없이 새클튼은 곧바로 최정예 선원들을 데리고 사람들이 사는 사우스조지아 섬으로 떠난다. 그곳까지의 거리는, 1,000킬로미터, 시속 100킬로미터의 칼바람과 20미터의 거대한 파도가 죽음의 신 하데스에게 데려가기 위해 그들을 기다리고 있을 뿐이었다. 그리고 그 작은 보트 맨 앞에 선장 새클튼이 있었다.

누군가가 질문했다. "그러한 상황에서 생존 확률이 과연 얼마나 될까요?" 확률로 따져보니 그들이 생존할 수 있는 생존율은 정확히 1,000분의 1이었다.

제임스 카메론 감독의 영화 〈타이타닉〉(1997)에는 배에 관한 이야기가 살짝 나온다. 건조 당시 세계에서 가장 큰 배로 알려진 타이타닉 호는 당대 선박 건조 기술의 혁신적인 아이콘이었다. 배에 대한 자부심이 얼마나 대단했으면 절대로 가라앉지 않는 배란 별명으로 일명 '불침선'이라 불리기까지 했을까?

"그럼에도 불구하고 이 배의 침몰 확률은 얼마나 될까요?"

"침몰을 감히 상상할 수도 없지만 굳이 확률로 말하라면 1,000분의 1 정도나 될까?"

1,000분의 1의 생존 확률을 가지고 있었던 인듀어런스 호, 1,000분

의 1의 침몰 확률을 가지고 있었던 타이타닉 호, 이 둘의 운명은 배가 가진 운명에 의해서가 아니라 그 배에 타고 있었던 사람들의 신념에 의해 정확히 나뉘었다. 크리스토퍼 놀란 감독이 〈인터스텔라〉에서 지구인들을 구할 우주선의 이름에 '인듀어런스'란 이름을 왜 붙였는지 더 이상 긴 설명은 필요 없을 것 같다.

영국에는 유명한 선박 박물관이 있다. 그 박물관이 유명해진 이유는 그곳에 있는 낡고 오래된 배를 보기 위해서다. 박물관 중앙에 외롭게 전시된 퇴역한 낡은 배는 우리들의 생각처럼 결코 외롭지 않다. 수많은 사람들이 그 배를 보러 오기 때문이다. 연인원 4,850만 명이 관람하고 방명록만 430여 권에 달한다고 한다. 탐험 시대의 감동적인 이야기가 인터넷 시대의 교훈이 된다는 아이러니한 상황에 우린 살고 있다. 그리고 해설사로부터 들은 배에 대한 감동적인 이야기!

"이 배는 1886년 처음 바다로 나간 후 수많은 사고를 접했다. 빙하와 부딪혔고 산호와 충돌했으며 화재도 여러 번 발생했다. 또 폭풍으로 돛대가 수백 번 부서졌지만 단 한 번도 침몰한 적이 없었다. 그 배에 타고 있는 사람들의 신념이 가라앉지 않는 한 배는 결코 가라앉지 않는다는 확실한 믿음이 있었기 때문이다." 배에 새겨진 거친 상처들이 들려주는 이야기에 알 수 없는 감동이 밀려온다.

디오게네스처럼 나도 햇볕이 쨍쨍 내리쬐는 날 등불을 들고 거리를 미친 듯이 헤매고 싶다. 신념에 가득 찬 섀클턴 같은 아름다운 사람을 찾기 위해서 말이다. 어쩌면 내가 영화관에 가는 이유가 이것 때문인지도 모른다.

스토리가 찾아낸 무지개

필자는 공부를 업으로 하는 사람이다. 친구들이 간혹 농담 반 진담 반으로 묻는다. 무슨 재미로 사냐고? 일부러 재미를 좇아 산 적은 없지만 딱히 친구들이 생각하는 것처럼 지루하게 살지도 않는다. 추구하는 재미의 계산법이 서로 다를 뿐이다.

조선 중기 때 세종의 셋째 아들 안평대군(安平大君) 이용(李瑢, 1418~1453)이 조선 최고의 문인들을 불러 그림을 보여주며 시화상간(詩畵相看, 시와 그림을 맞바꾸며 감상하는 것을 일컫는 말. 그림이 오면 시로 그림의 의경을 표현하고 시가 오면 그림으로 시의 의경을 표현하는 조선시대 문인들의 격조 있는 예술 놀이. 조선 초기 안견의 〈몽유도원도〉는 안평대군의 시화상간을 대표하고 조선 후기 정선의 〈경교명승첩〉은 정선과 시인 이병연과의 시화상간을 대표함)을 즐기며 풍류를 즐겼는데, 요즘 중년들이 노는 느낌과는 시쳇말로 격이 달랐다. 어찌 그렇게 밋밋하게 놀았을까 싶지만 그렇게 격조 있는 파격으로 논 덕에 조선조 519년 역사를 통틀어 최고의 작품이라고 손꼽히는 〈몽유도원도〉 같은 전설의 작품도 나올 수 있었으니 엄청난 반전이 아닐 수 없다.

문종(文宗, 1414~1441)이 즉위 2년 만에 죽고 단종(端宗, 1452~1457) 즉위 후 조정은 하루도 편할 날이 없었다. 수양대군의 정치적 욕망과 대신들 간의 숨 막히는 대립 사이에서 말할 수 없는 고단함을 느낀 안평대군은 동무인 박팽년(朴彭年, 1417~1456)에게 이런 상황과 자신의 고단함을 하소연한다. 그래서 대군의 심기를 풀어줄 요량으로 어렵게 중국에서 구한 신서가 중국 위진남북조시대 동진의 도연명(陶淵明, 365~427)이 쓴 《도화원기(桃花源記)》다.

그걸 읽고 감동받은 안평대군이 새벽녘에 꿈을 꾼다. 낮에 읽은 무릉도원의 감동과 환희가 꿈으로 나타나 희비가 교차하는 그때, 잠에서 깬 안평대군은 자신의 꿈을 그림으로 남기기 위해 안견을 급히 불러 자신의 꿈을 그리라 명한다. 이에 안견은 단 3일 만에 그림을 완성해 안평대군에게 바치니 천하 명품이 따로 없다. 시간이 흘러 자신의 꿈을 그린 그림과 화제가 적힌 글을 조선을 대표하는 최고의 문인들에게 보여주며 시를 짓게 하니 조선을 대표하는 시·서·화 삼절의 걸작은 이렇게 해서 탄생된 것이다.

단순한 놀이에 이야기가 없었다면 이런 결과는 상상도 할 수 없었을 것이다. 조선 최고의 풍류 대군 기획자 안평과 스토리 제공자 박팽년, 제작자 안견 그리고 성삼문, 신숙주를 비롯한 조선 최고의 문인 스물한 명의 조연들이 만든 최고의 걸작이 바로 〈몽유도원도〉이기 때문이다. 스토리가 위대한 작품을 만든 대표적 사례다.

스토리가 만든 감동의 사연은 또 있다. 커피를 타면 엎지르기 일쑤고 전화 메모 하나도 못 받는 비서가 있다면 당신은 어떻게 할 것인가? 아마 뒤도 돌아보지 않고 그녀를 집으로 보냈을 것이다. 영화 〈해리 포터〉(2001)의 원작자 조앤 롤링(Joan K. Rowling, 1965~)의 인생 출발은 그렇게 거칠었다. 다행히 그녀가 잘하는 게 딱 하나 있었는데 그게 바로 멍 때리는 몽상이었다. 가장 잘한 몽상 때문에 직장을 잃었던 그녀가 그 몽상 때문에 세계적인 작가가 되었다는 것은 엄청난 아이러니다.

자신의 몽상을 글로 다듬을 수 있는 재능과 현실적 절박함이 있었기 때문에 그녀는 현대판 신데렐라가 될 수 있었다. 1997년 초판《해리 포터와 마법사의 돌》을 시작으로 2007년 7권《죽음의 성물》까지 '해리 포터' 시리즈는 67개 언어로 번역되면서 4억 5,000만 부 이상이 판매되었다. 매출액만 지난 10년간 64억 달러, 우리 돈으로 환산하면 308조 원이다. 물론 이 돈은 소설과 영화의 캐릭터 판매액, 기타 광고 수입까지 포함한 금액이다. 같은 기간 한국의 반도체 수출 총액이 230조 원이었다고 하니 스토리의 잠재력은 상상을 초월한다. 몽상에서 출발한 '이야기'의 힘이 얼마나 큰지를 보여준 예로, 스토리가 위대한 작품을 만든 대표적 사례다.

안평대군과 조앤 롤링의 공통점을 들자면 둘 다 몽상을 즐긴 사람들이었다는 것이다. 추운 겨울 꺼져가는 화롯가 잿더미 속에 숨어 있는 조각 난 불씨를 찾아본 일이 있는가? 감동이다. 몽상은 어쩌면 잿더미 속에 숨어 있는 꺼져가는 불씨인지도 모른다. 스토리는 그렇게 추운 겨울 우리와 숨바꼭질하는 불씨와 같다.

■ 구하는 자만 갖게 되는 스토리의 힘

과거 대학가의 화두는 '스펙'이었다. 그러나 최근 대학가의 화두는 '스토리'다. 대학 4년 동안 스펙만 쌓지 말고 결코 대체할 수 없는 나만의 색깔로 무장한 스토리를 가지란 뜻이다.

세계적인 마케팅 전문가이자 저술가인 세스 고딘(Seth Godin, 1960~)은 스토리의 있고 없음을 린치핀에 비유했다. '린치핀(Linchpin)'이란 마차나 자동차의 두 바퀴를 연결하는 쇠막대기가 빠지지 않도록 고정하는 핀을 일컫는 용어다. 누구도 대체할 수 없는 자신만의 이야기를 린치핀이라고 하는 것이다. 스토리의 기능은 바로 이런 것이다.

한 사람이 스토리를 가지고 실험했다. '스토리가 있고 없음이 사과의 판매량에 직접적인 영향을 미칠 것이다'라는 가설을 직접 확인해보기로 말이다. 실험의 공정성을 위해 똑같은 품질과 크기의 사과를 골랐고 사람들의 이동 동선과 숫자도 거의 비슷하게 있는 건물을 사이에 두고 두 개의 가판대가 차려졌다. 모든 걸 똑같이 세팅을 한 후 딱 한 가지만 달리 했다. 사과를 판매할 때의 멘트 말이다.

A 가판대에서는 일반적인 판매용 멘트로 "달고 맛있는 사과 사세요"라고 외치게 했고, B 가판대에서는 "사랑이 이루어지는 사과입니다. 이 사과를 애인에게 선물하면 사랑이 이루어집니다"라고 외치게 했다.

단지 그것뿐이었다. 그런데 결과는 놀라웠다. B 가판대가 A 가판대보다 무려 5배가 넘는 판매량을 올린 것이다. B 가판대에서 판 것은 우리가 알고 있던 평범한 과일, 사과를 판 것이 아니라 '사랑이 이루어진다'는 아름다운 이야기가 담긴 사과를 판 것이다. 어떤 것이 더 가치 있을지는 두말할 필요가 없다. 감동의 값이 가치를 결정하는데 그것이 스토리의 힘이었다.

지포 라이터가 세계적인 명성을 얻게 된 것 이면에는 실제 베트남전에 참전했던 병사의 감동적인 사연이 있다. 전투 중 가슴에 총을 맞고 병사 한 명이 쓰러졌다. 죽은 줄 알았던 병사가 기적처럼 살아났는데 그 이유는 윗주머니에 넣어 둔 라이터 때문이었다. 지포 라이터의 중심에 총알이 정확히 박힌 것이다. 지포 라이터에 '구원'의 이야기가 숨어 있었던 것도 이것 때문이다.

유럽 여행을 가보면 안다. 우리나라 물맛이 얼마나 좋은지 말이다. 그럼에도 물에 대한 귀함을 아직 잘 모르는 것도 사실이다. 유럽을 여행할 때 가장 곤란한 것이 바로 물이다. 유럽의 물은 석회 성분이 많아 수돗물을 식수로 사용하기 어렵다. 그래서 발달된 것이 생수 사업이다. 물 부족이 생수 사업을 만든 것이다. 전 세계적으로 유명한 생수 회사 '페리에 (Perrier)'와 '에비앙(Evian)'은 결핍이 만든 산물이다.

그런데 이러한 생수가 세계적으로 유명하게 된 데에는 숨은 스토리가 있다. 1789년 당시 신장결석을 앓고 있던 프랑스의 어느 후작이 알프스와 가까운 프랑스의 조그만 휴양도시 에비앙에 요양 왔다가 그 마을의 우물물을 마시고 신장결석이 치유되었다. 나중에 성분을 조사해보니 알프스의 만년설이 오랜 시간에 걸쳐 빙하 퇴적층을 통과하며 자연 여과되어 칼슘과 마그네슘 등이 풍부한 천연 미네랄워터가 되었다는 사실이 밝혀지면서 에비앙이 유명해졌다. 결국 에비앙에는 '생명의 치유'라는 보석 같은 이야기가 숨어 있었던 것이다.

세계적인 브랜드의 상품에는 그 회사들이 만들어내는 상품의 의미 이외에 또 다른 이야기가 숨어 있음을 발견할 수 있다. 어떤 이야기가 사람들을 감동시키느냐에 미래의 생존이 결정된다고 해도 과언이 아니다. 스토리는 결국 '다름'이고 '차별성'이다. 세스 고딘이 말하고자 했던 린치핀의 의미도 바로 그런 것이다. 세상에 없는 나만의 이야기! 그러나 안정을 추구하는 것에 이미 익숙해져 버린 수만 년의 내 몸이 기억하는 습관에 저항하는 게 결코 쉽지만은 않다. 그래서 어떤 이는 스토리를 '저항의 산물'이라고도 말한다.

피터 위어가 만든 〈죽은 시인의 사회〉(1990)를 보면서 언젠가 나도 저렇게 꼭 한 번 강의를 하면서 학생들에게 감동을 주리라 생각했다. 상상하고 꿈꿨던 나의 생각을 우연한 기회에 용기를 내어 자연스럽게 실천해보면서 그것이 단지 영화 속 명장면이 아니라 학생들이 그토록 갈구했고 염원했던 수업 방식이란 걸 알게 됐다.

키딩 선생이 책상 위에 올라가 새로운 시각으로 세상을 보라는 장면은, 강의에 몰입하는 순간 직접 의자 위에 뛰어올라 열정적으로 강의하는 모습으로 대신했고, 축구공을 차면서 자신의 신념을 큰소리로 외치는 장면은, 자신의 신념을 종이에 적어 낭독하게 하면서 친구들이 박수로 지지를 보내는 것으로 대신해보기도 했다. 또 '교탁 위에 구도자'란 별명을 가진 예일대 셸리 케이건 교수처럼 교탁 위에 앉아 죽음의 진지함과 인생의 깊이에 대한 뜨거운 강연도 시도해보았다.

표면적 따라 하기가 아닌 그 행동 속에 담긴 깊이와 진정성을 나만의 방식으로 시도했을 뿐인데 학생들은 열광하고 지지하며 몰입했다. 일상적 수업 패턴에 대한 반동이며 새로운 스타일에 대한 강렬한 지지였다. 강의에 대한 작은 이야기, 필자의 스토리는 그렇게 시작되었다. '대구한의대 키딩' 혹은 '한의대 오바마'의 닉네임은 내 수업 스타일을 보고 학생들이 만들어준 일종의 훈장이다. 스토리가 찾아낸 무지개도 결국 상상하고 실천하는 자의 몫이었다.

"내 안에 너 있다."

네이티리

part

2

교감의 힘

아바타

Avatar | 제작 2009년 | 감독 제임스 카메론 | 출연 샘 워싱턴, 조 샐다나, 시고니 위버

영화에 빠져본 '덕후'들은 안다. 영화가 던지는 메시지의 의미를, 굳이 친절하게 설명을 붙이지 않아도 본능적으로 느낀다는 걸. 얼마 전 SBS〈생활의 달인〉이란 한 TV 프로에서 전설의 강북 떡볶이 집이 소개된 적이 있다. 전국에 3,000군데 이상 떡볶이 집을 다닌 이용근 떡볶이 덕후가 서울 강북에 있는 달인의 떡볶이를 맛본 후 한 말이 매우 인상적이었다. "저희가 보통 생각하는 떡볶이는 달거나 그러잖아요. 근데 여기는 뭔지 모를 독특한 풍미가 있어요. 말로 표현할 수 없는…"

　　〈아바타〉에는 이렇게 말로 표현할 수 없는 묘한 감정들이 우리를 사로잡고 있다. 오래전에 잊어버렸지만 간절히 찾기를 갈망했던 소중한 물건처럼 혹은 누군가와 가릴 것 없이 편안히 나누고 싶어 했던 가장 인간적인 공감, 바로 '교감의 힘'을 만난다. 영화 아바타를 지탱하는 뼈대는 바로 교감이다. 당신의 말이 내 생각과 같다는 동감(同感)의 바탕 위에 당신의 신념을 지지하는 공감(共感)이 자리한다. 교감은 바로 이 동감과 공감의 견고한 사랑과 믿음을 바탕으로 튼튼하게 지어진 신뢰의 결과물인 것이다. 아바타가 정신적·영혼적·감성적 만족도가 높은 이유가 여기에 있다.

영화 속에 등장하는 나비족은 현대인들이 희망하는 삶의 로망이다. 제임스 카메론 감독은 귀신처럼 화려한 영상 뒤로 교묘하게 인간의 본능적 욕구를 숨겨놓았다. 종족 간의 교감은 물론 나비족과 동물과의 교감은 동물과 소통하고 싶어 했던 인간의 소통 욕망을 완벽히 구현했다는 평가를 받았다. 현실 속에선 불가능했던 상상이 영화 속에서 실현되는 느낌은 보는 것만으로도 카타르시스를 느낄 정도다. 아찔하다. 어디 그뿐인가? 영화 아바타에서의 교감 능력은 우리의 상상을 넘어선다. 나비족과 동물과의 소통을 넘어 식물과의 소통까지 완성시킨다. 나비족들 삶의 터전이 중심에 자리한 생명의 나무가 현재라면, 흰색 크리스마스트리를 연상시키는 영혼의 나무는 과거와 미래다. 우리가 식물에게 가졌던 일반적 편견, 나무는 기억하지 못하고 학습하지 못하며 교감하지 못한다는 일반적 편견을 보기 좋게 날렸다.

2016년 1월에 EBS 〈다큐프라임〉에서 '녹색동물'을 방송한 적 있다. 여기에서 식물에게는 자율학습 능력과 교감 능력이 없다는, 우리가 알고 있었던 상식을 여지없이 무너뜨렸다. 식물은 생존을 위해 삶을 스스로 선택하는 건 물론이고 환경을 개척하고 기억하며 심지어 고난을 극복하는 능력까지 갖추고 있었다.

바닷가 근처, 식물이 생존하기 어려운 바람과 물이라는 최악의 조건을 최고의 환경으로 극복하기 위해 씨방의 구조를, 가장 바람을 잘 탈 수 있는 종이비행기 모양으로 진화시켰고, 반대로 소금기 가득한 물 위에 떨어져도 배처럼 뜰 수 있는 돛단배 모양으로 만들었다. 어떠한 환경에서도 살아남을 수 있는 가장 완벽한 형태로 스스로를 진화시킨 모감주나무의 처절한 자기 극복의 사례를 듣고 있노라면 저절로 고개가 숙여진다. 꽈리같이 생긴 작은 씨방에서 출발한 한 개의 씨앗이 식물을 넘어 우주의 경이와 감동을 만난다. 식물에게 생존 의지를 배우는 건 감동이다.

영화 〈늑대와 춤을〉(1990)에서는 '다이어호스'라는 말과 하늘을 나는 '이크란'은 없다. 하지만 우리와 친숙한 '시스코'라는 말과 '하얀 발'이라는 늑대가 나온다. 주인공 존 덴버 중위는 이들을 통해 아름다운 자연과의 하모니를 그려낸다. 인간 위주의 시각과 시선에서 지금까지의 모든 삶을 살아온 우리들에게 이 두 영화는 인간의 오만함과 욕심을 조용하게 지적하고 있다.

〈아바타〉와 〈늑대와 춤을〉

영화 〈아바타〉(2009)는 〈터미네이터〉(1984)와 〈에이리언 2〉(1986)를 시작으로 전 세계 관객들을 단박에 사로잡은 마법 같은 영화 〈타이타닉〉(1997)을 만들었던 제임스 카메론 감독의 작품이다. 2009년 개봉 당시 대한민국 최고 관객 수(1,358만 명) 달성이란 흥행 신화를 만들었으며 평론가 평점 8.83, 네티즌 평점 9.06을 받은 자타 공인 금세기 최고의 영화란 평가까지 받았다. 이러한 흥행을 견인한 결정적 한 방은 기존의 CG 기법에 '이모션 캡쳐'라는 새로운 촬영 기법의 도입 즉, 감정까지 완벽하게 잡아내 구현한 영화 기술력의 진화에 있다. 물론 이러한 촬영 기법의 과감한 결정과 시도에는 오랜 시간 영화계 맨 밑바닥에서부터 끝없이 기술적 한계에 도전하고 새로운 영화적 세계를 개척한 감독의 노력이 있었음을 기억해야 할 것이다. 이것은 어쩌면 트럭 기사를 하면서도 1977년 조지 루카스 감독의 〈스타워즈〉(1977)를 보며 SF 영화에 대한 자신의 꿈을 포기하지 않은 끝없는 노력과 도전이 가져다준 위대한 승리였는지도 모른다.

현란한 CG의 화려한 영상에 더해진 감동적이고 탄탄한 스토리는 영화를 보는 내내 관객들에게 "당신은 이 아름다운 세상을 위해 무엇을 할 수 있는가?"라는 질문을 받는 착각에 빠질 정도로 인간 내면의 양심을 끝없이 자극한다. 또 한국인이 가장 좋아하는 영화음악 중 하나인 〈타이타닉〉의 베스트 음반을 탄생시킨 세계적 영화음악 제작자 제임스 호너와 사이먼 프랭클린, 두 전설의 콤비가 테마곡 〈아이 씨 유(I See You)〉를 제작했다는 것이다. 여기에 레오나 루이스의 감미롭고 맑은 멜로디는 영화의 몰입도를 한껏 끌어올렸다.

〈아바타〉를 주의 깊게 보면 안다. 그 영화의 아바타가 무슨 영화인지. 미국의 전설적인 배우이자 감독인 케빈 코스트너는 영화를 시작한 지 7년 만에 메가폰을 잡아 감독이자 주연 배우로 등장한 최초의 영화에서 멀티 홈런을 날렸다. 〈늑대와 춤을〉(1990)은 아카데미 12개 부문 후보에 올라 작품상과 감독상을 포함한 7개 부문을 수상했고 네티즌 평점 9.25점에 이를 정도로 폭발적 인기를 누렸다. "최고의 영화, 그 이상의 말은 사치일 뿐." 영화를 보고 글을 남긴 어느 네티즌의 댓글이 이 영화의 모든 걸 말해주고 있다. 두 영화의 스토리를 퍼즐로 맞추면 싱크로율 80퍼센트 이상이다. 무대만 남북전쟁 시대에서 미래 시대로 바뀌었을 뿐이다. 손을 떼지 못하는 재밌는 소설 한 권 같은 느낌 혹은 할머니에게 보채 감동적으로 듣던 오래전 이야기의 전율 같은 느낌이 뒤섞여 있다. "인생을 살아가는 데는 많은 길이 있지만 가장 멋진 길은 참다운 인간으로 사는 거지." 발로 차는 새란 이름을 가진 인자한 인디언이 존 덴버 중위에게 담담하게 던진 한마디는 미래를 살아가는 우리 모두에게 던지는 결정적 한 방이다.

1

영화를 넘어 영화를 보라

감독들이 영화를 통해 들려주는 메시지는 그렇게 친절하지 않다. 명 감독의 경우 더욱 그러하다. 영화 〈일 포스티노〉(1994)에서 주인공 마리오가 칠레의 전설적인 시인 파블로 네루다에게 "시란 무엇인가요?"라고 묻는다. 이에 네루다는 친절히 "그것은 은유(metaphor)"라고 대답한다. 안타까운 건 어부의 아들로 태어나 우편배달부를 하고 있는 주인공 마리오가 은유의 의미를 단박에 이해하지 못한다는 데 있다. 하지만 단수 높은 감독이 들려주는 영화 속 메타포는 주인공 마리오처럼 우리가 단박에 이해할 순 없을지라도 가슴속에 타오르는 온기 하나만 있어도 충분히 몸으로 느낄 수 있도록 해준다. 고수는 그런 사람이다.

영화 〈아바타〉에서 감독이 우리들에게 주려던 선물과 영화가 뿜어내는 아우라는 다섯 개의 흩어진 점들을 이어 아름다운 별을 만들어내는 과정의 미션처럼 경이롭고 모험적이다. 설령 서로 떨어져 있는 점들이 아무런 관련성이 없다고 하더라도 말이다. 예를 들어보자.

영화 〈아바타〉에서 서로 다른 느낌의 감동을 그림과 시에서 찾는다면, 그림은 르네 마그리트(René Magritte, 1898~1967)의 〈피레네의 성〉으로, 시는 김춘수(金春洙, 1922~2004)의 〈나의 하나님〉이란 작품에서 찾을 수 있다. 이보다 완벽하게 어울리는 작품도 없는 것 같다. 벨기에의 작가인 르네 마그리트는 전혀 어울리지 않는 사물과 사물의 결합을 통해 인간이 가진 정직한 사고에 대해 초월직 사고를 권고하는 초현실주의의 대가다. 해안가에 높이 뜬 압도적 크기의 거대한 바윗덩이, 그리고 그 위에 앙증맞게 자리 잡은 성곽은 서로 다른 성질의 대상을 한 공간에서 절묘하게 결합시킨 '데페이즈망(depaysement) 기법'의 상징이다. 이런 이미지를 카피라도 하듯 영화 속 나비족들이 사는 판도라 행성에서 중력을 거스르는 거대한 산들의 장관을 볼 수 있다. 영화 속 장면과 그림 속 바위의 모습이 마치 잘 맞춘 테트리스 화면처럼 완벽하게 꼭 맞는다. 눈을 돌려 시로 가보자. 앞서 언급한 김춘수는 〈나의 하나님〉이란 시에서 나의 하나님을 이렇게 묘사하고 있다.

사랑하는 나의 하나님, 당신은
늙은 비애다.
푸줏간에 걸린 커다란 살점이다.
시인 릴케가 만난
슬라브 여자의 마음속에 갈앉은
놋쇠 항아리다.

...
대낮에도 옷을 벗는 어리디 어린
순결이다.
삼월에
 젊은 느릅나무 잎새에서 이는
연둣빛 바람이다.

참으로 연결이 오묘하고 고승의 오도송(悟道頌)처럼 난해하기까지
하다. 푸줏간에 걸려 있는 커다란 살점과 놋쇠 항아리, 그리고 연둣빛 바
람이 모두 나의 하나님이라는 설정은 데페이즈망 기법의 완벽한 시적 표
현이다. 이처럼 흩어진 그림과 문장들을 연결해서 통찰하면 하나의 완벽
한 별이 만들어진다. 아는 만큼 보인다는 의미가 무슨 뜻인지 알 것도 같
다. 한 편의 영화 속에 숨어 있는 수많은 은유의 별을 찾는 몫은 오직 관
람자의 능력이다. 영화를 넘어 영화를 봐야 하는 이유가 여기에 있다.

〈아바타〉의 꿈꾸는 스토리

〈아바타〉는 SF 영화계 전설로 통하는 제임스 카메론(James
Cameron, 1954~) 감독의 작품이다. 그를 'SF 영화계의 전설' 또는 '하
이테크 영상 메이커의 천재'라고 부르는 이유는 그의 전작들을 살펴보면
단박에 이해할 수 있다. 1984년 〈터미네이터〉를 시작으로 1986년 〈에이
리언 2〉 그리고 1991년에 〈터미네이터 2〉에서 액체 로봇 T-1000의 구

현에 쓰인 디지털 특수효과 '몰핑(morphing) 기법'의 완성은 특수효과의 새로운 지평을 열었다는 평가를 받으며 그를 영화계의 스티브 잡스로 만들었다.

그러나 그가 단순히 하이테크 영상 테크닉만으로 성공적인 감독이 되었다고 생각한다면 큰 오산이다. 그의 가장 큰 강점은 현란한 영상에 현혹되지 않을 탄탄한 감동의 스토리를 동시에 가졌다는 것이다. 그는 균형 잡힌 시각으로 영화의 볼거리와 감동을 구현해내는 몇 안 되는 탁월한 능력의 소유자였다. 〈타이타닉〉은 그러한 사실을 증명하는, 제임스 카메론 감독의 대표작이다. '20세기 마지막을 장식하는 대작'이란 평가에 걸맞은 2억 8,000만 달러라는 천문학적 돈이 들어간 작품으로 자료 준비 기간만 무려 5년이 걸린 초대형 대작이다. 14개 부문에 아카데미상 후보로 올라 11개 부문에서 수상해 상만 놓고 보면 그 위상이 〈벤허〉(1959)의 반열에 올랐다는 평가를 받고 있다. 영화 역사상 최초로 10억 달러 돌파라는 흥행 기록을 세우기도 했다.

이 영화를 통해 제임스 카메론 감독은 스토리의 중요성을 다시 한 번 더 인식하게 된다. 〈타이타닉〉으로 1998년 제70회 아카데미 시상식에서 감독상이라는 최고의 명예를 얻고 작품성 그리고 흥행성까지 모두 인정받은 카메론 감독은 한 번쯤 교만에 빠질 만한데도 그의 도전은 멈추지 않았다. 그가 1977년부터 꿈꿔왔던 도전, 자신에게 의문의 일 패를 안겼던 조지 루카스(George Lucas, 1944~) 감독의 〈스타워즈〉(1977)를 넘어서겠다는 소망이 1995년 시나리오의 완성으로 이어졌고 새로운 영상 기법이 나올 때까지 다른 작품들을 만들며 기다리게 했던 원동력이 되었다. 제임스 카메론에게 조지 루카스는 도전의 대상인 동시에 반드시 넘어야 할 산이었고 또 구루였다. 마음속에 큰 스승을 품고 사는 것이 얼마나 자신을 크게 성장시키는지 보여주는 대표적인 영화적 사례라 할 수 있다.

인간의 교만과 오만으로 지구가 황무지로 변한 어느 미래, 하반신이 마비된 해병대 군인, 제이크 설리(샘 워싱턴 분)가 지구로부터 엄청나게 멀리 떨어진 새로운 행성에서 자신의 DNA가 들어간 아바타를 통해서 임무를 수행한다는 시나리오는 어쩌면 22년 동안 그가 품었을 꿈의 씨앗이자 또 다른 삶의 의미는 아니었을까?

그가 창조한 새로운 행성인 판도라에서는 지구에서 사라지고 없는 '희망'의 증거가 있었다. 새로운 대체 원료를 구하기 위해 지구로부터 4.4광년이나 멀리 떨어진 행성, 판도라에는 과거에 아름다웠던 지구처럼 이색적인 자연과 아름다운 생명력으로 넘치는 공간이다. 그곳에 사는 생명들은 지구의 생명체와 다른 듯 비슷하게 닮아 있다. 지구의 말과 흡사한 '다이어호스', 표범과 흡사하게 생겼으며 무서운 '태나토어', 익룡과 비슷하면서도 완벽한 비행을 하는, 나비족의 전용 개인 비행기 '이크란' 그리고 나비족의 전설과 문화에 중심이 되는 거대한 생명체인 '리오눕테릭스'까지….

지구의 아마존과 흡사하게 닮은 그곳은 과거 우리의 조상들이 그랬던 것처럼 자연과 하나 되어 어울려져 평화롭게 살아가는 원주민 나비(Na'vi)족이 살고 있다. 그들은 오래전부터 판도라에서 살아온 토착민으로 파란 피부와 3미터가 넘는 신장, 뾰족한 귀와 긴 꼬리를 가진 인간과 매우 흡사한 지능을 가진 이들이다. 인간과 다른 점은 꼬리에 붙어 있는 신경세포 다발로, 동족 간은 물론이고 모든 다른 생명체와 직접적인 유대를 맺으며 살아간다는 것이다. 특히 죽은 조상들과 교류하고 어쩔 수 없이 생명을 죽여야 하는 경우에도 죽은 영혼을 위해 기도하는 장면에선 원시적 토템 사상까지 엿볼 수 있다. 이 극적인 장면은 필자가 개인적으로 매우 좋아하는 배우인 다니엘 데이 루이스가 주연으로 나왔던 〈라스트 모히칸〉(1992)에서 주인공 나다니엘이 동료들과 사슴을 잡은 후 죽은 영혼을 위해 기도하는 장면과 닮았다. 자신이 죽인 동물을 위해 기도하는 장면은, 생명의 경시 현상으로 교감의 감각마저 희미해져 버린 우리들의 시선으로 봤을 때 충격적이었다.

미래의 지구인이 그 먼 곳까지 가서 '아바타 프로젝트'를 수행하려는 목적은 분명하다. 지구에서 바닥난 새로운 대체 자원을 캐려는 목적이었다. 어쩌면 아바타 프로젝트는 영화 속 인간이 외계 행성에서 저지른 첫 번째 죄악인지도 모른다. 제이크에게 부여된 미션은 나비족의 무리에 침투해서 그들을 다른 곳으로 이주시키는 임무였다. 임무 수행 중 극적으로 만난 나비족 족장의 딸이며 제사장의 딸인 여전사 네이티리(조 샐다나 분)를 통해 그녀에게 전사로서의 모든 걸 배우며 나비족과 하나가 된다. 하지만 시간이 갈수록 해병대원으로서의 자신의 미션과 나비족 전사로서 자신의 신념이 충돌하면서 제이크는 둘 중 하나를 선택해야만 하는 결정적 운명에 직면한다. 그의 선택이 바꾸어놓을 판도라의 운명 속에서 그는 결국 '파괴'보다는 '공존'을 선택한다.

2주 만에 완성했다는 사실을 굳이 들먹이지 않더라도 전체적 시나리오는 매우 간결하다. 하지만 영화 중간중간에 들어간 메타포의 함축된 깊이와 감독이 던지는 스토리의 강렬함은 많은 여운을 남긴다. '판도라', '샤헤일루', 'I See You'가 던지는 의미는 이글거리는 뜨거운 여름에도 마르지 않는 샘물 같다. 화려한 영상 뒤에 느껴지는 담백함은 이 영화의 백미다.

　흥미 있는 다른 비유로 시각을 바꿔보자. 흔히 하버드대 마이클 샌델(Michael J. Sandel, 1953~) 교수의 '정의(Justice)'와 같은 하버드 대학 탈벤 샤하르(Tal Ben Shahar, 1970~) 교수의 '행복(Happier)', 그리고 예일대의 셸리 케이건(Shelly Kagan, 1956~) 교수의 '죽음(Death)'을 아이비리그 3대 명강의로 꼽는다. 곱씹어보면 그들의 강의가 역사의 획을 긋는 엄청난 파급력을 가진 건 아니지만 잔잔한 감동과 공감을 느끼기에는 충분하다. 그들의 강의에서 듣는 담담하지만 결코 평범하지 않은 이야기들을 통해 우리는 인생이라는 삶의 여행에서 깊은 감동과 공감을 느끼기 때문이다. 영화 〈아바타〉는 바로 그런 영화나. '판도라'에선 정의를, 'I See You'에선 행복을, '샤헤일루'에선 죽음의 참맛까지 느낄 수 있는 정말 오묘한 맛이다.

▪ 〈아바타〉에서 찾은 세 가지 맛의 비결

　아바타에서 찾은 맛의 비결은 크게 세 가지다. 첫째는 눈으로 보는 시각적 즐거움, 둘째는 소리로 즐기는 청각적 즐거움, 셋째는 양념과 소스가 듬뿍 배인 스토리에서 느끼는 감성적 미각의 즐거움이다. 한마디로 모든 걸 다 가진 진정한 판도라다.

　시각적 즐거움을 통해서 〈아바타〉는 우리가 갈구하는 본능적 시각 욕구를 단박에 만족시킨다. 그래서 '판도라'라는 외계 행성을 창조하는 데 감독은 엄청난 공을 들인다. 외계 행성의 원주민들이 살아가는 공동

체 공간이면서 '우리가 상상하는 가장 이상적인 천국의 세상이 이러했을 것이다'라는 착각을 불러일으킬 정도의 세상이 되어야 했기 때문이다. 판도라는 영화 속에서 아마존의 원시림과 중국 장가계의 몽환을 섞어 완벽한 열대의 우림으로 재탄생시켰다. 그뿐만 아니라 언옵타늄이 가진 자기장의 속성으로 공중에 뜬 채 끊임없이 이동하는 할렐루야 산은 아이맥스 영화로 보면 실제와 같은 착각을 불러일으킬 정도로 생생하고 사실적이다. 또한 주인공 제이크 셜리와 네이티리가 이크란을 타고 함께 판도라 우림을 누비는 장면과 인간과 나비족의 선투 신은 〈아바타〉 최고의 명장면으로 손꼽힌다.

하지만 할렐루야 산을 유영하는 몽환적인 장면도 우리에게 익숙한 기억의 고리를 더듬어 올라가면 그림에선 초현실주의 대가였던 르네 마그리트의 〈피레네의 성〉의 작품으로 만나고, 영화로는 미야자키 하야오(宮崎駿, 1941~) 감독의 〈천공의 섬 라퓨타〉(1986)와 〈하울의 움직이는 성〉(2004)의 모습에서 찾아볼 수 있다. 이 영화에서 새롭고 이국적이면서도 어딘가 모르게 익숙하고 낯익은 풍경이 오버랩되는 것은 그래서다. 아바타 영화가 재미있는 건 바로 이것 때문이다. 영화 속에 등장하는 낯익은 풍경을 찾아가는 재미는 이 영화를 보는 또 다른 흥미 요소다.

쿼니지 대령의 전투형 로봇, 하늘을 나는 이크란, 거대한 익룡 리오놉테릭스를 눈여겨 본 사람이라면 안다. 쿼니지 대령이 탔던 거대한 전투형 로봇도 제임스 카메론 감독의 작품 〈에이리언 2〉(1986)와 좀 더 거슬러 올라가면 미야자키 하야오 감독의 〈미래소년 코난〉(1978)에서 선장이 타고 다닌 앙증맞은 박스형 조정 로봇으로부터 출발했다는 사실을 말이다. 진화가 재밌고 응용력이 그저 놀랍다.

우리가 두려워하는 창의 정신은 아무것도 없는 무에서 유를 창조하는 무조건적인 개척 정신이 아니다. 창조는 발견의 또 다른 표현이다. 제임스 카메론 감독이 일본의 천재 감독 미야자키 하야오 감독의 〈미래소년 코난〉을 단지 만화로만 보았더라면 〈아바타〉에서 린치핀 역할을 톡톡히 하는 전투형 로봇의 위용을 우린 만나지 못했을 것이다. 또 피카소가 배고픈 시절 프랑스 미술관과 박물관을 탐방하면서 예술적 목마름을 채우기 위해 보고 또 응용했던 원시조각 작품을 단지 박물관의 조각 작품으로만 생각했더라면 큐비즘의 창시작인 〈아비뇽의 처녀들〉(1907)은 결코 탄생하지 못했을 것이다.

글을 쓰고 있는 필자 옆에서 우리 딸이 "아빠! 그럼 하늘을 나는 이크란은 어디서 가져왔죠?"라고 갑작스러운 질문을 던진다. 궁금한가? 그럼 독자들의 상상력을 자극하기 위해 하나 정도는 숙제로 내자. 참고로 미야자키 하야오 감독의 영화 〈바람계곡의 나우시카〉(2000)를 보면 그 속에 정답이 있다. 창조의 재료는 무궁하다. 다만 우리가 발견하지 못할 뿐. 새로운 아이디어의 발견은 분명 고민하는 자의 몫이다.

한때 공무원이자 주부였던 한경희 씨가 무릎 꿇고 걸레질을 해야 하는 고단함을 극복하기 위해 잠시 상상해보았던 스팀다리미와 대걸레의 콜라보로 만들어진 스팀청소기는 순간적 아이디어를 대박 상품으로 만든 '생활 창조'의 기적이었다. 창조는 위대한 사고와 고뇌의 산물이 아니라 번득이는 순간적인 아이디어와 실행으로 옮길 수 있는 용기를 가진 과감한 실천력이 만든 단어라는 걸 결코 잊지 말아야 한다. 〈아바타〉의 화려한 시각적 즐거움에서 우리가 찾아야 할 보석이 바로 이것이다. 그래서 필자는 제임스 카메론 감독을 영화계의 피카소라 부른다.

보따리를 푸니 고구마 줄기처럼 이야기가 달려 나온다. 영화 이야기는 그래서 끝이 없다. 두 번째 즐거움은 청각적 즐거움이다. 미국 캘리포니아 대학 심리학과 교수인 앨버트 메라비언 교수(Albert Mehrabian, 1939~)의 교육전달 이론에서 비지시적 언어가 갖는 심리학적 통계를 보면 시각이 55퍼센트, 청각이 33퍼센트 그리고 나머지 내용이 7퍼센트라고 진단했다. 이는 강연이나 대화에서 갖는 함량 분석이고, 영화를 통해서 얻는 전달력의 비율은 시각 33퍼센트, 청각 33퍼센트, 스토리 33퍼센트로 고정 비율이다. 그만큼 스크린에서의 스토리가 가시는 비율은 절대적이다.

가끔 우리가 영화를 보노라면 과거에 봤던 영화 속 주인공의 이름은 기억나질 않는데 대략적인 스토리와 노래를 기억하는 경우가 있다. 그 이유는 스토리와 음악이 갖는 감성 기억이 그만큼 강렬하기 때문이다. 제임스 카메론 감독의 대표적인 영화 〈타이타닉〉은 한국인이 가장 좋아하는 영화음악 1위로 꼽히며 전 세계적으로 약 3,600만 장의 음반이 팔려 역사상 가장 많이 팔린 영화음악 앨범으로 남아 있다. 영화 내내 들리는 아일랜드 전통 관악기인 '아이리쉬 틴 휘슬(Irish Tin Whistle)'의 청량하고 맑은 음색에 세계 3대 디바로 불리는 셀린 디온의 맑은 목소리는 우리들의 가슴을 적시고 오랫동안 감성적 여운에 빠져들게 만드는 원동력이 된다. 그래서 우리는 영화를 시각과 스토리가 아니라 소리로 기억하는 경우가 많다. 감성과 결합된 아름다운 영화음악 OST가 영화보다 더 중요한 이유가 여기에 있다. 소리는 우리의 닫힌 마음을 열기 때문이다.

영화적 스토리가 비극적일수록 많은 감독들은 오케스트라의 장엄함과 화려함보다는 여성이 가진 애잔하고 감성적인 보이스를 이용하거나 하나의 악기에 집중하는 경향을 보이는데, 〈아바타〉가 바로 그런 케이스다. 빗소리나 바람 소리는 과거를 회상하는 감성의 통로가 된다. 그래서일까? 산에서 듣는 목탁 소리는 깨달음의 촉매제가 되기도 하며 교회의 종소리는 영적 존재를 상기시키는 연결음이 되기도 한다. 그런 측면에서 보면 여성이 가진 아름다운 목소리는 숨겨진 모정을 깨워 위로와 위안을 느끼게 한다. 치유의 목소리라는 뜻이다. 여러 차례 그래미 어워드에 노미네이트되었던 레오나 루이스의 맑은 목소리가 아바타의 화려한 비주얼과 서사적인 스토리와 잘 어우러져 영화의 분위기를 한층 끌어올렸다는 평가를 받는 이유가 여기에 있다.

해마다 1,000만 명이 넘는 관광객들이 나이아가라 폭포를 직접 보기 위해 모인다고 한다. 폭포의 웅장하고 장엄한 자연의 소리는 사람들의 마음까지 정화시키기 때문이란다. 〈아바타〉 속 여주인공 네이티리의 진정성이 제이크 셜리의 눈을 뜨게 한 것처럼 레오나 루이스의 맑은 목소리는 영화를 보는 내내 우리들의 마음과 영혼을 정화시키고 있다.

2

〈아바타〉와 〈늑대와 춤을〉이 갖는 교감의 힘

가끔 강연을 가면 필자에게 "다른 사람과 소통을 잘하기 위해서 무엇이 가장 필요합니까?"라는 질문을 자주 받는다. 이에 필자는 주저 없이 '공감'과 '교감'의 능력이 첫 번째라고 답한다.

그런데 이러한 공감과 교감에 앞서 선행되어야 하는 것이 있다. 바로 '라포(Rapport)'다. 라포는 타인과 소통하기 위한 가장 친근한 인간적 몸짓이다. 아무리 실력 있는 상담자라고 하더라도 라포 형성 능력이 떨어지면 결코 유능한 상담사가 될 수 없을 정도로 라포의 중요성은 아무리 강조해도 지나침이 없다.

영화 〈아바타〉에서 사랑을 나누기 전 네이티리가 제이크 설리를 바라보면서 던진 "아이 씨 유(I See You)"라는 명대사를 필자는 "난 너를 본다"로 직역해서 해석하지 않는다. 대신 "내 안에 너 있다"라는 다소 오글거리지만 곡선의 해석을 함으로써 교감에 의미를 보탠다. 그리고 그런 해석이 진정 눈을 마주 보면서 나눈 두 사람 간 대화에 깊이를 더하기 때문이다. 라포는 그런 것이다. 마주 대하며 이야기하는 사이에 서로의 마음을 읽어 내려가는 것, 그것이 바로 라포다. 그 사람의 얼굴을 볼 수 있는 것, 그 사람의 목소리를 들을 수 있는 것, 그래서 서로의 마음을 느낄 수 있는 것이 '대화(對話)'이고 'I See You'의 시작이며 '눈부처'의 끝이다.

한국 사람이라면 모두 기억할 것이다. 2007년 미국 버지니아에서 일어난 공대 총기사고를…. 사망 32명에 29명이 부상당한 당시 미국 최고의 총기 난사사건으로 기록되었다. 총기 난사의 범인이 한국계 국적의 이주민인 조승희로 밝혀져 더 충격을 주었던 사건이다. 이 사건은 교감 능력을 잃어버린 사회가 어떻게 괴물을 만들어내는지를 똑똑히 보여주는 가장 단적인 사례였다.

"난 그걸 어떻게 하는지 몰라요." 조승희가 말한 소통에 대한 대답이었다. 그가 수많은 사람들을 죽이고 다치게 하던 그날 라디오에선 "내게 한마디만 말해줘. 내가 어디를 바라봐야 할지, 가르쳐줘 내가 뭘 찾을 수 있을지 말해줘." 평소 그가 즐겨 듣던 〈샤인(Shine)〉의 노래가 우연히 흘러나왔다.

요즘 세상을 '스마트 아일랜드(Smart Island)' 혹은 '스크린(Screen) 시대'라고 부른다. 손안의 세상은 열렸지만 손 밖의 세상과는 단절되었다는 의미다. 의사소통 기술은 눈부시게 발전했지만 직접 만나 대화를 나누는 시간은 하루에 49분으로 짧아졌고 대학생 중 81퍼센트는 자기만의 시간을 가지려고 혼자 다니는 것이 편하다고 생각하는 걸로 조사되고 있다. 세상과의 단절을 향해 달려가는 우리들의 슬픈 초상에서 〈아바타〉와

〈늑대와 춤을〉에서 보여주는 다양한 자연과 동물의 교감은 불신과 오해를 끊고 소통과 이해를 위해 살아야 한다는 연등 같은 빛깔의 은유적 바람은 아닐까?

2017년 11월 15일은 포항에서 5.4 규모의 지진이 일어난 날이다. 필자는 경북 적십자사의 부탁으로 2014년부터 현재까지 재난심리회복지원센터에서 트라우마 전문상담사로 활동하고 있다. 그렇기에 경주에 이어 포항에서도 재난 상담전문가로 현장에서 많은 사람들을 직접 만나 심리검사와 심리치료를 병행했나.

죽음의 고비를 가까스로 넘긴 사람들의 표정에는 살았다는 안도감과 함께 다 망가져 버린 집들을 보고 하루하루를 버텨야 하는 절망감 등 마음속에는 통제할 수 없는 양가감정이 일었다. 흥분과 망연자실한 감정이 섞여 튀어나오고 때론 이성적으로 통제가 되지 않을 때도 있다. 급성기 트라우마는 모두에게 많은 상처를 남기고 또한 흔적을 남긴다. 슬픔 속에 분노가 들어 있고 분노 속에 슬픔이 숨어 있다. 감정이 또 다른 감정을 숨기는 것, 그것이 공포이자 트라우마다.

롤랑 조페 감독의 영화 〈미션〉(986)과 로만 폴란스키 감독의 영화 〈피아니스트〉(2003)는 죽음의 순간 음악으로 직면하면서 죽음에서 벗어난 사례를 담은 영화라는 공통점이 있다. 물론 실화를 바탕으로 만들어진 영화란 걸 잘 알지만 '과연 음악이란 매체가 갖는 상생의 힘 즉, 교감의 힘을 얼마만큼 느낄 수 있을까?'라는 의문은 영화를 보는 내내 스스로에게 던진 화두(話頭) 같은 질문이었다. 믿을 수 없음이 아니라 단 한 번도 경험해보지 못한 데서 오는 일종의 불확실성이라고나 할까?

2017년 11월 21일 포항의 지진으로 이재민들이 흥해남산초등학교에 800여 명이 모였다. 낮엔 사람들이 북적대고 봉사자들도 많아 그렇게 힘들지 않지만 밤이 되면 사정이 달라진다. 봉사자들과 사람들이 해안가 썰물처럼 빠져나가고 가끔씩 오는 여진에 사람들의 불안감은 더 심해진다. 심리적 트라우마가 신체적 증상으로 나타나는 'TMS(Tension Myositis Syndrome)' 즉, '긴장성 근육염 증후군'이 즉각적으로 나타난다. 지진 발생일로부터 일주일도 채 되지 않은, 완전 급성기의 시기다.

집단으로 모인 사람들의 급성기 집단 트라우마에 대한 심리치료 연구 자료가 거의 없다. 하지만 그동안 수많은 사람들의 급성기 심리치료의 경험으로 비춰보았을 때 심리치료와 함께 음악치료 요법이 매우 효과적이라는 확신이 있었다. 그래서 심리치료 콘서트 하루 전날 전격적으로 30분가량의 심리치료와 음악치료에 맞는 미니 오케스트라 단원을 수소문해 나섰다.

공무원들이 우리의 접근을 허용할지, 그곳에 모인 분들의 저항은 없을지 모든 게 불확실했지만 그래도 이것보다 더 확실하고 빠르게 트라우마를 치유할 방법은 없었기 때문에 무소의 뿔처럼 나아갔다. 간절함이 강하면 소원도 가깝다고 했던가, 전화기를 들고 수소문한 지 1시간 만에 필자의 간절함에 응답한 연주자들이 나타났다.

모두가 바쁘다고 고사하고 거절하는 그 자리에 최광훈 씨가 이끄는 '포항아트챔버오케스트라' 단원들은 기꺼이 요청에 응답해주었다. 바이올린 김세아, 이안나, 공시온, 비올라 최광훈, 첼로 서미리내, 플루트 김무니.

이 여섯 사람은 필자와 함께 800여 분의 트라우마를 함께 보듬어

2017년 11월 포항 흥해읍에서 개최된 우리나라 최초의 심리치료와 음악을 결합한 집단 심리치료 콘서트가 열렸다. 단계별 심리치료와 신체 활동을 음악과 함께 시연한 콘서트로, 심리치료와 활동은 필자가, 음악은 최광훈 단장이 이끄는 '포항아트챔버오케스트라'가 맡았다. 사진은 흥해공업고등학교 체육관에서 열린 심리치료 콘서트 모습이다.

준 날개 없는 천사들이었다. 술에 취해 우리의 의도를 듣지도 않은 채 강렬히 거부하는 사람도 있었지만 필자의 간절한 부탁과 요청에 드디어 우리나라 최초의 급성기 트라우마 집단 심리치료 콘서트를 시작할 수 있었다.

심리치료 단계별 활동 사이에 세 곡의 치유 음악을 연주했다. 〈마법의 성〉을 첫 곡으로 〈도나우 강의 잔물결〉의 연주에선 경계심을 내려놓은 편안한 표정들을 볼 수 있었으며 마지막 곡인 〈포르 우나 카베사〉를 통해선 동작까지 따라 하는 교감의 모습까지 볼 수 있었다.

연주를 마치고 내려오는데 한 뇌성마비 장애인이 필자에게 다가와 안으면서 감사하다고 말하며 눈물을 흘렸던 모습은 영원히 잊지 못할 하나의 감동이었다. 불안과 두려움으로 몸과 마음 모두 닫아버린 경계성 트라우마에 놓인 이재민들에게 심리치료를 통해 마음 문을 열며 다가가고 음악이라는 절대적 교감의 힘으로 말라버린 나무에 온기를 불어넣었던 것이다.

책 위의 지식과 스크린의 기억이 현장에서 살아난 그날의 감동은 아마 내 생애 최고의 순간으로 기억될 명장면이었다. 교감의 힘을 신뢰하지 않았더라면 결코 성공할 수 없었던 작은 기적은 우리가 외면한 것들에 직면할 때 기적은 결코 우릴 배신하지 않는다는 믿음이 실현되는, 세상에서 가장 아름다운 순간이었다. '교감은 아직 살아 있었다.'

■ 'I See You'와 '샤헤일루', 서로 다른 교감의 힘

필자가 지금까지 살아오면서 나의 도시적 사고가 잘못되었다고 생각해본 적은 없다. 적어도 제도권 내의 모든 교육은 철저한 사실관계와 통계를 바탕으로 체계화되었기 때문에 지금까지는 그랬다. 와우! 그런데 바뀌고 있다. 아니 좀 더 솔직하게 말해 내 생각이 완벽하지 않을 수도 있다는 사실을 언제부턴가 인정하고 있었다. 우리나라가 지진의 안전지대라 생각했던 우리의 인식이 최근 너무 빨리 무너진 것처럼 말이다.

1971년 메라비언 교수가 비지시적 언어의 힘에 대해서 학문적 이론을 내놓을 때만 해도 그것이 단순한 심리학적 통계지 현실은 다를 거라 애써 외면한 것도 사실이다. 그러나 최근 필자의 감성교수법 이론을 정리하면서 메라비언 교수의 이론에서 비율적인 면, 그리고 내용적인 면에서 다소 차이는 있지만 시각적, 청각적 영역에 따른 높은 가중치는 절대적으로 공감하고 있다. 소통이나 교감에 꼭 언어가 다는 아니라는 사실을 말이다.

예를 들어보자! 〈아바타〉에서 주인공 제이크 셜리는 전사가 되는 혹독한 훈련을 받는다. 초반 화려하게 전개되던 숨 막히는 SF 액션은 건강한 두 젊은 전사 연인들이 만들어내는 눈빛 연기와 아우라 속에서 어느 순간 장르가 멜로로 바뀐다. 자연이 가진 원리가 그렇게 만들었다. 그렇게 해서 완성된 교감이 앞서 언급한 'I See You'다. 이것은 동감과 공감을 지나 교감의 단계를 넘어선 경지에서나 겨우 볼 수 있는 최고 단계의 교감 레벨이다.

나비족 최고의 전사가 되기 위해선 두 동물과의 교감을 반드시 이루어야 한다. 전사의 친구이자 이동 수단인 말을 닮은 육지의 다이어호스와 자신의 아바타 같은 하늘을 나는 비행 수단인 이크란과의 접속에 성공해야 한다는 것이다. 이 과정은 동물과 나비족이 하나가 되고 자연과 내가 하나가 되는 전사의 첫 번째 미션이다.

그런데 놀라운 건 나비족들 사이에서 말하는 위대한 전사란 사냥을 탁월히 잘하거나 힘이 센 전사를 말하는 게 아니라는 데 있다. 동물과 자연과의 교감 능력을 전사의 최우선 순위에 두는 것이니 참으로 대단한 자연주의 사상이 아닐 수 없다. 장자의 무위자연(無爲自然, 자연에 맡겨 부질없는 행위를 하지 않음)과 만물제동(萬物齊同, 가치의 측면에서 만물은 모두 똑같다)을 이곳에서 만나는 건 뜻밖의 수확이다.

나비족 최고의 전사이자 전설로 불리는 '토르크 막토'는 부족민들이 가장 두려워하는 대상이자 동시에 숭배의 동물인 '토르크(거대 익룡)'와 교감을 나눠 접속한 전사다. 용기와 직면의 힘이 몸에 밴 진정한 전사만이 접속할 수 있는 위대한 하늘의 제왕이다. 교감에 실패하면 죽음이고 성공하면 전설이 된다.

제이크 셜리가 그레이트 리오놉테릭스를 제압하고 위대한 전사가 된 데는 동감과 공감 그리고 교감의 능력이 누구보다 컸기 때문이다. 마음의 빛깔을 맞추는 능력인 동감(同感), 마음을 나누는 능력인 공감(共感), 마음을 이끄는 능력인 교감(交感)을 제이크 셜리의 눈빛에서 만나는 건 그래서 결코 우연이 아니다.

섬이 둥둥 떠다니는 할렐루야 산들을 지나 가장 높은 곳에 사는 이크란의 서식지로 전사들이 이동한다. 위험천만한 곳으로 올라가는 도중 더러는 죽기도 했으리라 짐작되는 아찔한 곳이다. 전사들 수련의 마지막 과정이 이곳에서 기다리고 있다.

이크란의 무리 속에서 주인공 제이크 셜리는 어느 이크란을 골라야 할지 몰라 망설일 때, 네이티리는 "네 이크란을 골라! 가슴으로 느껴야 해"라고 말해준다. 어렵게 자신의 이크란을 골라 서로를 확인하는 목숨을 건 인증에 들어가는 순간 네이티리가 또다시 크게 소리친다. "샤헤일루, 제이크(교감을 나눠, 제이크)!"

결국 제이크 셜리는 신경 접속에 성공하면서 꿈에 그리는 처녀비행을 통해 교감의 완성을 이루어낸다. 영화 속 마지막 훈련이었던 이크란과의 접속은 결국 가슴과 마음이 만들어낸 아름다운 교감의 완성이었다. 그러고 보니 '샤헤일루'란 단어는 앞서 지구의 말과 비슷한 다이어호스 훈련에서 네이티리가 말했던 대사와도 일치된다.

"샤헤일루! 교감을 이뤄. 심장박동 소리와 다리의 근육과 숨결을 마음속으로 느껴!"라고 대답하며 가슴과 마음이 교감의 완성임을 알려준 바 있다. 교감이 말처럼 이렇게 쉽지만 실천이 어려운 건 진정성이 갖는 무게가 사람마다 다르기 때문이다.

죽은 자들의 기록인 이집트의 《사자의 서》에서 죄의 무게를 잴 때 장례의 신인 아누비스가 인간의 심장을 꺼내 저울에 올리는 것이 이제야 이해가 된다. 선천적으로 덩치가 작은 사람은 죄의 무게를 달 때 좀 유리할까? 엉뚱한 생각을 해본다.

▪ '하이디'와 '티피'가 준 아름다운 선물

영화 속 교감의 이야기가 사실 영화로 끝나지 않고 진한 여운과 감동으로 남았던 것은 미국에서 온 '하이디' 씨가 SBS의 〈TV 동물농장〉에 출연해서 보여준 믿지 못할 기적의 사례를 통해서다.

일본 방송에서부터 동물과의 교감으로 유명세를 치른 하이디 씨는 한국에서도 기적의 교감 능력을 인정받았다. 많은 사례들이 있지만 특히 반려 고양이들과의 교감은 일본과 한국을 망라해서 감동적이었다. 사람들은 버려진 고양이를 데리고 와서 키웠지만 갑자기 변해버린 고양이와의 갈등 속에서 도저히 그 이유를 몰랐다. '네오'라는 일본 고양이의 사례는 사람과 동물 사이에도 감정과 교감이 있음을 보여주는 가장 단적인 사례였다.

고양이 네오를 처음 데려온 사람은 어린 학생 다케히사였다. 귀엽고 깜찍한 버려진 고양이를 한동안 너무 좋아해 둘은 함께 잠을 잘 정도로 친했다. 그러던 어느 날 다케히사가 고등학교 입학을 위해 갑자기 집을 떠난 것이 화근이었다. 고양이 네오의 태도가 변한 건 바로 그 무렵부터였다.

가족 모두에게 친하고 심지어 처음 본 촬영팀에게도 살갑게 굴던 네오가 유독 다케히사에게만 발톱을 세우고 앙칼진 소리를 내며 공격성을 보인 것이다. 영문을 모르는 가족들의 혼란 속에서 하이디는 네오의 슬픈 감정과 분노의 감정을 알고 뜻밖의 눈물을 흘린다.

그리고 다케히사로 하여금 고양이 네오에게 진심으로 사과를 하라고 조언한다. 지금 네오의 심정은 사랑하는 사람이 자신에게 아무런 설명도 없이 자신을 버리고 떠난 것과 같은 충격적인 상황이라는 설명을 보태면서 말이다. 슬픔이 분노로 변해버린 것이라고….

주인들에게 두 번이나 버림받은 중첩된 트라우마의 충격 속에서 네오는 마음에 상처를 입은 것이다. 하이디는 네오의 상처를 치유할 유일한 방법은 진심 어린 사과와 마음을 전달하는 것뿐이라고 조언하며 서로의 상처를 치유했다. 시간이 흘러도 오해와 상처를 치유하는 유일한 치료제는 진심 어린 용서와 사랑이란 이름의 교감이란 걸 하이디는 몸으로 알려주고 있었다.

비슷한 사례는 또 있다. 데려온 고양이 '미오'를 키우는 딸과 관련된 이야기다. 특별히 딸이 데려온 고양이를 미워하지 않았지만 유독 자신만 경계하고 심지어 할퀴기까지 해서 스트레스를 받고 있는 어머니의 사연을 듣고 하이디가 그 집을 방문했다. 극도의 경계로 딸을 제외하고 그 누구에게도 시선 한 번 주지 않았던 미오를 하이디가 찾았다.

커튼 속으로 들어가 몸을 감춘 미오를 다정스럽게 부르며 미오와 눈빛으로 교감을 나눈 하이디는 오감을 통해 미오에게 경계와 불안의 이유를 전달받고 미오가 딸의 어머니를 경계하는 이유를 털어놓는다. 처음 고양이를 데려오던 날 어머니는 고양이를 못마땅하게 생각해 딸과 신경전을 벌였다. 고양이는 딸의 어머니가 자신에게 적대적이란 사실을 오감으로 느낀다. 딸이 없을 때 어머니가 자신을 버릴 수 있다는 생각으로 늘 경계하고 불안에 떨었다는 이야기를 하며 서로의 오해를 풀 수 있도록 고양이에게 진심으로 사과를 하라고 조언한다.

어머니의 사과를 진정성 있게 들은 고양이는 여태까지 난 한 번도 어머니에게 다가가지 않았던 사실이 믿기지 않을 정도로 살갑게 딸의 어머니에게 다가가 몸으로 교감을 나눈다. 눈으로 보면서도 믿을 수 없었던 것은, 사실이 아니어서가 아니라 그동안 우리가 가졌던 동물에 대한 편견의 벽이 그만큼 컸다는 것에 가슴이 먹먹해서였다. 동물과 교감을 나누는 데 무슨 특별한 능력과 교육이 필요한 것이 아니다. 동물이 가지고 있는 순수한 주파수에 공명할 수 있는 나 자신의 순수함이 아닐까 생각해 보게 되는 소중한 시간이었다.

무라카미 하루키(村上春樹, 1949~)의 소설 《해변의 카프카》에는 '캣 커뮤니케이터' 나카타가 나온다. 그는 대학 교수를 아버지로 둔 금수저의 맏아들이었지만 초등학교 무렵 이상한 사건을 겪은 후 마치 욕조의 구멍을 통해 모두 빠져버린 물처럼 모든 기억을 잃어버리고 낮은 지능으로 살아간다. 아무 일도 못하는 지적장애인이 되어 신마저 그를 버린 듯했지만 그에게도 딱 하나 잘하는 일이 있었는데 그게 바로 고양이와 소통할 수 있는 능력이었다.

논리와 이론으로 무장된 똑똑한 인간들은 절대로 이해할 수 없는 능력이 바로 동물과 소통하는 능력인데, 나카타가 잃어버린 기억은 어른들의 욕심이었고 그가 간직한 기억은 어린이의 순수함이었으니 자라지 않는 나무 같은 양철북이 되어버린 아름다운 사람 나카타에겐 어쩌면 그것이 가장 자연스러운 능력이었는지도 모른다.

소설 속 이야기가 아니라 실제로 아프리카에서 태어나 동물과 대화하는 '티피'란 아이가 아프리카 동물들과 소통하는 내용이 책으로 나온 적이 있다. 흥미로웠던 건 나처럼 동물과의 소통을 의심하는 어른들이 참 많았던 모양이다. 책의 한 모퉁이에 티피가 나와 같은 어른들을 위해 답변한 내용이 아직도 생생하다. 검은 고깔을 뒤집어쓴 흰색 까마귀 같은 특이한 모습을 한 채 내 머릿속 한 모퉁이에 박혀 오랫동안 지워지지 않는 걸 보니 내가 받은 감동의 깊이를 어느 정도는 설명할 수 있으리라.

"나는 머리나 눈으로, 아니면 마음이나 영혼으로 동물에게 말을 건다. 그러면 동물들이 내 말을 알아듣고 나에게 대답하는 게 보인다. 동물들은 어떤 동작을 해보이거나 나를 쳐다본다. 그러면 꼭 동물들 눈에 글자가 보이는 것 같다. 그렇게 되면-이게 이상하게 들릴 거라는 건 나도 안다-나는 그 동물들과 말이 통하리라고 확신한다. 이런 식으로 나는 동물들과 알게 되고, 때로는 친구가 되기도 한다."

"어떻게 동물과 소통할 수 있지?" 수많은 사람들이 하이디에게, 소설 속 나카타에게 심문하듯 물었던 질문을 아프리카 소녀 티피는 네다섯 살 어린 소녀의 눈으로 담담히 이야기하고 있다. "동물처럼 순수해지면 그들과 소통할 수 있어!"

어른이 된 지 너무 오래여서 그런지 동물과의 소통이 말처럼 쉽지 않다. 그러나 한 가지 분명한 사실은 내가 한 걸음 다가가면 그들도 내게 한 걸음 다가온다는 사실이다. 그래서 아직 우리에겐 희망이 있다. 순수를 되찾을 희망이…. 하이디와 나카타 그리고 티피를 통해 〈아바타〉의 나비 족을 만난다.

"하나의 생명을 구하는 자는 세상을 구하는 것이다."

《탈무드》

삶의 의미

쉰들러 리스트

Schindler's List | 제작 1993년 | 감독 스티븐 스필버그 | 출연 리암 니슨, 벤 킹슬리, 랄프 파인즈

유대인들의 처절한 사연, 홀로코스트는 아직 한 세기가 끝나지 않은 우리들의 이야기다. 인간의 깊은 내면에 감추어진 잔혹성과 야만성을 확인할 수 있는, 신이 사라진 시간에 터져버린 사건으로 치부하고 싶을 정도로 역사상 가장 부끄러운, 살아 있는 역사다. 〈소피의 선택〉(1982), 〈쉰들러 리스트〉(1993), 〈피아니스트〉(2002) 그리고 〈사울의 아들〉(2016)까지, 나열하고 보니 대략 10년을 주기로 발표됐다. 어찌 보면 반성과 경고의 의미가 시간과 뒤섞여 인간의 야누스적인 행동에 대한 통렬한 자기비판의 반추 같은 경고를 날리고 있는 것 같다.

홀로코스트의 대표작이라고 불리는 〈쉰들러 리스트〉의 스티븐 스필버그 감독과 〈피아니스트〉의 로만 폴란스키 감독은 할리우드의 대표적인 유대계 출신 감독들이라 영화적 시각과 감정의 정도가 분명 남달랐을 것이다. 악이 강하면 강할수록 영화의 심도는 깊어진다는 원칙을 증명이라도 하듯이⋯. 그래서일까? 그들의 감당했던 고통의 깊이가 영화 곳곳에 배여 있는 듯했다.

1939년 9월 독일은 침공 2주 만에 폴란드군을 대파한다. 유대인에게는 가족 번호(Family Members)를 등록하고 매일 만 명 이상의 유대인을 각처에서 폴란드의 수도 바르샤바에서 남쪽으로 약 30킬로미터 떨어진 크라쿠프(Krakow)로 모았다. 그곳은 슬로바키아 국경 부근에 있는 동서 교통의 요충지로 전략적 의미가 컸던 도시였다. 기회주의자 사업가인 오스카 쉰들러(리암 니슨 분)는 폴란드계 유대인이 경영하는 그릇 공장을 인수하러 도착한다. 그 공장을 인수하기 위해 나치 당원이 되어 SS 요원들에게 향응과 술, 담배 등을 뇌물로 바치며 갖은 수단을 다 동원해 결국 인건비 한 푼 안들이고 군수 사업을 확장한다. 그리고 사업의 성공적 운영을 위해 유능한 유대인 회계사인 이작 스턴(벤 킹슬리 분)을 십분 이용하게 된다. 하지만 이작 스턴이 가진 빛의 영향력으로 말미암아 쉰들러는 이기주의와 양심 사이에서 갈등을 하다가 자신의 선을 발견하게 된다. 나치의 살인 행위를 자신의 눈을 통해 직접 목격하면서 빛의 섭리가 결국 자신의 운명임을 깨닫는다. 회색빛 영화 속에 등장하는 유일한 붉은 원피스 소녀의 등장과 죽음이 역설적이게도 쉰들러의 박제된 회색 양심을 깨우는 촉매제가 된다.

'빛은 선함을 잉태하고 선함은 기적을 낳는다'고 했던가? 그는 결국 유대인을 강제 노동 수용소에서 구해내기로 결심하게 된다. 문제는 "'쉰들러의 유대인'들을 어떻게 구해낼 것인가?"인데, 노동 수용소 장교에게 뇌물을 주고 구해내기로 한다. 그러고는 그들을 독일군 점령지인 크라쿠프에서 탈출시켜 쉰들러의 고향으로 옮길 계획을 하고, 이작 스턴과 함께 선의 극치인 죽음의 돌풍을 막아줄 유대인 명단을 만들게 된다. 그러한 모든 계획은 완벽하게 이루어지고 마침내 1,100명의 유대인을 폴란드에서 구해낸다는 감동의 스토리다.

전쟁이 종식되고 러시아 군대가 동유럽을 자유화시켰을 때 연합군에게 잡히지 않기 위하여 공장 주변의 나치 당원들을 집으로 돌아가도록 종용하면서 남긴 마지막 연설에서 "한 인간으로서 가족에게로 돌아가십시오. 살인자가 되지 말고…"라고 가해자 독일군에게 했던 마지막 메시지는 평범한 인간으로 돌아가라는 것이었다. 그리고 헤어지는 유대인들이 그를 위해 마련한 마지막 선물, 잡힐 경우를 대비한 모두의 서명과 금니를 빼서 만든 반지 하나 그리고 그 속에 새긴 "하나의 생명을 구하는 자는 세상을 구하는 것이다"라는 《탈무드》의 글귀!

오열하는 쉰들러의 들썩이는 어깨 위로 사라진 인간의 본성을 찾을 수 있는, 모처럼 가슴으로 마주하는 영화다. 지금도 영화 속 도시 크라쿠프에 가면 레조 세레스의 애조 띤 〈우울한 일요일〉과 카를로스 가르델의 탱고 〈간발의 차이〉가 영화 프롤로그 첫 장면의 환청처럼 들린다. 크라쿠프에는 건물에도 시간에도 소리가 있다. 마치 그것이 인간의 '삶의 의미'인 것처럼 말이다.

〈쉰들러 리스트〉와 〈피아니스트〉

　　〈쉰들러 리스트〉(1993)와 〈피아니스트〉(2002)는 제2차 세계대전 당시 나치 독일에 의한 유대인 학살을 다룬 영화로 〈쉰들러 리스트〉는 기업가이자 나치 당원인 오스카 쉰들러를, 〈피아니스트〉는 블라디슬로프 스필만이라는 실존 인물을 중심으로 만들어진 실화다. 홀로코스트 영화가 모두 그렇듯이 영화의 빛깔은 짙은 회색이다. 죽음, 공포, 두려움, 절망이 영화를 가득 채우고 있어 마치 신이 떠난 소돔과 고모라 같다. 회색이 가진 에너지는 절망이다. 그러나 그 짙은 칠흑 같은 어둠 속에서도 구원의 빛은 존재한다. 태양이 빛을 거두지 않는 한 영원히⋯. 이 두 영화는 어둠을 밝히는 사람들의 이야기다. 실화라 더 쓰리고 아프다.

　　스티븐 스필버그 감독은 할리우드의 대표적인 흥행 감독이다. 1975년 수영하는 여자 밑에 거대한 이빨을 드러내고 달려드는 식인상어. 그 강렬한 한 장의 포스터로 단박에 대중의 눈을 사로잡은 영화 〈죠스〉(1975)로 미국을 대표하는 감독 자리를 단숨에 꿰차고는 이후 〈레이더스〉(1981), 〈이티〉(1982), 〈인디애나 존스〉(1984), 〈쥬라기 공원〉(1993) 등 손대는 작품마다 대박의 흥행 잭팟을 터트리며 할리우드 최고의 감독으로 자리매김하지만 유독 아카데미 시상식에선 빛을 보지 못하고 흥행성은 뛰어나지만 작품성은 '의문'이라는 호사가들의 입방아에 오른다. 이후 절치부심 끝에 메가폰을 잡은 작품이 바로 〈쉰들러 리스트〉다.

　　제2차 세계대전 중에 군수품 공장을 경영하던 독일인 사업가 오스카 쉰들러가 단지 값싼 노동력을 얻기 위해 수용소에 있는 유대인들을 자신의 노동자로 쓰기 시작하면서 눈뜨게 된 생명의 빛이 유대인들을 구출하는 길로 접어들게 되는 과정을 그린 감동적인 작품이다. 그해 아카데미 작품상, 감독상 등 7개 부문을 수상하며 세인들의 의혹을 단박에 해소시키고 흥행성과 작품성을 모두 갖춘 감독으로 인정받게 한 영화다. 리암 니슨의 뛰어난 내면 연기를 통해 당시 오스카 쉰들러가 겪었을 양가감정을 동시에 느껴볼 수 있다.

　　그 후 8년 뒤 홀로코스트의 이야기는 한 명의 피아니스트에게로 연결된다. 죽음의 길목에서 조력자의 도움으로 우연히 살아남은 스필만의 생존기다. 폭격으로 폐허가 된 건물에서 공포와 고독, 허기와 추위를 오롯이 견디던 중 음식을 찾다가 독일군 장교와 조우한다. 죽음의 순간 피아노를 칠 수 있는 마지막 기회를 얻고 온 영혼을 손끝에 실어 연주한다. 피아노의 선율은 마침내 인간의 보편적인 감성을 두드리고 닫히고 왜곡된 감정의 빗장을 풂으로써 죽음의 순간에 빛을 보는 스토리다. 이 두 영화는 바로 인간의 심연 깊은 곳에 내재한 선을 빛의 공간으로 옮기는 힘을 보여주는 영화다. 내 안에 '삶의 의미'를 찾지 못한 사람들에게 이 영화는 분명 길 잃은 숲속의 작은 이정표가 될 것이다.

1

인간의, 인간에 의한,
인간을 위한 생명의 빛

"나는 승리에 사로잡힌 사람이 아니라, 오직 진실에 사로잡힌 사람이
다."

"나는 성공에 사로잡힌 사람이 아니라, 내 안에 있는 빛에 사로잡힌
사람이다."

이 말은 현재 미국인들이 가장 존경하고 사랑하는 미국의 제16대
대통령 링컨(Abraham Lincoln, 1809~1865)이 남긴 명언이다. 여기에 빛
이 등장한다. 정치가들의 화려한 언어적 수사는 수도 없이 많이 듣고 보
았지만 링컨처럼 빛의 의미를 대사에 인용해서 사용한 정치가를 본 적이
없다. 빛이란 단어는 마음의 빛이 자신을 비추지 않는 한 결코 나올 수 없
는 최상의 은유적 단어이기 때문이다. 빛은 자신의 투사요, 아바타적 단

어의 성격을 띠고 있다.

그래서일까? 링컨은 노예 문제로 촉발된 남북전쟁(1861~1865) 당시 최대의 격전지였고 북군과 남군 합쳐 16만 명 이상이 참전해 5만여 명이 전사한 게티스버그에 지어진 국립묘지에서 1863년 11월 19일에 미국 역사상 가장 위대한 기념 연설을 한다. 272개의 단어로 이루어진 짧은 문장 속에 민주주의 이념을 최대한 압축했고, 국민의 민주정부 수호 의무와 자유를 실현하기 위한 헌신 의지를 담았다.

"국민의, 국민에 의한, 국민을 위한 정부"라고 쓰인 이 마지막 문장에는 흑인 노예 제도로 갈라진 미국을 하나로 묶어내어 진정 사람을 생각하는 차별 없는 '사람 중심의 세상'을 만들고자 했던 링컨의 인간적 고뇌가 어른거린다.

링컨의 게티스버그 연설은 세계 역사의 고비의 순간마다 다시 등장한다. 흑인 인권운동 상징인 마틴 루서 킹 목사는 1963년 워싱턴 링컨기념관 앞에서 "나에게 꿈이 있습니다(I have a Dream)"라는 세기의 연설을 하는데 이 연설의 첫머리에 "100년 전, 한 위대한 미국인이…"라는 표현으로 100년 전 게티즈버그에서 국민만을 생각하며 생명의 빛을 연설한 링컨의 연설을 불러왔다. 그리고 네 자식들이 피부색으로 평가되지 않고 인격으로 평가받게 되는 날이 오는 연설로 다시 100년을 이어간다.

이에 감동받은 프랑스 헌법(1958년 제정)은 아예 프랑스 공화국의 설립 원칙을 '국민의, 국민에 의한, 국민을 위한 정부'로 규정했다. 어디 그뿐인가? 미국 역사상 최초의 흑인 대통령인 버락 오바마는 미국 대통령에 당선된 뒤 "우리는 국민의, 국민에 의한, 국민을 위한 정부가 지구상에 있다는 것을 증명했다"고 소감을 밝히기도 했다. 마틴 루서 킹 목사와 버락 오바마 대통령의 연설 그리고 프랑스 헌법에 쓰인 '국민'은 빛으로 가득 찬 아름다운 생명을 가진 '사람'이었다.

세상이 지금처럼 인본주의를 중심으로 재편되어 있지 않았고 양반과 상놈이 나의 운명이고 곧 하늘의 운명이라 믿었던 시대에 '사람은 곧 하늘과 같고, 사람을 섬기는 것은 하늘을 섬기는 것과 같다'는 '인내천(人乃天)' 사상이 나왔다. 신분과 계급을 넘어 인간의 평등과 인도주의를 우리가 숨 쉬고 있는 이 땅에서 이미 1860년대에 부르짖었다는 것은, 계급의 세상을 넘어 인간의 세상을 볼 수 있었던 최제우(崔濟愚, 1824~1864)라는 걸출한 인물이 링컨처럼 사람이 세상의 중심이 되는 빛을 보았기 때문에 가능했으리라. 역시 인본은 시대와 나라를 넘어 인류의 가장 위대한 가치다.

스티븐 스필버그 감독이 영화를 통해 보여주고자 했던 것은 잔혹한 인간의 야만성도, 생존의 처절한 몸부림 속에서 살기를 갈망했던 인간들의 모습도 아닌 그저 생명의 빛을 가진 '인간'에 대한 주목이었다.

붉은색 코트를 입은 소녀는 죄가 없다. 아름답고 순수한 영혼과 육체를 가진 소녀의 죽음은 영원히 무죄이고, 야만과 욕망을 통제하지 못한 불순한 영혼과 육체를 가진 타락한 인간들의 죄는 영원히 유죄다. 영화가 끝날 때 들리는 유대계 거장 바이올리니스트 이츠하크 페를만의 애조 띤 바이올린의 선율이 마치 내겐 죽은 소녀를 위한 진혼곡처럼, 단테의 《신곡(神曲)》에 등장하는 베르길리우스가 지옥의 첫 발을 디딜 때 울리는 조곡(弔曲)처럼 들렸던 게 우연이 아니다.

그것은 비슷한 아픔의 역사를 가진 우리의 공감에서 연유한 슬픔 때문이었을 것이다. 체험의 색깔은 그 어떤 소설보다 짙다. 화려한 영상의 컬러 영화인 〈쥬라기 공원〉보다 담담한 영상의 흑백 영화인 〈쉰들러 리스트〉가 더 성공한 유일한 나라라는 '영예'는 아픔을 경험해본 자들만의 기억이다. 독일군의 잔혹한 학살에서 일제의 만행을 떠올린 건 나를 비롯한 이 땅에 살고 있는 모든 산 자들의 역사의 기억이고 몸의 기억일 것이다. 그래서 더 아프다.

▌어둠을 이긴 빛

〈쉰들러 리스트〉의 첫 장면은 빛으로 시작된다. 두 개의 촛대 위에 놓인 밝은 빛을 발산하는 촛불. 살아 있는 생명의 상징이다. 그러나 이내 촛불은 꺼지고 불빛이 소멸한 자리에 머리칼을 푼 것처럼 흩날리는 연기(煙氣)는 이데올로기를 상징하며 달려오는 기차의 연기와 오버랩되어 빛을 삼킨다. 영화의 시작임과 동시에 죽음의 시작이다.

전쟁을 이용해 돈을 벌려는 분명한 목적으로 가면을 쓴 쉰들러가 처음으로 한 것은 로비였다. 타고난 로비스트의 기질로 탐욕에 눈이 먼 많은 고급 장교들의 환심을 사자 그의 사업은 탄력을 받는다. 평생 쓰고도 남을 엄청난 부를 벌어들인 쉰들러가 만약 지혜롭고 정의로운 유대인 회계사 이작 스턴을 만나지 못했더라면 그의 부와 성공은 불가능했을 것이다.

쉰들러의 성공의 길이만큼 게토 지역 유대인들의 생명의 심지는 정반대로 빠르게 짧아졌다. 강제 이주된 유대인들을 수용하던 비인간적인 수용소조차 1943년에 폐쇄되면서 대부분의 유대인들이 그 자리에서 죽임을 당하거나 아우슈비츠로 이송되어 사살되곤 했다. 이 죽음의 광시곡이 연주되는 도중에 쉰들러 공장에서 일할 수 있는 노동자들의 명단이 작성된다. 이 명단은 죽음을 연기(延期)하고, 파괴를 연기하고, 폭력을 연기해서 결국 생명을 구원하는 시스티나 대성당에 그려진 〈최후의 심판〉에 나오는 대천사 미카엘이 들고 있는 구원 명부처럼 최후의 보루가 된다.

물론, 앞서도 언급했지만 쉰들러가 처음부터 유대인의 생명을 보호하겠다는 작정을 하고 사업에 뛰어든 것은 아니었다. 그는 인력이 싸고 이윤이 많이 남는다는 이유 하나로 유대인들을 고용했을 뿐이다. 평생 다 쓰고도 남을 정도의 재산을 모으고 죽음과는 별 상관이 없던 쉰들러가 죽음 속으로 내몰리고 있는 유대인들을 구해내고자 한 일은 분명, 유대인의 삶과 자신의 삶이 따로 존재하는 것이 아니라 생명은 본래 하나며 존귀하다는 진리를 깨우쳤기 때문이다. 그 진리를 깨닫는 장면이 이 영화의 클라이맥스면서 동시에 쉰들러가 자신의 양심과 직면하는 순간이기도 하다.

스티븐 스필버그 감독은 그래서 두 가지 선택을 한다. 슬픔에 몰입하기 위해 전체의 영상을 회색빛(흑백 영상)으로 입혀버리는 것과 하나는 붉은 코트의 소녀만 컬러로 처리하는 것. 물론 그의 선택이 나중에는 영화의 흥행에 결정적 신의 한 수가 되었지만 초기에는 많은 투자자들과 평론가들의 반대와 비난을 감수해야만 했다.

당시의 시대적 아픔과 고통을 그대로 느끼는 데 역설적으로 흑백만큼 강렬한 표현이 없다는 확신. 죽음과 공포가 몰아치는 클라이맥스 장면에 유일하게 컬러로 표현된 붉은 코트를 입은 어린 소녀의 등장은 죽음의 공포 속에서도 신이 살아 있음을 일깨우는 증거임을 표현하고 싶었던 감독의 확실한 메시지였다. 잿빛 스크린 속에서 푸른색의 여명을 볼 수 있는 건 살아 있는 양심의 증거였다.

명절 특집으로 나오는 성룡의 액션 영화처럼 크리스마스 특집 단골 영화는 수전노 스크루지가 나오는 것이다. 특히 로버트 저메키스 감독의 〈크리스마스 캐롤〉(2009)은 수전노 스크루지가 과거와 현재와 미래의 유령을 만나면서 삶의 의미를 새롭게 깨닫는 장면을 잘 묘사했다. 이것은 마치 〈쉰들러 리스트〉에 등장하는 붉은 외투를 입은 소녀가 쉰들러의 영혼을 깨우는 장면을 연상케 한다. 타락한 영혼을 귀인으로 바꾸기 위해 꼭 필요한 현몽(現夢)처럼 말이다.

히브리인으로 태어나 이집트 왕자에서 살인을 저질러 도망자 신세로 전락하기까지 곡 많았던 늙은 모세에게 호렙산(시나이산) 가시나무 떨기에서 나타난 불빛은 바로 생명을 구하라는 신의 현현(顯現)이었다. 늙은 모세는 신의 빛을 영접한 후 생명의 역사를 쓸 새로운 힘이 생긴다. 성경에서는 이를 '출애굽 사건'이라 부른다. 늙은 모세가 200만 명의 생명을 구할 수 있었고 장사꾼 쉰들러가 1,100명의 생명을 구할 수 있었던 것은, 모두 빛의 영접이 있었고 선함을 목적으로 하는 내 마음에 숨겨진 신의 미션을 찾았기 때문이다.

빛을 찾은 쉰들러의 행동은 빛을 영접한 모세처럼 과감하고 용감했다. 로비와 유대인들의 값싼 노동력을 이용해서 모은 돈으로 생명과 빛을 사들이고 심지어 그들을 구하기 위해 '지옥의 하데스', '악마의 부활'이라고 불렸던 크라쿠프 강제수용소 소장 아몬 괴트와 기꺼이 담판한다.

아몬 괴트, 그가 누구인가? 수용소 막사를 짓는 유대인 공사 감독이다가와 문제를 제기하자 눈 하나 깜짝하지 않고 그 자리에서 총으로 쏴 죽이고, 아침에 눈 뜨자마자 저격용 라이플총으로 담배 한 대에 한 명씩 사격 연습하듯 아무렇지 않게 죽이는 독일 나치 정권 최고의 악마였다. 그렇게 해서 직접 죽인 유대인만 약 500명. 가히 우리의 상상을 초월한다. 그러면서도 가정부 역할을 했던 유대인 여인 헬렌 히르쉬에게 연정을 품는 이중적 성격의 야누스적 성향을 보인 환경과 권력이 만든 괴물이었다.

실제 유대인 중 한 명이 영화를 보던 중 랄프 파인즈가 연기한 아몬 괴트의 몸서리 쳐지는 장면에서 졸도했다는 일화는 유명하다. 아마 그는 몰랐을 것이다. 그 자신이 독일의 멸망 후 1946년 전범재판에서 "성서 속의 사탄이 현대에 육화(肉化)했다!"는 판결을 받고 화형에 처해질 것을…. 또한 그는 몰랐을 것이다. 그의 유일한 딸인 모니카가 속죄의 마음으로 평생 유대인 생존자들을 찾아가 용서를 빌며 아버지를 대신해 죗값을 갚아가면서 힘겹게 살아가고 있는지를 말이다. '힘과 권력에 정의가 사라지면 그것은 폭력일 뿐이다'라는 단순한 진리가 절절히 가슴에 파고들게 만드는 인물이다. 그런 인물과 담판할 수 있었던 용기는 오직 빛의 힘 때문이었을 것이다. "어둠은 결코 빛을 이길 수 없다!"

■ 또 다른 빛의 증거 신의 섭리

미국의 유명한 임상심리학자 에이브러햄 매슬로우(Abraham H. Maslow, 1908~1970) 박사는 1943년에 인간이 가진 욕구를 다섯 단계로 정리했다. 첫 번째 가장 낮은 단계를 '생리적 욕구'라 하고, 두 번째 욕구는 '안전의 욕구', 세 번째 욕구는 '소속감과 사랑의 욕구', 네 번째 욕구는 '인정의 욕구', 그리고 마지막 단계인 다섯 번째는 '자아성취의 욕구'로 규정했다. 복잡한 인간의 욕구를 다섯 단계로 깔끔하게 정리한 후 아직까지 그의 이론이 유효한 건 반박할 수 없는 거의 완벽한 정리이기 때문이다. 여기서 우리의 주목을 끄는 대목은 욕구의 단계가 낮을수록 동물적 본능에 가깝고 높을수록 신의 기대에 가깝다는 것이 결코 우연이 아니라는 점이다.

이를 뒷받침하기라도 하듯이 인간의 뇌도 그렇게 구조화되어 있다. 인간의 본능에 가까운 뇌, 흔히 본능 뇌라고 부르는 뇌간(腦幹, brainstem)은 뇌의 가장 깊은 곳에 자리 잡아 인간의 생리적 활동을 컨트롤하고 있다. 이 뇌의 기능은 파충류계 동물들이 가진 활동 능력과 거의 일치한다. 여기에서 한 단계 더 올라가면 포유류의 단계로 개와 원숭이와 같이 기본적인 정서까지 느끼는 대뇌변연계(大腦邊緣系, limbic system)가 뇌간 위에 자리 잡고 있다. 대뇌변연계를 가지고 있는 포유류는 단순한 파충류계보다 훨씬 지능이 높고 좀 더 복잡한 정서를 가지고 있다.

단계별 뇌의 구조에 맞춘 정서와 사고는 뇌의 진화 수준 딱 그만큼 발달되어 있다. 그런데 여기서 주목할 점은 다른 동물에선 결코 찾아볼 수 없는 인간만이 가지고 있는 고차원적인 뇌가 있다는 것이다. 우린 그걸 대뇌피질(大腦皮質, cerebrum cortex)이라고 부른다. 고차원의 사고와 논리력의 힘은 바로 여기에서 나오고 이것이 인간과 동물을 구별 짓게 만드는 신의 한 수다.

생물학적인 뇌의 발달 단계와 인간이 가진 심리학적 구조적 단계는 정말 기가 막히게 잘 대비되어 만들어져 있다. 1,450그램밖에 되지 않는 아주 작은 인간의 뇌. 60킬로그램 성인 남자의 40분의 1밖에 되지 않는 뇌가 우리가 사용하는 전체 혈액의 20퍼센트를 소모한다는 사실을 아는 사람은 많지 않다. 이것은 인간이 사유하는 동물이라는 분명한 증거다. 또 움직이고 활동하는 것만 에너지가 소모되는 것이 아니라 생각하고 멍 때리고 있는 동안에도 끝없이 생명의 에너지 활동이 이루어지고 있다는 의미이기도 하다.

생각만 한 번 바꾸었을 뿐인데 우리의 모든 신경 채널이 플러스 채널과 마이너스 채널로 호르몬 체계가 순식간에 바뀌면서 인간의 육체는 물론이고 각종 신경계와 심리적 관계에까지 영향을 미치고 종국에는 우리의 운명까지 바꿔버리니 생각이 가진 사고의 차이는 실로 대단하다.

단지 긍정적인 생각만 했을 뿐인데 우리의 신경호르몬은 콩팥 위에 있는 부신피질 호르몬을 자극시켜 내 몸의 육체적 피로를 없애주고 뇌에서는 베타 엔도르핀을 생성시켜 내 기분을 좋게 만들고 심지어 암까지 없애주는 기적을 완성한다. 그러나 우리가 부정적인 생각을 다시 하면 비슷한 공간인 부신속질에서는 아드레날린 계통의 흥분 물질이 재빠르게 분비되고 또 뇌에서는 노르아드레날린이 생성되면서 교감신경이 항진되어 우리의 몸이 전투적 상태로 빠지며 칼날이 서게 된다. 필자는 이것을 생각이 만든 '몸의 기적 현상'이라고 부른다.

조물주가 인간의 능력을 탁월하게 만들었지만 그중 가장 아름다운 기능이 바로 생각과 호르몬 채널을 같은 주파수로 맞추었다는 것이다. 낮은 단계의 본능에선 말초적 즐거움을, 높은 단계의 욕망에선 고등의 행복감을 넣어 사람들을 저울질하게 한다. 말초적 즐거움이 좋긴 하지만 중독이라는 함정이 있다. 중독은 병을 만들고 병은 죽음을 부른다. 말초적 즐거움에 중독을 슬쩍 끼워 놓은 건 신이 인간에게 던진 '경고'의 의미다. 그러나 높은 단계의 욕망에는 낮은 단계의 본능에 있는 중독 증상이 없다. 그건 신이 인간에게 던진 '권고'의 의미가 아닐까?

하나의 몸속에 어둠과 빛을 함께 넣고 사는 우리가 정말로 진지하게 생각해봐야 하는 것이 바로 이것이다. 감정은 신이 인간에게 준 가장 아름다운 선물이지만 신과 동물의 중간 지점 어딘가에서 줄타기를 하며 살아가고 있는 우리는 감정이란 길목에서 스핑크스의 수수께끼를 푸는 피할 수 없는 오이디푸스의 숙명처럼, 아버지의 복수 앞에 고민하는 햄릿의 운명처럼 인류가 계속되는 한 영원히 선택을 강요받게 될 것 같다. 신의 길을 선택할 것인가? 동물의 길을 선택할 것인가? 항상 선택은 우리들의 몫이다.

▪ 또 다른 빛의 증거들 빛은 소멸하지 않는다

〈쉰들러 리스트〉는 어찌 보면 신이 아직 죽지 않고 있음을, 그리고 신의 선택이 아직 유효함을 증명하는 살아 있는 증거인지 모른다. 참으로 다행스러운 건 그러한 증거가 국경을 넘어, 시대를 넘어 존재하는데 이건 생명이 있는 한 빛이 존재한다는 작은 진리의 증거이지 싶다.

우리에겐 다소 생소한 나라, 아프리카의 소국 르완다에도 우리가 찾아 헤매는 사람이 있었다. 진정 영웅은 위기 때만 자신의 정체를 드러내는 법인가? 아무도 주목하지 않았고 심지어 UN조차도 포기한 아프리카 죽음의 땅 르완다에서 평범한 호텔 지배인의 직업을 가진 폴 루세사바기나가 보여준 인간애는 이 땅에 신이 살아 있고 귀인이 당당히 존재하고 있음을 보여준 또 다른 사례다.

평화롭던 아프리카의 작은 국가 르완다가 벨기에로부터 독립 후 다수 피지배계층 후투족과 소수 지배계층 투치족 사이에 일어난 지독한 부족 간 갈등으로 질투와 시기를 넘어 서로를 죽이는 상황까지 가면서 사태는 걷잡을 수 없게 된다. 오랫동안 소외받고 억압받던 후투족이 쿠데타로 정권을 잡은 지 얼마 되지 않아 후투족의 쥐베날 하브자리마나 대통령이 암살당하는 사건이 발생한다.

"대통령이 살해당했다. 큰 나무를 베라. 투치족을 쓸어버리자!"

실제 라디오 방송을 통해 들려준 충격적인 내용의 발언. 불안은 현실이 되었다. 이를 계기로 투치족에 대한 증오는 극에 달하며 급기야 르완다 인구의 3분의 1이 학살로 죽는 전대미문의 '인간성 상실'의 살육이 자행되는데, 이것이 르완다 내전(1990~1994)의 클라이맥스였다. 믿기 어렵지만 사실이다. 범지구적인 상황에서 우리의 상식이 부족해서 그들의 내전을 몰랐던 것이 아니고, 선진국과 UN이 스스로 정의를 포기한 상태에서 일어난 부끄러운 우리들의 민낯이었다.

후투족 민병대는 대통령 살해의 책임을 투치족에게 돌리며 여자와 아이를 가리지 않고 살해했으며 심지어 온건파 후투족마저 의심의 눈초리로 주시했다. 이에 주인공 폴은 투치족 아내와 가족들의 안전을 위해 자신이 근무하는 호텔로 피신시킨다. 이후 르완다에서 다수의 외국인과 UN군이 상주하는 곳이라 알려져 수천 명의 피난민이 그곳으로 몰려

든다.

그러나 우리가 알고 있는 영웅들의 탄생처럼 〈호텔 르완다〉에 나오는 주인공 폴은 슈퍼맨이 아니다. 오히려 정반대다. 현실과 타협할 줄 알고 현실을 바로 읽을 줄 아는 너무나 평범한 우리의 이웃이다. 그래서 더 와 닿는다. 그의 행동에서 우리의 모습과 나의 모습을 읽을 수 있기 때문이다. 불시에 들이닥친 민병대가 부인과 처가 식구를 체포하려 할 때 몸값을 가지고 흥정할 수 있는 눈치도 있고, 자신의 인맥을 이용해 호텔을 안전지대로 만들며 결국에는 호텔 내에 있는 수많은 난민을 구해낸다.

지옥 같은 그곳에서 난민들과 함께 버텨낸 시간만 무려 100일, 구한 사람만 1,268명이다. 1994년 르완다 수도인 키갈리의 밀 콜린스 호텔 지배인 폴 루세사바기나는 그렇게 수많은 영웅들 사이에서 자신의 존재를 분명히 남겼다. 오스카 쉰들러보다 무려 168명의 목숨을 더 구했던 그는 실제로 2005년 미국 정부가 민간인에게 수여하는 최고 영예인 '자유의 메달'을 수상하기도 했다. 그의 이러한 감동적인 스토리는 평범한 우리도 영웅이 될 수 있음을 보여준 대표적인 사례여서 더 강렬하다.

그러고 보니 우리가 잊고 있었던 우리 역사에서도 비슷한 사례를 찾을 수 있다. 우리에게 큰 감동을 준 윤제균 감독의 〈국제시장〉(2014)이 대표적인 사례다. 〈명량〉에 이어 〈신과 함께-죄와 벌〉(2017)이 나오기 전 한국 영화 사상 역대급으로 많은 관객 수를 동원한 영화였기에 아직도 기억이 생생하다.

1950년 6.25전쟁을 배경으로 한 영화다. 전쟁 초기 북한의 기습 남침으로 전선이 낙동강 최후 방어선까지 밀렸으나 같은 해 9월 맥아더의 인천상륙작전이 성공하면서 전세가 역전되고 북한군을 압박해 동년 9월

28일 수도 서울을 수복하고 내친김에 38선을 넘어 북진해 10월 20일 평양을 점령하고 11월엔 압록강까지 밀어붙여 급기야 중공과 러시아의 국경지대 두만강까지 진출하면서 전쟁의 승리가 눈앞에 펼쳐지는 듯했다. 그러나 승리의 분위기도 잠시 중공군 30만이 군대를 이끌고 장진호를 포위하면서 전세는 또다시 반전된다. 추위와 중공군의 인해전술로 미 해병대 1사단을 비롯한 UN군과 국군은 철수를 위해 흥남으로 집결한다. 철수를 위한 병력만 10만여 명, 만 7,000여 대의 차량과 35만 톤의 군수물자와 탱크들 그리고 20만여 명의 피난민. 그러나 당시 흥남철수작전 계획에는 민간인의 이송은 없었다.

미국의 제10군단장인 에드워드 알몬드(Edward Mallory Almond, 1892~1979) 소장은 병력과 군수 물자를 수송하기에도 벅차 절대 민간인은 데려갈 수 없다고 단호히 말한다. 그러나 제1군단장을 맡았던 김백일 장군과 미 제10군단에서 군대와 주민들 간의 문제를 해결하는 부서인 민사부 고문을 맡고 있던 현봉학(玄鳳學, 1922~2007) 박사가 간곡히 부탁한다. "만약 우리가 저 사람들을 여기에 두고 가면 그들은 모두 몰살당할 것입니다. 부디 저 사람들을 태워주시기를 부탁드립니다." 현봉학 박사의 간절함과 국군 지휘부 간부들이 민간인들과 함께하겠다는 의지가 결국엔 알몬드 소장의 마음을 움직였고 결국은 함께 철수할 것을 명령한다. 군함, 민간함까지 다 동원된 193척의 배는 그렇게 해서 20만 명에 이르는 소중한 생명을 구한다.

'메러디스 빅토리(Meredith Victory)' 호는 흥남철수작전 때문에 가장 유명해진 배의 이름이다. 당시 이 배에 태울 수 있는 피난민의 숫자는 300톤의 화물 때문에 겨우 13명뿐이었다. 아비규환이 된 흥남 부두를 배에서 지켜보던 레너드 라우(Leonard LaRue, 1914~2001) 선장의 지시로 배에 실려 있는 무기를 버리고 사람을 태우라고 명령을 내려 25만 톤의 군수 물자 대신 1만 4,000여 명의 목숨을 구하면서 인류 역사상 가장 많은 생명을 구한 기적의 배로 기네스북에 등재되었다. 나중에 레너드 라우 선장은 성 베네딕도회 뉴튼 수도원의 수사가 되었다. 빛을 영접한 자의 아름다운 선택이었다.

오스카 쉰들러, 폴 루세사바기나, 에드워드 알몬드 소장, 현봉학 박사, 레너드 라우 선장까지 우리가 영웅으로 알고 있는 이들 모두는 모세처럼 그저 평범한 사람들이었다. 빛을 보기 전까지는 말이다. 그럼에도 불구하고 그들이 영웅보다 더 위대한 행동으로 수많은 사람들의 목숨을 구할 수 있었던 건 평범한 모든 이들의 가슴 깊은 곳에 신성(神性)이 자리 잡고 있음을 알려 주려던 '신의 선택'은 아니었을까? '영웅이 바로 당신'인 것처럼 말이다.

2

영화 속 숨겨진 보석,
로고테라피

〈쉰들러 리스트〉가 전체적 시각에서 홀로코스트를 해석했다면 〈피아니스트〉는 철저히 일인칭의 시각에서 홀로코스트를 해석했다. 피아니스트는 주인공 스필만의 시선을 중심으로 움직이며 홀로코스트의 공포와 스필만의 공포를 동시에 전달했다. 강제 수용소로 옮겨지는 것을 거부하는 유대인들에게 잔인하게 퍼부어지는 총탄과 유대인 거주 지역에서 일어나는 살육과 죽음의 공포는 어느 장면이 〈쉰들러 리스트〉 속 영상인지, 〈피아니스트〉 속 영상인지 구분하기 어려울 정도로 유사한 공포감을 관객들에게 안긴다. 홀로코스트 소재가 갖는 비슷한 죽음의 무게 때문일 것이다.

홀로코스트와 연관된 강연을 끝내고 나면 드물지만 가끔씩 나오는 질문이 있다. "어차피 죽게 될 운명이라면 저항이라도 한 번 할 수 있지 않았을까요?"

헛기침처럼 의무감으로 던지는 질문에는 건조하고 메마른 공기가 들어 있다. 이는 한 번도 죽음의 도시 '아우슈비츠 비르케나우'를 가보지 못한 자들의 궁금증이리라. 수평으로 뻗어 어느 곳에서도 자신의 비쩍 말라버린 몸뚱이 하나도 숨길 수 없는 메마른 땅이 비르케나우임을 안다면 결코 나올 수 없는 질문이었기 때문이다. 또한 로버트 치알디니 교수가 그의 저서《설득의 심리학》에서 인간 행동의 결정이 자주적 의지에서가 아니라 타인의 행동을 보고 따라 하는 경향이 있다는 '사회적 증거의 원칙'을 알았다면 결코 나올 수 없는 질문이었기 때문이다. 머릿속 상상의 공포보다 눈으로 확인된 공포가 더 무서운 건 시각적 기억이 뇌가 아닌 몸과 뼈 속에 박혀 있기 때문이다.

죽음의 공포 앞에서 남들보다 한걸음 앞서 나선다는 것이 얼마나 어리석은 짓인지 죽음을 직접 목격한 사람들은 안다. 자신 앞에 있는 사람이 실수로 칼에 손이 베인 모습을 보면 정작 당사자보다 그걸 보고 있는 주변인이 훨씬 더 소름 끼쳐 하고 놀라는 것은 인지과학에서 말하는 '거울 뉴런(Mirror Neuron)의 법칙' 때문이다. 죽음의 공포가 바로 그렇다. 정의와 용기가 없어서가 아니다. 공포의 무게가 정의와 용기의 무게를 넘어섰기 때문이다.

아무리 증오가 강하다고 하더라도 전쟁을 이용해서 전쟁 당사자인 군인이 아닌 민간인 600만 명을 집단 살인에 가까운 인종 청소를 한다는 것은 단순한 생각으론 이해할 수 없다. 그 속에 또 다른 이유가 숨어 있을 것이다. 그 속에 숨어 있는 속살을 읽어내지 못하고 홀로코스트를 온전히 이해하기란 불가능하다.

유대 2,500년 고난의 역사

　제2차 세계대전을 일으킨 히틀러는 충동적이지만 타고난 현실감각을 가진 선동가였다. 자신들이 일으킨 제1차 세계대전(1914~1918)에서 패배하고 자신들에겐 불평등한 베르사유조약이 1919년에 체결되면서 독일은 치욕적인 시간을 보낸다. 자신들의 국력이 조금씩 회복될 즈음 1929년부터 1933년까지 전 세계는 경제공황에 빠져들고 독일도 힘든 시기를 보내며 자국의 어려움을 타결하기 위한 정책의 일환으로 다른 나라들처럼 식민지 획득을 위한 대외 팽창에 온 힘을 기울인다. 이러한 국가 간 이해관계 속에서 독일은 전쟁 당위성의 명분을 축적하며 제2차 세계대전(1939~1945)의 중심에 선다.

　전쟁의 수행에서 가장 중요한 것이 무엇일까? 그것은 바로 내부의 결속력과 경제력이다. 히틀러는 타고난 선동꾼이자 동시에 정치적, 경제적 어려움을 외부의 요인으로 돌릴 수 있는 정치적 모사꾼이었다. 제1차 세계대전의 패배가 독일 내 좌파들이 연합군에 가담한 결과라고 판단하고, 이를 자신의 정치적 선전 수단으로 적극 이용해 단숨에 그들을 척살시켜 버리고 권력을 잡는다. 그리고 지속적으로 권력을 유지하고 전쟁에 필요한 재원을 얻기 위해 또 다른 희생을 만든다. 그것이 바로 유대인이었다.

　당시 유럽 내 유대인들의 인식은 그다지 좋지 못했다. 돈에 집착하는 수전노, 나눌 줄 모르고 소통할 줄 모르는 배타적 민족성, 그리고 자신들만이 하나님으로부터 선택받은 민족이라 생각하면서 다른 인종을 낮게 생각하는 선민의식까지… 오죽하면 영국의 대문호 셰익스피어도 자신의

3대 걸작 중 하나인 《베니스의 상인》에서 악명 높은 고리대금업자 샤일록을 유대인으로 묘사할 정도였을까? 사실 히틀러는 제1차 세계대전 이후 독일이 재건되는 데 가장 걸림돌이 바로 유대인들이라고 생각했다. 자신들의 경제에 도움이 되지도 않으며 욕심 많고 자신들만 생각하는 철저한 민족주의자들…. 그러한 왜곡된 생각이 증오로 연결되었고 그 증오는 얼마 가지 않아 철저히 정치적으로 계산된 피의 복수를 불렀다.

히틀러는 그의 탁월한 웅변적 연설로 민중의 심리를 절묘하게 이용했다. 그는 또 리시아혁명도 유대인이 주축이 되어 일어났다고 보았다. 공산주의 이론의 창시자 칼 마르크스, 러시아혁명 지도자 레닌과 트로츠키가 유대계 러시아인인데, 이들은 한때 독일 정치의 중심에 등장한 적이 있었다. 모두 정치적 정적들이었다. 그때부터 히틀러는 공산주의자들을 증오했다고 한다. 따라서 유대인들은 모두 좌익 세력이라는 등식을 자연스럽게 연결시킬 수 있었고 좌익 세력은 곧 유대인이라는 등식을 만들었다. 그리고 그들 때문에 순수 독일인 자신들이 경제적 고통을 받고 있다는 여론을 완성했다.

사실 1939년 히틀러가 독일을 장악했을 당시 유대인들의 인구수는 독일 전체 인구의 13퍼센트 정도였지만 그들의 경제 규모는 독일 경제의 80퍼센트가 넘었다고 하니 실제 독일인이 느꼈을 경제적 소외감과 박탈감은 생각보다 컸을 것이다. 지금도 세계 인구 중 0.2퍼센트밖에 되지 않지만 그들이 전 세계 재산의 30퍼센트를 소유하고 있으면서 그보다 훨씬 막강한 정치적 영향력을 가진 것으로 평가받고 있으니 유대인들의 생존력은 상상 그 이상의 힘을 갖고 있다.

그리고 여기에 독일인들이 자신들의 악행에 대한 정당성을 부여받기 위해 만든 종교적 사실관계를 이용했다. 예수 그리스도를 죽인 유다가 바로 유대인이었다는 사실과 500년 전 종교개혁의 선구자 마틴 루터까지도 유대인을 적대적으로 대했다는 논거 등, 그것만으로 그들은 죽어 마땅한 그리고 그들을 죽여도 하등 죄가 되지 않는다는 당위성을 치밀하게 만들었다. 전대미문의 살육이 일어나기 전 악마의 논리는 그렇게 차근차근 준비되었다.

영화 〈쉰들러 리스트〉와 〈피아니스트〉는 독일이 바르샤바를 침공한 1939년부터 연합군에 항복하는 1945년까지의 비극을 그대로 담고 있다. "바르샤바에 있는 모든 유대인에게 지시한다. 밖에 나갈 때에는 반드시 눈에 띄는 완장을 착용해야 한다. 이 포고령은 오는 1939년 12월 1일 자로 발효되며 12세 이상 모든 사람에게 적용된다. 완장은 오른쪽 소매 위에 착용해야 하며, 표식은 하얀색 바탕에 푸른 다윗 별을 넣어야 한다. 크기는 별의 각 점이 8센티미터의 간격을 둘 만큼 충분히 커야 한다. 별선의 두께는 1센티미터가 되어야 한다. 이 조항을 준수하지 않는 유대인은 심하게 처벌받을 것이다." 죽음의 시작을 알리는 서곡은 그렇게 시작되었다.

'바르샤바 유대인 완장 착용령'은 죽음의 시작이며 탄압의 신호탄이었다. 이때까지만 해도 독일인이 자신들을 그렇게 무자비하게 죽일 것이라 생각한 유대인은 많지 않았다. 그러나 해가 바뀌자 자신들의 생각이 어리석었음을 깨닫는 데 걸린 시간은 얼마 되지 않았다. 크라쿠프 400헥타르의 유대인 거주 구역, 이른바 게토 지역을 만들어 50만 명가량의 유대인을 1940년 10월 31일까지 강제 이주시켰다. 곧이어 전 유럽에 거주하던 900만 명 정도의 유대인들이 독일의 유럽 점령 후 자의 반 타의 반

유대인 색출 작업에 희생될 수밖에 없었고 그렇게 모인 사람들의 3분의 2인 600만 명이 수용소에서 '치클론-B' 가스로 연기처럼 사라졌다.

2,500년 동안 끈질기게 따라다닌 칼의 증오가 또다시 재현된 것이다. 짧은 평화, 길고 긴 고난의 역사… 어쩌면 그것은 그들의 운명이며 또한 신의 선택일지도 모른다. 유대인 고난의 역사가 사실 어제오늘의 이야기가 아니기 때문이다.

선조 아브라함으로부터 출발한 이스라엘의 후손은 기원전 13세기 초, 람세스 2세 지하(BC 1279~BC 1213) 때 일어난 모세의 이집드 탈출을 거쳐 탄생한 여호수아의 가나안 정복 전쟁으로 꿈에 그리던 약속의 땅 가나안 땅을 점령한다. 그 후 200년간을 열두 지파가 가나안을 다스리는 사사(士師) 시대를 지나면서 블레셋족의 위협으로 나라를 보호하기 위해 왕정을 채택하며 기원전 1020년에 사울을 초대 왕으로 추대한다. 그리고 이후 사울의 사위이면서 전쟁의 왕이며 남쪽 베들레헴의 목동 출신으로 침입자 블레셋 군대의 대장 골리앗을 돌팔매 한 방으로 죽이고 인기를 모았던 다윗과 그의 아들 솔로몬 시대까지의 200년 역사가 어찌 보면 이스라엘 최고이자 동시에 마지막 영광의 시대였는지 모른다.

솔로몬 사후 남북으로 갈라진 이스라엘은 이후 200년을 견디다 북이스라엘은 기원전 722년에 아시리아에게 멸망당하고 남이스라엘은 기원전 586년 신바빌로니아에 멸망당하며 전 세계로 흩어진다. '디아스포라(Diaspora, 이스라엘 사람들의 흩어짐)'의 시작이며 고난의 시작이다. 이후부터 이스라엘 민족은 열강들의 흥망성쇠에 따라 여러 강대국의 지배를 받게 된다. 특히 63년 로마의 식민지가 된 후 로마 황제 베스파시아누스의 아들 티투스에 의해 우리가 알고 있는 '통곡의 벽'이라 불리는 예루살렘의 벽만 남긴 파괴, 이후 110만 명에 이르는 유대인들의 죽음, 노예로 팔려버린 10만 명의 유대인 등은 통곡의 광시곡이었으니 실로 기가 막힌 역사의 운명이 아닐 수 없다.

그다음 우리가 기억하는 유대인 고난의 역사 중 가장 잔인한 시절이 바로 중세 시대일 것이다. 십자군 전쟁(1096~1291) 때 십자군은 독일을 비롯하여 자신들이 지나가는 모든 곳의 유대인들을 '예수를 죽인 악마의 자식'이라며 무참히 학살했다. 인간의 야만성을 드러낸 충격적 사건이었다. 그리고 이어진 1348년부터 2년 동안 이어진 유럽 인구의 3분의 1 이상이 죽은 흑사병(페스트)에서 일부 그리스도인들이 그 책임을 유대인들에게 물으며 전가한 최악의 수난사는 글로 남길 수가 없을 정도다.

흑사병을 '신의 분노'로 생각한 중세인들의 머릿속에 죄 사함을 받기 위한 희생의 대가로 예수를 십자가에 못 박혀 죽게 한 장본인의 후손들을 하나님의 제단에 올려놓겠다는 발생이나 1923년 9월 1일 간토(關東)에서 일어난 진도 7.9의 강진으로 9만 명의 일본인 사망자가 발생했을 때 지진과 아무런 상관도 없는 1만 명의 조선인이 학살당해야 하는 '을'의 역사가 같은 통증으로 다가온다.

이 글을 쓰고 있는 동안에도 프랑스에서 유대인계 여덟 살 소년이 10대들의 유대인 혐오 폭력에 숨졌다는 기사가 올라오고 있다. 유대인들의 전통 모자 '키파'를 썼다는 이유다. 경찰은 소년이 유대교 남성 신자들이 쓰는 모자인 '키파'를 쓰고 있다가 가해자들의 눈에 띄어 유대인 혐오 범죄의 피해자가 된 것으로 보고 있다고 했다. 파리 근교에 있는 사르셀은 유대인과 유대인 신자들이 대거 거주하고 있어 '작은 예루살렘'이라는 별칭이 붙은 곳이기도 하다. 프랑스에서는 최근 들어 유대인 혐오범죄가 종종 발생하고 있어 마침 당국이 긴장하고 있을 때였다. 원인 없는 결과가 없는 법이다. 프랑스는 제2차 세계대전 때 독일 나치에 점령된다. 그 뒤 세워진 괴뢰정권인 비시 정부는 유대인을 색출하고 아우슈비츠 강제 수용소로 추방하는 등 나치에 협력한다. 프랑스 정부의 강력한 대응과 처벌에도 불구하고 물밑으로 스며 젖은 역사가 마르는 데는 용서의 시간과 치유의 시간이 좀 더 필요할 것 같다. 하나님의 진정한 사랑이 이 땅에 펼쳐지기까지 우리는 얼마나 더 오랜 시간을 기다려야 할까?

2014년 할리우드의 유명 여배우 안젤리나 졸리가 만든 영화 〈언브로큰〉(2014)의 실존 인물이었던 루이 잠페리니는 "인생에서 가장 힘든 일은 용서하는 것입니다. 증오는 스스로를 파괴합니다. 누군가를 미워하면 그 누군가를 다치게 하는 게 아니라 스스로를 다치게 하는 것입니다. 진정한 용서는 완벽하면서도 완전하죠"라고 말하며 몸으로 자신의 신념을 증명해 보였다. 19세 최연소 올림픽 마라톤 국가대표였고, 제2차 세계대전 때 공군에 입대했지만 작전 수행 중 전투기의 엔진 고장으로 일본군에 생포된다. 그 후 일본군 포로수용소에서 지독한 처벌과 가혹 행위에 시달렸음에도 불구하고 그들을 온전히 용서했다. 그는 용서보다 더 위대한 힘은 없다고 말하며 그 길이 진정 신이 바라는 길이라고 힘주어 말했다.

신은 이렇게 다양한 사람의 모습으로 나타나 우리들에게 끝없이 현몽(現夢)해주지만 깨닫지 못하는 건 인간뿐인가 하는 생각이 든다. 슬프지만 또 다른 루이를 우리는 포기하지 않고 기다릴 것이다. 우리들 모두가 루이가 되는 날까지 말이다.

로고테라피와 삶의 의미

"눈물과 함께 빵을 먹어본 일이 없고, 단 한 번이라도 외로운 밤을 눈물로 지새운 적이 없는 사람아, 그대는 정녕 천상의 높은 힘을 알지 못하고…."

괴테의 시에 나오는 눈물과 빵에 관한 시의 일부다. 세상살이에 고생좀 하셨다는 무림의 고수들이 한 번씩 자조적으로 읊조렸던 익숙한 내용이다. 가슴까지는 아니어도 피부에는 닿는다. 그러나 필자가 작심하고 달려들어도 절대로 느낄 수 없었던 감정이 바로 이 부분 홀로코스트를 경험했던 유대인들의 삶이다. 필자가 주변 교수들에게 그 느낌을 느낄 수 없다 하니 동료 교수가 "그럼 지금까지 살아오면서 일어났던 일들 중에 가장 힘들었던 사건 열 가지 정도를 기억하시고 그 기억을 모두 더하시면 아마 그 충격이 홀로코스트의 느낌이 아닐까요?"란다. 그랬더니 아픔이 한 발 더 가깝게 다가온다. 경험보다 더 살 떨리는 공포의 기억도 없는가 보다.

2014년 이후에 오랫동안 재난 현장에서 트라우마를 겪은 사람들을 만나 심리치료를 했다. 새벽에 수해를 만나 갑자기 불어난 물로 죽을 뻔했던 시골 할머니, 경주와 포항 지진으로 건물 일부가 갑자기 무너져 크게 다쳤던 중년 아저씨, 교통사고로 죽을 고비를 넘겼던 아주머니 등 상황은 모두 달랐지만 많은 시간이 흘렀어도 그들의 머릿속엔 트라우마의 주홍글씨가 여전히 뚜렷했다.

그런데 이번엔 사건의 크기가 좀 크다. 일제 강점기에 위안부로 끌려

갔다 목숨을 건져 살아 돌아온 위안부 할머님들, 전방 부대에서 총기사건으로 겨우 목숨을 건져 살아남은 병사들, 어릴 적 성폭행을 당한 후 성인이 된 지금까지 간질 발작에 시달리는 여성들까지 그들에게 시간은 흔히 말하는 약이 되지 못했다. 시간이 갈수록 더 또렷해지는 기억 때문에 의식이 길을 잃고 생각이 발걸음을 멈추었다. 박제된 인생의 시작과 끝이다. 상처가 그들의 인생을 박제해버린 것이다. 수많은 트라우마를 겪은 사람들을 상담하고 치유했지만 온전히 그들을 보듬기엔 여전히 내 삶의 무게가 가볍다.

아우슈비츠 수용소에서 살아남은 생존자들의 생생한 증언은 많지만 사람들의 마음을 관통하는 슬픔과 눈물까지 담은 책을 만나기는 쉽지 않다. 그런 가운데 빛나는 마음의 소리를 담아낸 사람이 있다. 유대인으로 아우슈비츠 수용소에서 기적처럼 살아남았던 사람. 정신과 의사이면서 동시에 심리학자였던 빅터 플랭클(Viktor Emil Frankl, 1905~1997)의 자전적 이야기를 담은 책《죽음의 수용소에서》에는 필자가 이 영화를 통해 이야기하려고 했던 인간 의지에 관한 주옥같은 이야기들이 폭포수처럼 쏟아진다.

1905년 오스트리아의 빈에서 태어났고, 빈 대학에서 의학박사와 철학박사 학위를 받았던 저자는 제2차 세계대전 당시 유대인이라는 이유만으로 3년을 다카우와 아우슈비츠에서 보냈다. 아우슈비츠에 도착한 순간 유대인들의 인생은 모두 의미 없게 된다. 가지고 있는 모든 것을 빼앗기고 심지어 온몸의 털까지 모두 깎여 번호 매겨진 예비 시체로서 살아갈 뿐이다. 과거도 미래도 심지어 현재도 없고 그저 고통만 있을 뿐이다. 그런 가운데에서도 희망을 찾는 사람이 과연 있을까? 홀로코스트를 정리하는 내내 내 머릿속을 가득 채웠던 질문의 해답에 그의 대답은 단호하고 거침없다. "예스!"

"아무리 혹독한 시련을 겪더라도 어떤 상황에서도 절대 뺏길 수 없는 것이 바로 인간의 자유의지다. 주어진 상황에서 자신의 태도를 스스로 결정할 수 있는 자유의지. 닥친 고난이 자신을 강하게 하고 가치를 만드는 결정적 계기라고 확신한다면, 시련은 오히려 축복이 된다. 그들이 아무리 잔인한 독재자라 하더라도, 내 안에 있는 자유 의지만은 결코 빼앗을 수가 없다."

수용소에서 만나 심리치료를 한 죽음을 앞둔 젊은 여성의 이야기를 담담히 들려준다. "나는 운명이 이렇게 내게 이렇게 엄청난 충격을 준 데 대해 감사하고 있어요. 그전까지 저는 제멋대로였고 단 한 번도 정신의 만족 같은 것에 진지해본 적이 없었거든요." 시대가 혼란하지 않았다면, 시련이 닥치지 않았다면 결코 깨닫지 못했을 젊은 여성의 빛나는 자기성찰은 고난과 시련이 가져다준 커다란 선물이었다고 말하고 있다. 시련의 이유를 알면 고통은 멈춘다. 수용소에서의 고통을 상징하는 그녀의 삐쩍 마른 몸뚱이와 상관없이 편안하게 죽음을 맞이한 그녀의 얼굴은 행복한 영혼처럼 티 없이 맑았다고 했다.

인간은 자신의 이상과 신념을 위해 죽을 수 있는 유일한 동물이다. 빅터 플랭클은 '삶의 의미'를 포기한 사람의 수명은 길지 않았다고 한다. 반면, 삶의 의미를 끊임없이 되묻고 생존의 이유를 잃지 않는 사람들은 어떠한 시련에도 견뎌내는 초인적인 힘을 발휘한다고 한다. 인간의 인생은 시련과 죽음이 들어가 있는 일종의 조립품이다. 이것이 빠지면 인생이란 퍼즐은 완성되지 않는다. 그저 완성이라 착각하는 미완성 인생일 뿐이다.

프로이트 심리학에서 고통은 좌절된 욕망에서 나온다고 했다. 결코 틀린 말이 아니다. 실제로 1944년 성탄절부터 1945년 새해에 이르기까지 수용소 내에서의 사망률이 급격히 증가했다. 원인은 가혹한 노동이 아니라 수감자들이 성탄절에는 집에 갈 수 있을 것이라는 막연한 희망이 있었는데 그것이 좌절된 데서 온 삶의 의미를 끊은 결과였다. 삶의 의미가 고통을 견디게 해준다는 상징적인 이야기며 정신이 육체를 지배하는 대표적인 사례였다.

이렇듯 빅터 플랭클의 자전적 경험을 바탕으로 찾은 의미치료가 바로 로고테라피(Logotherapy)다. 로고테라피는 내가 경험한 가장 가치 있는 시련 극복의 대표적인 심리치료법 중 하나로 지금도 내 강의의 중심에서 극강의 위력을 발휘하고 있다.

'생존의 이유'와 '삶의 의미'는 단순한 언어의 유희가 아니다. "나는 나의 고통이 의미 없어질 때가 가장 두렵다"고 말한 도스토옙스키(Dostoevskii, 1821~1881)의 말처럼 자신 인생의 의미를 놓아버리는 순간, 내 모든 시련을 감내해야 할 그 어떤 이유도 찾을 수 없는 절대 고통으로 변해버린 자신을 만나게 될 뿐이다.

10여 년 전 교통사고로 하나뿐인 고등학생 아들을 잃어버린 어머니의 초점 잃은 눈빛에서 삶의 의미를 잃어버린 사람의 인생이 어떤 모습인지 보았다. "내가 살아도 사는 게 아닙니다. 제게 삶은 더 이상 의미가 없어요! 자식을 떠나보낸 지 10여 년이 지났지만 아직도 저는 그날을 잊을 수 없습니다. 하나뿐인 아들이 죽던 날 저의 삶도 함께 죽었습니다." 아들을 가슴에 묻은 어머니의 절규는 지금까지 내 가슴에 삶의 의미를 기억하는 가장 강렬한 언어가 되었다.

"집은 튜일로의 언덕에 있습니다. 햇살을 받으며 따스해지는 벽돌, 낮이면 정원에 허브 향이 가득하지요. 밤엔 재스민 향이고요. 길엔 커다란 포플러가 서 있고 무화과, 사과, 배나무도 있습니다. 흙은 아내의 머리처럼 검고요. 비탈엔 올리브, 포도나무가 있고 조랑말이 아들과 함께 뛰어 논답니다."

막시무스

part

4

자유의 가치

글래디에이터

Gladiator | 제작 2000년 | 감독 리들리 스콧 | 출연 러셀 크로우, 호아킨 피닉스, 코니 닐슨

영화 〈글래디에이터〉의 막시무스 장군(러셀 크로우 분)과
스파르타쿠스(커크 더글러스 분)는 모두 자유를 꿈꾼 자들이다. 자유를
꿈꿀 수 없었던 사람들이 자유를 꿈꾼 대가는 실로 가혹했다. 황제의 총
애를 받았던 로마제국 최고의 장군은 노예 신분으로 전락하고, 십자가에
매달린 채 가혹한 고문과 함께 굶어 죽거나 까마귀 먹이로 던져진다. 이
것이 자유를 갈구했던 자들이 받았던 이 땅의 형벌이었다.

　　〈글래디에이터〉의 그림자 속에 영화 〈벤허〉가 어른거린다. 숨은 그림
찾기처럼 따로 또 같은 느낌이다. 서기 26년 로마제국 시대, 유다 벤허(찰
톤 헤스톤 분)는 예루살렘의 제일가는 유대 귀족이었다. 어느 날 이스라엘
에 새로운 총독이 부임해오는데, 건물의 옥상에서 그들의 행차를 보는
도중 실수로 기왓장을 건드려 총독의 머리 위에 떨어지는 아찔한 상황이
발생한다. 이 사건으로 당시 주둔 사령관인 자신의 옛 친구 멧살라(스티
븐 보이드 분)와 적대적인 관계에 놓이며 가족은 흩어지고 자신은 노예로

110

팔리는 최악의 상황에 처한다.

그 후 함선에서 5년 동안 지옥 같은 노예 생활을 하던 중 함선이 해적선의 습격을 받아 난파당한다. 이때 벤허는 함대 사령관인 아리우스(잭호킨스 분) 제독의 목숨을 구해줌으로써 제독의 양자가 되고 로마 자유시민으로 화려하게 부활한다. 그리고 사랑하는 가족을 죽게 만들며 자신을 노예로 만든 멧살라에 대한 벤허의 복수가 시작되는데, 15분간의 전차 경주 신을 찍기 위해 1만 5,000명이 4개월간 연습한 끝에 최고의 명장면이 탄생했다고 한다. 벤허의 굴곡진 삶과 극적인 생의 반전은 마치 우리 인생의 축소판처럼 드라마틱하다. 대리만족과 반전 그리고 카타르시스는 벤허를 통해 느끼는 우리들의 뜨거운 희열의 반증인지도 모른다.

〈글래디에이터〉의 막시무스도 비슷하다. 마르쿠스 아우렐리우스 황제의 최측근 장군으로 승승장구하던 막시무스는 황제의 갑작스러운 사망과 함께 등장한 아들 코모두스로 인해 졸지에 죽음의 끝선까지 몰린 후 극적으로 살아나 노예가 된다. 이후 마지막 복수를 위해 탁월한 검투사로 거듭나면서 결국에는 가족을 위해 자신의 목숨과 복수를 맞바꾼다. 롤러코스터 같은 인생, 천당과 지옥을 함께 맛본 자의 심정이 어떠했을지는 영화 속에 등장하는 주인공들의 눈빛을 통해 읽을 수 있다. 유다 벤허가 분노를 밖으로 드러내는 아웃파이터의 눈빛을 가졌다면 막시무스는 분노를 안으로 삼키는 인파이터의 눈빛을 가졌다. 그들이 자신들의 죽음보다 더한 치욕을 극복할 수 있었던 것은, 생존의 이유나 삶의 의미를 누구보다 명확하게 안 자들이라는 공통점이 있을 뿐 안과 밖에는 의미가 없다.

생각해본 적 있는가? 〈스파르타쿠스〉의 시대적 배경인 기원전 73년이면 로마 공화정 말기다. 모든 길은 로마로 통한다는 초강대국 로마를 상대로 개인이 선전포고를 했다는 것을 말이다. 요즘으로 치자면 미국을 상대로 개인이 민간인들을 모아 반란을 도모한 것과 같은 셈이다. 근데 이게 말이 안 되는 일인데 말이 되어버렸다. 막강 군사력을 보유한 대로마를 상대로 4년을 버텼다는 것, 그것은 절박한 자들의 깊은 소망이 만든 기적이다. 이쯤 되면 그의 속내가 궁금하다. 대단한 욕심이나 욕망이 치고 올라왔을 법했지만 의외로 스파르타쿠스의 소망은 단순했다.

"평범하게 농사를 지으며 자유롭게 사는 것입니다."

스파르타쿠스의 외침이었고 7만 명의 다른 노예들의 외침이었다. 7만 개가 만든 반딧불은 그렇게 2,000년을 비추는 등불이 되었다. 〈글래디에이터〉에 삽입된 〈나우 위 아 프리(Now We Are Free)〉는 한스 짐머의 천재적 감성과 엔야의 신비로운 마성의 음색이 더해지면서 사랑하는 가족과 자유를 빼앗겨본 사람만이 느낄 수 있는 지독히 아름다우면서도 슬픈 음악으로 태어났다. 사슴 같은 아일랜드 여인의 음색 속에도 우리 민족만이 가진 한의 문화가 있었던지 그녀의 노래에는 벤허를 위로하고 막시무스를 애도하며 스파르타쿠스를 추모하는 소리가 어우러져 있었다.

승리한 크라수스가 누가 스파르타쿠스인지 물었을 때 여기저기서 "내가 스파르타쿠스다"라며 노예들이 일어서는 장면과 "또 다른 여인이 나를 낳으리라"는 스파르타쿠스의 명대사는 나의 영혼을 깨운 최고의 명장면으로 기억되고 있다. 그들을 통해 우리는 무엇과도 비교할 수 없는 빛나는 하늘의 별을 이 땅에서 마주하는 영광을 본다.

〈글래디에이터〉와 〈스파르타쿠스〉

〈십계〉(1956), 〈바람과 함께 사라지다〉(1957), 〈벤허〉(1959)의 공통점은 1950년대 말에 만들어진 세기적 작품들이라는 것과 당신이 죽기 전에 반드시 봐야 할 명작들이라는 공통점이 있다. 특히, "오, 신이시여, 과연 이게 내가 만든 작품입니까?"라는 전설적인 말로 유명한 윌리엄 와일러 감독의 〈벤허〉는 아카데미 11개 부문을 휩쓴 최고의 걸작이다. 60년이 지난 지금도 탄탄한 스토리, 찰턴 헤스턴의 명연기, 전차 추격 신은 할리우드 영화의 백미로 꼽힌다. 나의 로마에 대한 기억은 영화 〈벤허〉로부터 출발했다.

그 후 천재 감독 스탠리 큐브릭이 만든 〈스파르타쿠스〉(1960)는 로마의 화려함 뒤에 숨겨진 글래디에이터들의 눈물과 슬픔 그리고 자유와 인권에 대한 균형 잡힌 시각을 갖게 한 내 심장을 깨운 최초의 영화가 되었다. 그리고 이 모든 걸 다 갖춘 리들리 스콧 감독의 영화 〈글래디에이터〉(2000)는 지혜와 정의, 용기와 절제가 무엇인지를 완벽하게 보여준 교과서 같은 영화로 등극했다. 영화적 상상력으로 만들어진 캐릭터 '막시무스 장군'은 벤허처럼, 스파르타쿠스처럼 때론 극적인 스토리로, 때론 강렬한 카리스마로 우리들의 마음을 훔치고 파고든다. 영화를 보면서 굉장한 감정이입을 느꼈다면 이미 당신은 막시무스의 매력에 사로잡힌 것이다. 도저히 빠져나올 수 없는 절대 매력의 소유자 막시무스는 그렇게 〈글래디에이터〉에서 완벽히 태어났다. 어쩌면 영화 속 인물 막시무스는 영웅이 사라진 상처뿐인 세상에서 우리 안에 있는 숨겨진 욕망이 만든 가공의 인물은 아닐까?

절대 권력을 가진 권력자들에게 저항한다는 것이 얼마나 많은 용기를 필요로 하는지는 그에 맞서본 자들만이 느끼는 공포의 또 다른 표현이다. 현대적 지식과 정보로 무장된 지금도 그러할진대 인류 최고, 최강의 군사력을 가진 로마제국을 상대로 목소리 높여 자유와 인권을 외쳤던 스파르타쿠스는 인류 최초로 절대 권력에 저항한 가장 용기 있는 사람으로 기억되기에 충분했다. 이 영화는 어쩌면 우리들에게 "침묵하는 100톤의 지식보다 실천하는 1그램의 정의가 세상을 바꾼다"는 위대한 진리를 깨닫게 하는 가장 감동적인 영화로 기억될 것이다.

〈글래디에이터〉에 등장하는 로마 시내를 비롯한 콜로세움의 완벽한 재현은 당시 로마의 위용과 화려함을 보여주는 보너스와 같은 역할을 한다. 소수의 특권층들을 위한 로마의 위대한 놀이 뒤로 전쟁에서 패배한 식민지 국가 노예들의 슬픔과 인간이 가진 이중성을 동시에 읽을 수 있는 시대적 영화 〈글래디에이터〉와 〈스파르타쿠스〉는 인간의 숨겨진 야만성을 드러내고 우리들의 마비된 양심을 뒤흔드는 몇 안 되는 살아 있는 영화다.

1
마르쿠스 아우렐리우스의 완성된 인간

"로마제국의 번영이 절정에 달했을 당시 아프리카 사막에서 영국까지 광범위한 식민지를 확보하였다. 전 세계 인구의 4분의 1 이상이 로마 황제의 지배하에 살고 죽어갔던 것이다. 서기 180년 겨울, 마르쿠스 아우렐리우스 황제하에 계속된 게르만족과의 12년 전쟁이 끝나가고 있었다. 로마제국의 통합을 방해하는 마지막 저항 세력이었고, 그것이 해결되면 평화 유지는 희망적이었다."

〈글래디에이터〉에 나오는 시대적 배경을 설명하는 독백이다. 그 중심에 황제 마르쿠스 아우렐리우스가 있다. 《명상록》으로 유명한 스토아학파의 대표적인 철학자이기도 한 아우렐리우스 황제는 세습이 아닌 양자 상속으로 즉위한 다섯 명의 덕망 있는 황제가 로마를 다스린 일명 오현제(五賢帝) 시대(AD96~AD180)의 마지막 군주였다. 에드워드 기번(Edward

Gibbon, 1737~1794)의 《로마제국 쇠망사》에 따르면 그는 시민들에게 철학을 강의하고 전쟁을 인간성에 대한 모욕으로 간주한 철저한 평화주의자였다고 전한다. 그러나 부득이하게 전쟁에 참여하게 되면 영화에서처럼 몸소 변방의 전선에 나갔다고 한다.

영화 서두에 보면 아우렐리우스가 막시무스 장군을 막사로 불러 자신의 후계 문제를 상의할 때 전쟁 중의 상황임에도 양초에 불을 밝히고 끊임없이 무언가를 기록하며 사색하는 철학자의 모습을 은연중에 슬쩍 그려내고 있다. 사색적이고 의심을 모르는 아우렐리우스는 영화와는 반대로 자신의 아들 코모두스를 무척 아꼈다고 한다. 응석받이가 된 코모두스는 이후 '로마인들에게 내려진 가장 극악한 저주'로까지 불리는 폭군이 됐다. 자신을 끊임없이 되돌아보며 성찰하고 반성하는 철학자이자 사색가인 황제 아우렐리우스의 인생 최고의 실수는 바로 아들을 무리하게 정치에 개입시킨 것이다. 그의 죽음에 대한 정확한 결론은 없다. 독살설과 전염병설 등 다양하다. 영화 〈글래디에이터〉는 그 역사의 평가로부터 상상력이 발동되었다. 역사에서는 완성된 인간을 갈망하는 아우렐리우스의 마음으로 출발하고 있다.

영화 〈글래디에이터〉의 시대적 배경은 이렇듯 로마의 군사적, 경제적, 정치적 절정기를 배경으로 하고 있다. 로마 번영의 상징이자 검투사들의 공연장으로 여겨지는 콜로세움(Colosseum)은 로마의 황제 베스파시아누스(재위, 69~79)로부터 시작해서 그의 아들 티투스(재위, 79~81)에 의해 완성되었다. 티투스 사후 그의 동생 도미티아누스(재위, 81~96)가 3층이던 콜로세움에 맨 위층인 4층을 올려 공사를 마감했으니 콜로세움이 완성되고 본격적인 공연이 시작된 티투스 황제 때를 기준으로 계산한다면 영화 속 막시무스가 활약하기 전 약 100년 전부터 콜로세움에서 자유를 박탈당한 검투사들의 피비린내 나는 죽음의 공연이 있었다는 것이다.

기록에 따르면 콜로세움이 로마의 중심부에 세워지기 훨씬 전에도 이런 경기는 이미 로마의 대표적인 오락으로 널리 퍼져 있었다고 하니 검투사들의 역사는 어쩌면 로마의 성공과 함께했다고 해도 과언이 아니다.

시간이 길을 잃어버린다는 로마의 중심에 찬란한 햇빛을 받으며 2,000년을 견딘 콜로세움이 있고 그 그림자 뒤로 콜로세움을 짓기 위해 동원된 3만 명의 노예와 검투를 위해 길러진 글래디에이터들의 자유를 향한 눈물과 저항이 오래된 이끼만큼 진하게 배어 있다. 참 흥미로운 건 로마의 황제들이 왜 이도록 기념비적인 건축 사업과 잔인한 검투 경기에 정치적 생명까지 걸었을까 하는 점이다. 미국 로마문화연구소의 다리우스 아리야 교수의 연구에 따르면, 검투사들끼리 싸우고 동물과 싸우는 일반적 볼거리 외에도 콜로세움 내부에 물을 채우고 배를 띄워 '나우마키아(Naumachia)'라고 불리는 실전에 가까운 해상 전투까지 벌였다고 하니 로마 시민들의 민심을 잡으려는 당시 황제들의 눈물겨운 노력과 정치적 의도를 충분히 읽을 수 있다.

콜로세움을 처음으로 기획한 황제 베스파시아누스는 자신이 황제로 임명되기 전인 서기 69년에는 아들 티투스와 함께 로마의 동쪽 방어선을 지키는 동방 군단의 사령관이었다. 당시 황제는 폭군의 대명사로 등장하는 네로 황제였다. 서기 64년에는 로마에 큰 화재가 발생해 도시의 3분의 2가 불타고 수천 명의 사상자와 이재민이 발생했다. 이때 네로는 일반 시민들의 주거지였던 화재의 땅 80만 제곱미터를 몰수해 자신의 개인 소유로 만들고 그 자리에 자신만을 위한 호수와 150개의 방을 거느린 초대형 궁전을 지었으니 이것이 네로의 황금 궁전이다.

영화 〈글래디에이터〉에서 주인공 막시무스가 검투사가 되어 처음 로마로 입성할 때 보았던 거대한 태양신은 네로가 자신의 모양을 본떠 만든 거상으로 네로 사후에 파괴하지 않고 태양신으로 변조해서 콜로세움의 또 다른 위용의 상징으로 재활용했다.

민심을 거스른 황제의 말로는 비참했다. 반란군에 쫓겨 자살로 생을 마감한 네로 사후 로마는 1년 사이 황제만 3명이 바뀌는 큰 혼돈과 혼란의 시기였다. 결국 로마의 원로원은 정치적 야망이 적고 충직한, 황족도 귀족도 아닌 평민 출신의 변방 지휘관인 베스파시아누스에게 로마 황제의 자리를 내주는 파격적 결단을 내린다. 귀족 출신들의 황제들이 벌인 이기심과 욕심에 원로원도 지칠 만도 했다. 생각해보라. 순수 평민 출신의 변방 장수가 갑자기 황제 자리에 올랐다. 그것도 전임자가 로마 최고의 폭군 네로였다면 새로운 황제의 목적은 오직 하나, 민심을 사로잡는 것뿐이었을 것이다.

그래서 그는 취임 즉시 네로 황제의 황금 궁전을 허물고 바로 그 자리에 시민을 위한 최고의 공간, 과거의 많은 황제들이 도시 여러 곳에 경기장을 건설해서 시민들의 사랑을 받았던 것처럼 자신도 지상 최고의 경기장을 짓는 데 자신의 모든 역량을 집중한다. 그것이 황제의 정당성을 인정받는 유일한 선택인 것처럼 말이다.

둘레 527미터, 길이 180미터, 높이 52미터. 서기 72년에 시작된 두 개의 원형경기장을 합쳐놓은 듯한 아파트 17~18층 높이의 거대한 인공 구조물의 공사가 시작되었다. 이전의 공법으로는 이처럼 거대한 건물을 짓는 것은 불가능했기에 시민들의 놀라움은 충격과 감동 그 자체였다.

"저런 거 전에도 본 적 있어? 인간이 어떻게 저런 걸 지었을까?"

로마에 처음 온 흑인 검투사가 막시무스에게 묻는 장면에서 콜로세움의 위대함을 압축적으로 보여준다. 아치와 콘크리트 공법을 활용한 새로운 건축 공법의 발견과 석회, 물 그리고 자갈과 화산재를 섞어, 시멘트의 원조격인 '시멘텀'의 발견과 테라코타 벽돌의 사용은 로마 건축의 혁명이었고 그 중심에 콜로세움이 있었다. 5만여 명을 수용할 수 있는 거대한 원형경기장임에도 불구하고 모든 관중들이 76개의 출입구를 통해 30분만에 빠져나가고 5만 명을 위한 100여 곳에 마련된 음수대까지 지금의 현대식 경기장과 비교해도 전혀 손색이 없는 경기장이 만들어졌다는 사실이 그저 놀라울 뿐이다.

다시 영화로 돌아와 영화 속 주인공 막시무스는 자신의 주군 마르쿠스 아우렐리우스를 보좌하며 게르만족과의 전투를 승리로 이끈 로마 최고의 장군이다. 할리우드에서 오래전에 사라진 진부한 소재인 로마 검투사를 다시 불러 화려하게 부활시킨 이유는 무엇이고 그를 통해 전하려는 메시지는 과연 어떤 것이었을까? 영화 〈글래디에이터〉의 리들리 스콧 감독이 창조한 막시무스 장군은 어쩌면 마르쿠스 아우렐리우스가 그토록 이루고 싶었던 완성된 인간의 표본이었는지도 모른다. 우리는 영화 속 막시무스의 인격을 통해서 마르쿠스 아우렐리우스의 인격과 마주한다.

철학자 마르쿠스 아우렐리우스와 시인 막시무스

역설이다. 황제와 장군의 명칭을 떼고 새로운 닉네임을 붙이니 철학자 아우렐리우스와 시인 막시무스가 된다. 상상이 된다고 생각하는가? 그런데 정말 놀라운 건 아우렐리우스 삶의 흔적들을 살펴보면 황제의 면모보다는 사색가, 철학자의 면모가 훨씬 더 많고 영화 속에 등장하는 막시무스 장군은 강인한 전사의 모습보다는 음유하는 시인의 모습에 더 가까운 눈빛을 가지고 있다.

실제로 〈뉴욕 포스트〉의 조녀선 포어맨은 막시무스 역의 러셀 크로우에 대해 "제임스 메이슨처럼 불완전한 대사들을 마치 셰익스피어의 대사처럼 들리도록 할 줄 아는 몇 안 되는 배우 중 한 명이다"라고 극찬했다. 영화 속 막시무스의 인격을 완벽하게 표현했다는 찬사다. 어쩌면 가장 혼돈한 시대에 가장 빛나는 인격을 드러내고자 했던 철학자 아우렐리우스와 시인 막시무스가 만든 완성된 인간을 그리워하는 영화 같다는 생각이 든다.

막시무스 장군이 정말로 시적인 감수성을 지녔고 영화 속에서 황제가 그에게 황제 자리를 물려줄 정도로 완성된 인간이었나 하는 것은, 그를 폐족시킨 코모두스를 보면 오히려 이해가 더 잘된다. 일그러진 욕망에 사로잡힌 황제 코모두스는 잔인하고 난폭한 인물로 알려져 있다. 12살 때 목욕물이 뜨겁다는 이유로 노예를 용광로에 던져버린 이야기는 너무도 유명하며 술과 도박을 좋아해 젊은 여자 300명과 소년 300명과 섹스에 탐닉했다고 전할 정도로 왜곡된 욕망을 가지고 있었다. 왜곡된 정서와 자가당착은 종종 스스로를 신격화시키는 경향이 있는데 코모두스가 그랬다. 자신이 헤라클레스라고 생각해 헤라클레스의 모습 그대로 사자 가죽을 걸치고 곤봉을 들고 다니며 자신의 힘을 과시하며 수많은 사람들을 경기장에서 잔인하게 살육했다. 권력을 쥔 완벽한 사탄의 육화(肉化)다. 예나 지금이나 '힘과 권력에 정의가 없다면 폭력이다'라는 명제는 시대를 막론하고 정답이다.

코모두스의 왜곡된 행보를 보노라면 잊고 있었던 우리네 역사 속 인물 후고구려의 궁예(弓裔, ?~918)의 모습이 스멀스멀 올라온다. 출발은 다르지만 왕이 된 후 저지르는 악행은 스스로의 자가딩칙적 모습까지 앞과 뒤가 똑같은 복사지와 같다.

스스로 미륵이라 칭하고 사람들의 마음을 꿰뚫어 읽는 관심법(觀心法)을 가졌다고 말하며 불신의 신하들을 쇠몽둥이로 쳐서 죽이고 충언을 올리는 부인마저 다른 사람과 간통하는 여인네라 칭하며 쇠공이를 뜨거운 불로 달구어 죽이니 이는 미륵이 아닌 패륜의 극치였다. 그리고 그들은 모두 평범한 시민들에 의해 최후를 맞는다. 가장 높은 자가 가장 낮은 사람들이라고 평가한 이들에 의해서 죽임을 당하는 모습. 어쩌면 그것은 힘과 권력을 남용한 자들의 타고난 비극적 운명인지도 모른다.

황제 12년차 코모두스는 그의 애첩 마르키아에게 독살됐지만 독이 늦게 퍼져 그의 레슬링 코치였던 청년에 의해 목 졸려 죽임을 당했고 시체는 갈고리에 걸려 검투사들의 탈의실에 방치되었다고 한다. 궁예는 왕건의 쿠데타로 궁궐에서 도망치다가 성난 농민에 의해 돌에 맞아 죽었다고 전해진다. 영화와는 다른 정사의 기록이다. 힘과 권력을 가진 자에게 정의가 없으면 그 힘은 폭력이고 왕은 폭군에 지나지 않는다는 역사의 날선 교훈이다.

그래서일까? 정사와는 다르게 영화 속 마르쿠스 아우렐리우스 황제는 자신의 황제 자리를 아들인 코모두스에게 물려주지 않으려 했다. 사색과 통찰로 전 인생을 살아왔다고 자부했지만 아무리 보아도 아들에겐 완성된 인간의 네 가지 표본이 없었기 때문이다. 영화는 코모두스의 입을 통해서 아우렐리우스 황제가 생전에 말했던 네 가지 덕목을 조용히 알리고 있다.

"언젠가 아버지는 저에게 네 가지 덕목을 적어줬죠. 지혜, 정의, 용기, 그리고 절제. 전 해당되는 게 하나도 없더군요. 하지만 저도 내세울 게 있어요. 야망! 남들보다 앞서게 해주는 덕목이죠…."

영화 속에서 코모두스가 말한 야망은 물론 왜곡된 욕망이다. 자식에게 황제 자리를 물려주지 못해 안타까워하는 늙은 황제의 고뇌가 영화 속 아들과의 대화에서도 그대로 묻어난다. 하지만 막시무스는 달랐다. 단호하고 확고했다. 전쟁이 끝난 후 막사에서 단둘이 있을 때 황제는 막시무스에게 자신의 자리를 물려받으라고 권고까지 한다. 왜일까? 이유는 간단했다. 막시무스에게는 자신의 아들이 갖고 있지 않은 네 가지 덕목을 모두 갖추었고 거기에다 겸양과 사랑의 눈빛까지 갖고 있기 때문이다. 황제가 막시무스 장군에게 아들과 집에 관해 이야기를 들려달라 하자 막시무스는 시인의 눈빛으로 대답한다.

"집은 튜일로의 언덕에 있습니다. 햇살을 받으며 따스해지는 벽돌, 낮이면 정원에 허브 향이 가득하지요. 밤엔 재스민 향이고요. 길엔 커다란 포플러가 서 있고 무화가, 사과, 배 나무도 있습니다. 흙은 아내의 머리처럼 검고요. 비탈엔 올리브, 포도나무가 있고 조랑말이 아들과 함께 뛰어 논답니다."

막시무스가 집에 대해 설명하는 동안 잔잔하게 깔리는 배경 음악은 한스 짐머의 멜로디에 바다와 땅의 향기를 동시에 품은 목소리를 가진 아일랜드 가수 엔야의 영혼을 울리는 묵음까지 더해져 시적 분위기를 한층 더 끌어올리고 있다. 그리고 이어진 황제의 로마를 맡아달란 부탁에선 단호히 거절의 의사를 밝힌다. 로마 황제 자리를 거절한 것이다. 그의 거절이 오히려 황제의 신뢰를 불렀다.

"그래서 자네가 적임자야… 자네만이 정치에 때 묻지 않았다네."

"자네가 내 아들이면 좋으련만!"

두터운 신뢰의 표현이다. 권모술수가 판치는 정치판, 수단과 방법을 가리지 않고 권력을 잡으려는 정치판에서 황제의 자리를 마다하고 오히려 가족에게 돌아가 농사를 짓겠다는 막시무스의 모습에서 언뜻 자연인 디오게네스를 만난다. 상상이 잘되지는 않지만 영화 속 주인공 막시무스에게 에니어그램(Enneagram) 성격유형 검사를 하게 되면 1순위로 지도자형이, 2순위로 예술가형이 나올 것 같다는 생각을 문득 해본다. 사람의 마음에 절대적 비율은 없다. 장군의 심장과 시인의 눈빛으로 살아가는 막시무스, 그의 모습에서 그를 닮고 싶어 하는 나를 본다.

지혜, 정의, 용기, 절제

지혜와 정의 그리고 용기와 절제, 완성된 인간만이 가진다는 최고의 덕목 네 가지.

영화 속 주인공 막시무스가 가지고 있다고 하는 소중한 가치는 플라톤의《대화편》에서 찾을 수 있다. 동양 유가 사상의 핵심인 인의예지(仁義禮智)와 같은 무게를 지니며 오래전부터 서양 고전의 덕목으로 자리 잡고 있었다.

지금으로부터 2,500년 전 도시국가 아테네는 페르시아전쟁(BC 492~BC 448)의 승리로 민주주의의 기틀을 다졌고 이어 위대한 지도자 페리클레스(BC 495?~BC 429) 시대 즉, 고대 민주주의의 황금시대를 맞이했다. 철학과 문화가 융성했다. 그러나 이웃 도시국가인 스파르타와 국가의 존폐를 놓고 싸우다가 패하는 펠로폰네소스전쟁(BC 431~BC 404)이 일어나 민주정치는 선동정치로 변질되고 불평등한 사회로 변했다. 이 시기에 등장한 철학자들이 유명한 소피스트와 소크라테스, 플라톤이다. 자연에서 우주의 질서와 논리를 찾던 철학자들은 잃어버린 인간성을 찾기 위해 관심을 인간으로 돌렸다. 지혜, 정의, 용기, 절제는 무너져버린 인간성을 회복하고 국가를 바로 세우는 주문과도 같은 것이었다. 황제이자 철학자인 아우렐리우스가 그의 저서《명상록》에서 독백처럼 읊조리고 실천하고자 스스로 노력했던 핵심 가치이기도 했다.

〈글래디에이터〉의 시작은 밀밭이다. 까슬까슬 털이 보드라운 밀을 손으로 스치면서 걸어가는 남자. 사내의 뒷모습이 애잔하다. 흑백으로 처리된 모노톤의 분위기는 몽환적이다. 죽음의 공간이 만든 꿈결 같은 풍경이다. 밀밭의 상징은 죽음이다. 비극적인 운명의 대명사 고흐의 작품 속에도 밀밭이 나온다. 죽음은 탄생과 함께 반 고흐(Vincent van Gogh, 1853~1890) 작품세계의 중요한 화두였다.

"거기서 나는 죽음의 이미지를 발견한다. 사람들이 베어 들이고 있는 밀이 바로 인류인지도 모른다는 의미에서 말이다. 그러므로 전에 그리려 애썼던 씨 뿌리는 사람과는 반대된다고 해야겠지. 하지만 이 죽음 속에 슬픔은 없다."(〈테오에게 보내는 편지〉, 1889)

이렇게 고흐는 밀밭에 대한 자신의 단상을 직선과 곡선을 섞어 표현했다. 생레미의 병원에 입원해 있을 때, 그는 자기 방의 창문을 통해 낮은 담장으로 둘러싸인 근처의 밀밭을 내다보면서 하나의 연작을 이루는 그림들의 영감을 얻었다. 그렇게 〈까마귀 나는 밀밭〉은 자연스럽게 고흐에 대한 죽음의 상징이 되었다. 영화 속에서도 밀밭은 죽은 자가 걷는 길이었다.

'그 어디로도 다다를 수 없는 길과 위협적인 하늘이 밀의 성장을 방해할 수 없듯이 까마귀들도 밀이 익어가는 것을 막지는 못할 것이다.' 이렇게 외치듯 파동 치는 고흐의 밀밭은 반대로 왕성한 삶의 증거이기도 했다. 양가감정(兩價感情), 죽음과 생명력을 동시에 품고 있는 밀밭이 〈글래디에이터〉의 첫 화면으로 등장한 것은 그래서 결코 우연이 아니다. 막시무스에게 밀밭은 생존의 이유이자 죽음으로만 만날 수 있는 영원한 사랑의 안식처였기 때문이다. 막시무스의 눈빛과 음성을 통해 살려낸 완성된 인간의 네 가지 가치는 영화 〈글레디에이터〉에서 찾을 수 있는 가장 소중한 가치로 기록될 것 같다.

지혜(智慧)의 사랑을 생의 가치로 여긴 고대 그리스의 철학자. "너 자신을 알라!" '영혼'에 대한 깊은 통찰의 인물 소크라테스(Socrates, BC 470~BC 399), 영원불변의 진리 세계인 이데아(Idea)의 탐구를 위해 노력한 플라톤(Plato, BC 427~BC 347), 나아가 모든 욕망을 끊고 어떤 것에 의해서도 마음이 움직이지 않는 부동심의 경지를 갈망한 스토아학파(Stoicism)까지 이 모두를 흠모했던 아우렐리우스의 지혜는 막시무스의 행동과 눈빛 곳곳에 배어 있다.

게르만족과의 12년 전쟁을 승리로 끝낸 후 승리를 자축하는 축제가 한창일 때 코모두스가 막시무스에게 충성을 요구한다. 함께 자축하러 온 원로원들과 대화를 나누던 도중 의원 한 명이 황제와 원로원 중에서 누굴 지지하냐고 묻는다. 농담처럼 던졌지만 질문엔 단단한 뼈가 있다. 군부의 신뢰를 한몸에 받고 있는 막시무스에겐 엄청난 정치적 무게가 실린 질문이기 때문이다. 이때 막시무스는 피아 식별이 분명한 군인의 길이 자신에게 맞는다고 웃으며 대답해 어색한 상황을 슬기롭게 모면한다. 영리하고 지혜롭다. 곧이어 황제의 자리에 오를 코모두스도, 집단 파워를 갖고 있는 원로원도 자극하지 않는 무소유의 선택이다. 그런 지혜가 어쩌면 모두를 사로잡고 자신도 살리는 최선의 방법이었는지도 모른다. 막시무스의 지혜는 항상 모두를 살리는 선순환의 선택이다. 막시무스 무소유의 지혜가 그리운 세상이다.

정의(正義)의 선택에는 언제나 고통이 따른다. 고금의 진리를 막시무스라고 피해갈 순 없다. 지혜로운 그도 결국엔 고통이 따르는 선택을 한다. 우리는 그것을 '운명'이라 말한다. 막시무스의 정의는 '신의(信義)'에서 나온다. 신의는 믿음과 의리를 아우르는 '약속'의 다른 말이다. 아버지를 죽이고 자연사로 위장한 코모두스는 막시무스에게 충성을 요구한다.

"짐은 자네의 충성을 명령한다. 손을 잡아라… 난 두 번 청하지 않는다." 손을 잡지 않음은 역린(逆鱗)이며 죽음이다. 선택의 여지가 없다. 하지만 그는 단호히 그의 손을 뿌리치고 죽음에 입맞춘다. 애당초 그가 살아온 궤적엔 적당한 타협이란 없었기 때문이다. 하찮은 목숨을 부지하기 위해 비겁한 삶을 선택하지 않겠다는 자신감. 그것은 '침묵하는 100톤의 지식보다는 실천하는 1그램의 정의가 세상을 바꾼다'는 그의 신념을 따른 것일 뿐이다. 황제도 원로원도 그 누구도 선택하지 않는 자의 당당함이었을 것이고 자신을 신뢰했던 아우렐리우스 황제에 대한 신의였을 것이다.

한때 로마에서 가장 신뢰받던 장군이었고 황제의 총애는 물론 황제의 자리까지 권유받은 신분에서 노예 검투사로 추락한 버림받은 운명이 되어버린 막시무스가 노예들을 아우르고 가장 선두에서 검투사들을 이끌며 던진 한마디는 의외로 "명예롭게"였다. 명예가 소멸된 자의 입에서 나온 명예에는 비할 수 없는 진한 슬픔이 묻어 있다. 게르만족과의 전투 현장에서 로마 병사를 다독이며 전쟁 개시 전 동료들에게 던진 "명예롭게"와 같은 감동이다. 어쩌면 그에게 사회적 신분이나 계급은 무의미했는지도 모른다. 로마의 병사나 노예 검투사나 황제나 원로원은 똑같은 무게의 동료였다. 플라톤이 갈파한 최고 이데아 '선(善)의 극치'를 그의 몸짓에서 읽는다.

용기(勇氣)를 한마디로 정의 내려달라는 학생들의 요청이 있었다. 잠시 고민하다 주저 없이 "내 안에 있는 두려움을 이겨내는 마음의 빛"이라고 일갈했다. 많은 사람들은 용기를 가지는 것이라고 생각하는데 그건 무모한 자신감이다. 자존감을 상실한 사람에게 용기는 두려움이고 벽이다. 트라우마를 겪고 있는 사람에게 용기는 공포의 또 다른 이름이다. 그래서 용기는 "가지는 것이 아니라 찾아내는 것이다"라고 조곤조곤하게 일러준다.

삶의 나침반을 잃어버린 다양한 계층의 사람들이 상담을 받기 위해 연구실 문을 두드린다. 평범한 일상인이 되고 싶다는 소망이 그들의 공통된 염원이다. 소박하지만 간절하다. 가장 어려운 게 평범해지는 것이다. 그들의 아픔을 알기에 한걸음 한걸음 디디지만 정성스럽게 앞으로 나아가는 걸 도울 뿐이다.

그들이 지닌 상처의 흔적을 보면 대개 남들로부터 받은 직접적 상처들이거나 남에게 맞추려고 혹은 남의 기대에 부응하려고 애쓰는 데서 생긴 부작용들이다. 그곳에 자신은 없다. 자신이 가진 것을 있는 그대로를 보지 못하고 끝없이 비교하고 자신의 가치를 스스로 낮춘 데 따른 고통이다. 고통과 아픔은 여기에서 시작된다. 나는 이런 내담자들에게 자신들이 지닌 마음의 빛을 발견할 수 있도록 직면시킨다. 역경을 회피하지 않도록 직면시키는 것이다. 이는 현실에 당당히 맞서도록 잃어버린 용기를 불어넣고 잃어버린 가치를 찾도록 도와주는 적극적 개입이며 동시에 심리적 활동이다.

개인 심리학의 대가 알프레드 아들러(Alfred Adler, 1870~1937)는 자신이 가치 있다고 생각될 때 비로소 용기가 생긴다고 말한다. 하늘을 비상하는 비둘기에게 공기와 바람은 비상을 방해하는 저항이 아니다. 도리어 비상을 돕는 촉매제가 되기도 한다. 연을 하늘로 띄우기 위해서 반드시 바람을 맞아야 하는 것처럼 말이다. 맞바람 없이 연은 결코 하늘로 올라갈 수 없다. 고통을 가져올 것 같은 과제도 때론 인생의 소중한 양식이 되기도 한다. 그러려면 포기하지 않고 비상하는 용기가 필요하다. 결국 용기는 바람에 맞서는 힘이다.

스파르타쿠스는 최악의 조건에서 최고의 성과를 이루었다. 훈련받지 않은 노예와 농민들로 구성된 조직으로 세계 최강의 로마 군단을 상대로 4년을 버텼다는 것은 용기의 가치를 넘어 스스로 자신을 극복한 사람들만이 할 수 있는 인류 역사의 가장 아름답고 위대한 용기 있는 행동이었다. 1914년 인류 최초의 남극대륙 횡단에 도전했다 실패했지만 세상에서 가장 위대한 탐험가란 소리를 듣는 어니스트 섀클턴의 용기 있는 실패의 도전처럼 그들이 보여준 용기 있는 실패는 또 다른 희망의 기적을 낳는 씨앗이 되었다.

절제(節制)의 다른 명칭으로 인내란 용어보다 적절한 단어는 없다. 절제가 작은 의미라면 인내는 조금 더 확장된 느낌이다. 여기 인내의 상징적인 인물이 있다. 성실하게 살았지만 단 한 번도 성공해보지 못한 사람이었다. 페인트공에서부터 농부와 보험 판매원에 이르기까지 부지런히 살면서 60세에 가까운 나이에서야 자신이 개발한 레시피로 레스토랑을 개업했다. 그러나 행복도 잠시 화재로 자신의 전부인 레스토랑을 잃었고 모든 일은 엉망이 되었다. 돌아보니 자신에게 남은 건 65세라는 현실적인 나이와 105달러의 수중의 돈, 떠나버린 아내의 빈자리뿐이었다. 철저한 인생의 실패는 어쩌면 그를 두고 한 말이었는지도 모른다. 돈도 힘도 의욕도 모두 사라진 그가 할 수 있는 일은 그저 공원에서 무료한 하루를 보내는 것뿐이었다. 그러던 어느 날 사람들이 웃으며 지나가는 모습을 목격한다.

"난 왜 저 사람들처럼 웃을 수 없지?"

스스로에게 주문처럼 묻는다. 자신의 신념을 믿으며 마지막 운명에 도전한다. 낡은 트럭 한 대와 압력솥 하나로 자신이 개발한 '레시피'를 팔기 위해 미국 전역을 돌기 시작한다. '다 늙어서 뭘 하려고 그러냐.' '괜한 수고 말고 조용히 노년을 보내라.' 온통 핀잔과 손가락질뿐이었다. 트럭에서 자고 주유소 화장실에서 면도하며 죽도록 노력했지만 자신이 개발한 레시피를 사겠다는 가게는 단 한 군데도 없었다. 정확히 '1,008번의 퇴짜'를 당했다. '실패'를 맛보지 않은 사람은 '도전' 과 '용기'란 단어를 사용할 자격이 없다고 생각한다. 필자의 솔직한 생각이다. "실패한 것이 아니다. 잘되지 않은 방법 1만 가지를 발견한 것이다"라는 토머스 에디슨(Thomas Alva Edison, 1847~1931)의 촌철살인이 노인에게 딱 맞아떨어지는 명언이다.

노인은 다시 트럭을 고속도로로 몰았다. 여전히 '처음처럼' 레스토랑을 돌았다. 드디어 1,009번째 식당에서 그의 레시피를 구매했고 순식간에 미국 전역에 체인점을 확장했다. 전 세계 100여 개 나라에 체인점을 가진 그 레스토랑이 바로 우리에게 친숙한 하얀 양복에 검은 안경과 지팡이 그리고 콧수염으로 상징되는 KFC며 그가 바로 커널 샌더스다. 길 위에서 만나는 살아 있는 감동 스토리는 인내로 대표되며 절제의 가장 아름다운 사례로 각인되고 있다.

절제(節制)로 대표되는 다음 사례도 기억할 만하다. 삼성그룹의 창업자인 이병철 회장이 삼남인 이건희를 1978년에 삼성물산 부회장으로 전격 승진시키며 1987년 자신이 운명할 그때까지 약 10년 동안 혹독한 경영 수업과 훈련을 시킨다. 그때 이병철 회장이 이건희 부회장에게 물려준

두 가지 경영 철학이 참 흥미롭다. '경청(傾聽)'과 '목계(木鷄)'가 핵심인데 목계가 바로 절제의 상징이다.

목계란《장자》의 〈달생편(達生篇)〉에 나오는 이야기로 나무로 만든 닭이란 뜻이다. '스스로를 경계하라'는 의미가 담겨 있다. 상대에게 흔들리지 않으며 무소의 뿔처럼 혼자서 자신의 길을 묵묵히 가는 것, 이것이 목계 정신이라고 설명하고 있다. 상대 닭이 아무리 소리를 지르고 덤벼도 전혀 동요되지 않는다. 멀리서 바라보면 마치 나무로 만든 닭 같지만 충만된 내적 에너지로 일시에 상대를 제압하게 되는《손자병법》에 나오는 상지상(上之上)의 전략과 닮아 있다.

아무리 해도 막시무스를 죽일 수 없다고 판단한 코모두스가 막시무스를 자극하는 치욕적인 말을 내뱉는다. "듣자 하니 자네 아들은 십자가에 못 박힐 때 여자애처럼 울었다지? 자네 계집은 군인들이 겁탈할 때 창녀처럼 신음했다지? 한 번 또 한 번 마지막 순간까지…." 피가 거꾸로 쏟는 견딜 수 없는 모욕이다. '스스로를 통제하지 못하고 무너지겠지'라고 생각하는 순간 막시무스는 코모두스의 예상을 깨고 오히려 차분하게 대응한다. "야욕에 취해 있을 날도 멀지 않았다." 짧지만 강렬하고 도발적인 대답에 당황한 건 오히려 황제 코모두스였다. 자신이 가진 모든 패를 다 보였음에도 불구하고 막시무스는 흔들리지 않았고 자신의 감정을 통제하며 결국에는 승리했다. 절제의 최고 명장면은 그렇게 탄생했다.

한 장의 사진으로 인터넷을 뜨겁게 달군 중국의 84세 할아버지 모델 왕더순(王德順)을 기억할 것이다. '가장 섹시한 할아버지'라 불리기도 하고 또 어떤 이는 잠깐 뜨고 지는 '인터넷 스타'라고 말하기도 한다. 그러나 그는 어느 인터뷰에서 조용하게 자신의 옛이야기를 들려준다. 이런 날을 위해 60년을 준비했다고 말이다.

24세 때부터 연극배우를 했고, 44세 때 영어 공부를 시작했으며 50세에 처음으로 피트니스 센터에 가서 몸을 다듬기 시작했다는 이야기부터 57세에 무대로 복귀해 새로운 형식의 퍼포밍 아트를 만들었다는 이야기까지 무명의 그림자는 깊고 길었다. 그리고 70세 때 몸을 제대로 만들었고 79세가 되어서야 비로소 생애 처음으로 런웨이 무대에 섰으며 그 결과 세계적으로 주목받는 모델이 될 수 있었단다. 무려 60년의 기다림이 민든 기적이었다는 것이다. 절제와 인내는 하늘의 별을 딸 수 있는 세상에서 가장 정직한 신의 선물이라는 걸 84세의 중국 모델 왕더순의 기다림에서 배우게 되는 건 뜻밖의 축복이다. 그는 말한다. "내 인생 최고의 전성기는 바로 지금이다."

2

'침묵'하는 100톤의 지식, '실천'하는 1그램의 정의

방송에서 인간의 '마음'을 해부하는 특별 프로그램이 나왔다. 〈먹거리 X파일〉을 만들어 유명세를 떨쳤던 이영돈 PD의 KBS 특별기획 다큐멘터리 프로그램이었다. 이 프로그램은 인간의 마음을 집중적으로 들여다본 최초의 마음 방송으로, 심리를 공부한 전문가의 시각으로 봐도 참 잘 만들어진 프로그램이었다. 마음의 신경학적 메커니즘과 심신의학에 대한 이해로 다큐멘터리는 시작하고 있다. 그리고 긍정적 사고와 희망, 그리고 기대 심리가 우리 몸과 마음에 미치는 플라시보(Placebo)·노시보(Nocebo) 효과, 무의식이 우리의 행동에 미치는 영향 등 다양한 부분에서 전문가들의 인터뷰와 입체적 시각으로 인간의 마음을 들여다본 의미 있는 프로그램이었다. 프로그램의 첫 질문은 이렇게 시작한다. "마음이란 무엇인가?"

모두가 침묵하는 상황에서 홀로 자신의 소신을 당당하게 밝히는 그 마음은 어디서 나오는 것이며, 모두가 회피하고 외면하는 일에 홀로 자신을 믿으며 결심을 기어코 관철시키고 마는 그 강철 같은 신념은 마음의 어느 곳에서 시작되는 것일까? 자신의 신념을 위해 불꽃같이 살다간 무력 저항의 상징인 스파르타쿠스와 체 게바라는, 같은 신념이지만 꽃불처럼 살다간 비폭력의 상징인 간디와 마틴 루서 킹의 마음과 같은 색깔일까? 다른 색깔일까?

아마도 이들의 성향을 에니어그램 성격유형 검사에서 9가지 유형으로 분류해본다면 8번 지도자형이 나오지 않을까 재미있는 상상을 해본다. 지도자형은 자기 신념이 강하고 단호함이 특징인 이들로 평소 자신이 옳다고 생각하는 것에 대해 전력을 다해 싸우는 전사의 이미지를 대체적으로 갖고 있다. 또한 권력 구조를 파악하는 능력이 뛰어나며 거드름을 피우지 않고 성실하며 약자를 옹호하고 보호하려는 심리적 특징을 가진 것이 이들의 성향이라고 에니어그램에서는 정의하고 있다. 파블로 피카소, 나폴레옹, 마틴 루서 킹 등이 여기에 해당되는 걸로 봐서 신뢰도와 타당도는 매우 높아 보인다.

그러고 보면 필자도 애니어그램 검사 결과에서 지도자형으로 나왔는데 지금까지 살아온 경험치로 미뤄보아 충분히 납득이 가는 결과다. 심리치료 프로그램 때 항상 사용하는 필자 닉네임 카드의 이름이 공교롭게도 '장군'이다. 지도자형으로 나온 필자의 닉네임이 장군인 게 결코 우연은 아니었나 보다. 무의식이 의식과 닿아 있고 행동과 말속에 무의식이 녹아 있었다. 무의식은 거짓말을 못한다.

에니어그램 8번의 유형(지도자형)을 좀 더 깊이 있는 MBTI 성격유형 검사로 대입해보면 사람들의 기본 성격 16가지 중에서 활동적이고 솔직하며 단호한 결단력과 통솔력을 갖고 있는 ENTJ형이 되지 않을까 조심스럽게 진단해본다. 타고난 기질에다 유사한 환경적 요인들이 더해지면 슈퍼 리더형의 영웅이 만들어질 수 있다는 이야기다. 인간의 성격을 형성하는 데에는 환경이 타고난 유전자 못지않게 중요하다는 것이 오래된 중론이다. 오랫동안 떨어져 산 쌍둥이라도 신체적 특징과 운동 능력, 그리고 인지 능력은 유전적 요인에 의해 크게 바뀌지 않지만 성격은 환경에 의해 더 많이 좌우되는 것으로 나타나는 것을 보면 스파르타쿠스나 막시무스는 결국 절박한 환경에 선천적인 기질이 더해져 만든 기적은 아니었을까?

죽음이 널려 있는 전쟁터에서, 식솔들의 밥그릇이 걸려 있는 직장에서 당당하게 "나를 따르라"라고 외칠 수 있는 장교와 간부가 현실에서 몇이나 될 것이며, 부정을 보면서 불의에 눈감지 않고 '정의'를 외칠 수 있는 사람들이 과연 몇이나 되겠는가 묻고 있다. 우리네 부모님들이 우리들에게 인간관계에 대한 처세술에 대해 해준 조언 중에 귀가 따갑게 들은 말이, 아마도 '모난 돌이 정 맞는다', '나서지 마라', '중간만 해라'라는 중용의 실용 담론이었다. 이 탁월한 처세술 덕택에 어쩌면 우리는 불의(不義)에 눈감을 수 있었고 부정(不正)에 침묵할 수 있었으며 정의(正義)에 귀 닫을 수 있었다. 그래서 우리들은 당분간 생존했고 지금까지 비겁한(?) 삶을 보전할 수 있었는지도 모른다는 생각이 든다. 슬픈 현실이다.

영화 〈글래디에이터〉에서 막시무스 장군이 게르만족과의 일전을 앞두고 병사들 사이를 가로지를 때 병사들은 약속이나 한 듯 눕혀진 방패를 세우고 한목소리로 "장군(General)!"을 외치며 자세를 낮추었다. 지휘 권한을 가진 장군에 대한 예의며, 가장 앞서는 자에 대한 존경의 표현이었다. 그러나 신분이 바뀌어 노예 검투사가 되었지만 그를 대하는 노예들의 태도도 로마 병사들과 크게 다르지 않았다. 모두 약속이나 한 듯 맨 뒤에 있는 막시무스가 검투 경기장을 나설 때 칼을 세우고 그의 승리를 자축하듯 똑같은 승리의 주문을 던지는 모습은 흡사 그가 로마 장군일 때 모습과 그대로 닮아 있다.

이것은 가장 앞서 싸우는 용기 있고 정의로운 자에 대한 본능적 경외의 표현이다. 마음이 가난한 자는 결코 따라갈 수 없는 실천의 징신이다. 그래서 "침묵하는 100톤의 지식보다 실천하는 1그램의 정의가 세상을 바꾼다"는 명대사는 죽어버린 내 가슴을 다시 뛰게 만드는 가장 위대한 어록이 되었다. 내 심장과 가슴을 뛰게 한 마법의 주문 같은 어록을 막시무스와 스파르타쿠스는 수천, 수만 번을 전선에서 외쳤을 것이다.

■ 또 다른 여인이 나를 낳으리라

칼 마르크스와 체 게바라가 가장 존경했던 인물이 스파르타쿠스였다. 십자가에 매달려 있는 노예들 중 스파르타쿠스가 누구인지 로마의 군부는 마지막까지 몰랐고 6,000명 모두는 그렇게 하늘의 별이 되었다. 죽어가는 스파르타쿠스가 죽기 전 무슨 말을 했는지 남은 기록은 없다. 하지만 세상은 그의 꺾이지 않는 기상 속에서 "또 다른 여인이 나를 낳으리라"라는 스파르타쿠스를 닮은 글을 찾았다.

"가끔, 아주 오랜 시간이 흐른 후, 몇 백 년 만에 한 번 온 세상을 향해 외치는 사람이 나타나는 것이다. 그리고 몇 세기가 또 지나가고, 세상이 계속 돌아가도, 이 사람은 결코 잊히지 않는다. 바로 얼마 전 이 사람은 노예에 지나지 않았다. 그러나 이제 스파르타쿠스를 모르는 사람이 어디 있는가…. 지금 그는 거의 5만 명에 이르는 군대를 지휘하고 있다. 그리고 어떤 면에서 그 군대는 역사상 최강의 군대다. 소박한 의미에서, 자유를 위해 싸우는 군대다. 지금까지 수도 없이 많은 군대가 있었다. 그 군대들은 국가, 도시, 부, 전리품, 권력 또는 어떤 지역의 통치권을 놓고 싸웠다. 그러나 여기 인간의 자유와 존엄성을 위해 싸우는 군대가 있다."

미국의 작가 하워드 패스트(Howard Fast, 1914~2003)가 1950년대 미국이 공산주의라는 매카시즘의 광풍으로 휩싸였을 당시 사상범으로 몰려 감옥에서 쓴 소설이 《스파르타쿠스》였다. 앞의 글은 바로 그가 쓴 《스파르타쿠스》를 묘사한 가장 압축적인 구절이다. '자유와 존엄성을 위해 싸웠던 유일한 군대.' 어쩌면 이것이 그를 2,000년이 지난 지금까지도 그를 잊지 않게 해준 힘의 원동력이었는지도 모른다.

영화 〈브레이브 하트〉(1995), 〈변호인〉(2013), 〈1987〉(2017)은 절대 권력에 맞서는 실천하는 사람들의 이야기를 담고 있다. 모두 다른 시대, 다른 얼굴의 스파르타쿠스들이며 "또 다른 여인이 나를 낳을 것이다"는 예언이 기막히게 맞아떨어진 살아 있는 증거들이다.

영화 〈브레이브 하트〉에 나오는 주인공 윌리엄 월레스(멜 깁슨 분)는 스코틀랜드의 전설적인 영웅이다. 꼭 비교하자면 우리의 이순신 장군에 버금가는 국민 영웅쯤 되겠다.

13세기 말엽, 스코틀랜드와 잉글랜드는 대립 관계였다. 강력한 군사력과 카리스마로 스코틀랜드를 장악하려는 잉글랜드의 전제군주 에드워드 1세(패트릭 맥구한 분)의 폭정에 맞서서 싸우겠다는 스코틀랜드의 귀족과 백성들은 단 한 명도 없었다. 두려움과 공포가 만든 무기력한 질서였다. 이에 윌리엄 월레스는 기꺼이 일어섰다. 아니 소리쳤다. 그의 용기는 사랑하는 사람을 잃은 자의 분노와 슬픔이 한데 섞인 절규(絶叫)였고 절창(絶唱)이었다. 윌리엄 월레스는 분노와 슬픔을 버리지 않고 자신의 심장에 부었다. 그리고 심장에서 만들어진 뜨거운 정의의 검으로 에드워드 1세의 강력한 불의에 맞섰다. 아무도 그의 승리를 장담하지 않았으나 그 자신은 단 힌 번도 패배하지 않았다. 그리고 자신의 단 하나뿐인 목숨과 자유를 맞바꾸었다. 그 순간 그는 스코틀랜드의 전설이 되었다. 그는 결코 불의에 침묵하지 않았다. 시대와 역사는 다르지만 윌리엄 월레스도 결국 스파르타쿠스의 다른 이름이었다.

2013년에 나온 영화 〈변호인〉은 현대 정치사의 많은 이야기를 담고 있다. 좌우의 이념 논쟁에서부터 민주화 운동에 이르기까지 깊고 넓다. 하지만 이러한 진영 논리를 걷어내고 영화에 한걸음 다가가면 권력과 폭력에 가려진 상처 입은 사람들이 보인다. 모든 사람들이 저것은 넘을 수 없는 벽이라고 고개를 떨구고 있을 때 맨 앞에 앞장선 담쟁이 잎처럼 무명의 변호인은 22년간 홀로 돌산을 깎은 인도의 만지히처럼 결국엔 그 벽을 넘는다. 외롭고 처절한 자신과의 사투, 아무도 알아주지 않는 외롭고 고독한 여정. 영화 속 변호사 송우석과 인도의 만지히는 닮아 있다.

송우석(송강호 분)과 만지히는 우리가 밖으로 나가면 우리들 주변에서 쉽게 볼 수 있는 이웃들이다. 친근한 이미지에 오히려 너무 순진하고 착하기까지 하다. 1980년대 남들 다 가지고 있는 그 흔한 백도, 돈도 없고 가방끈까지 짧은 시골 변호사는 돈이 되는 일이라면 마다하지 않고 뛰어다니며 돈 잘 버는 변호사로 이름을 날린다. 그러던 어느 날 신세 진 적 있는 국밥집 아들이 소위 '부산의 학림(學林)사건'이라 불렸던 '부림사건'으로 감옥에 있는데 도와달라고 부탁한 것이다.

부림사건은 1981년 군사정권으로 대표되는 전두환 정권이 집권 초기 자신들의 통치 기반을 확보하기 위해 일으킨, 민주화 세력을 탄압하던 시기에 일어난 사건이다. 순수한 독서 모임에 참석한 학생과 교사들 그리고 회사원들을 영장 없이 잡아들여 짧게는 20일, 길게는 63일 동안 불법으로 구금하면서 구타와 고문을 가해 허위로 자백을 받아낸, 인간성이 실종된 인권의 빙하기 시절에 일어난 사건이었다. 그 가운데 국밥집 아들 진우(임시완 분)가 있었다.

서슬이 퍼런 군부독재 시절이라 국가가 반공의 이름으로 하는 일에 반론을 제기하고 인권을 이야기하면 매국노, 간첩이란 소리를 들었던 때였다. 그래서 국가를 상대로 법리를 다툰다는 것은 웬만한 강심장과 담대함이 아니면 상상도 할 수 없는 일이었다. 당연히 정의는 소멸했고 진실은 묻혔다. 그럼 도대체 송우석의 마음이 움직인 건 무엇이었을까? 국밥집 어머니의 간절한 부탁 때문만이 아니었다. 순수한 마음을 가졌고 책을 사랑해 독서 모임을 만든 죄밖에 없는 어린 대학생을, 권력과 무력을 동시에 가진 국가가 단지 자신들의 권력을 공고히 하기 위해 너무나 비열하고 집요하게 파괴했기 때문이었다. 명분은 탈색되었고 정의는 빛을 잃었다.

그래서 싸웠다. 하지만 그는 결코 혼자가 아니었다. 정의가 그의 편이었고 진실이 그의 편이었다. 송우석의 힘은 바로 여기에서 나왔다. 절대 권력을 가진 군부에 홀로 맞선 송우석은 계란으로 바위를 치듯 항변했다. 그리고 자신을 둘러싼 침묵하는 다수를 대신해서 소리쳤다.

"대한민국의 주권은 국민에게 있고 모든 권력은 국민으로부터 나온다. 국가란 국민입니다."

"세상은 계란으로 바위 치기라 하지만 바위는 죽은 기고 계란은 살아 있는 겁니다. 계란은 언젠가 바위를 뛰어 넘을 기라고⋯ 그래서 난 절대 포기하지 않습니다."

법정에서의 마지막 장면은 〈변호인〉 최고의 명장면으로 기억될 만하나. 1987년 박종철 군의 추모 집회와 다수의 불법 집회와 시위를 기획, 주도했단 죄목으로 법정에 서게 되었다. 이에 변호인 측에서 변론 요지를 말하기 전 변론을 신청한 변호사들이 많아 변호인들의 출석 여부가 명확치 않다며 재판장에게 호명을 요청한다. 변호사들의 호명이 시작되면서 한 명, 두 명, 세 명⋯. 대답하며 일어서는 변호사들의 수는 끝이 없다. 영화 〈스파르타쿠스〉에서 크라수스가 6,000명의 노예들을 사로잡은 후 누가 스파르타쿠스냐고 물을 때 모두 자신이 스파르타쿠스라며 일어서는 감동적인 장면과 오버랩되는 순간이며 영화 〈죽은 시인의 사회〉에서 존 키딩 선생이 학교에서 제명되어 교실에서 자신의 물건을 챙겨 나가려는 그때 학생들이 키딩의 닉네임을 부르며 일어서는 장면과도 너무도 닮아 있다. 내 머리와 가슴을 때리고 나의 이성과 감성을 동시에 자극하는 최고의 명장면이다.

색깔이 다른 실천하는 정의

어릴 적에 그림을 좀 그려본 사람은 안다. 손을 대고 그림을 그릴수록 점점 그림이 탁해지고 어두워졌던 기억을. 색깔을 한데 섞으면 어두워진다는 걸 배우기 전까지는 말이다. 하지만 빛은 다르다. 모으면 모을수록 점점 밝아진다. 색과 빛이 가진 물성의 차이다. 세상에는 색깔이 다른 수천, 수만의 빛이 존재한다. 어쩌면 우리들이 이 거친 벌판에서 살아갈 수 있는 것은 우리가 알지 못하고 발견하지 못했던 수많은 빛이 있었기 때문은 아닐까? 반딧불처럼 하나둘 모인 빛들이 결국 세상을 비추는 힘의 원동력이 되었다.

영화 〈마운틴 맨〉(2015)은 색깔이 다른 실천하는 정의의 가장 완벽한 사례며 우리가 단 한 번도 본 적 없는 빛이다. 그럼에도 불구하고 우리들에게 이 영화가 잘 알려지지 않았던 것은 아무래도 인도 영화라는 선입견 때문일 것이다. '발리우드(Bollywood)'라는 특유의 강렬한 춤사위와 현실과 동떨어진 약간의 과장된 스토리 위주의 인도 영화는 오랫동안 할리우드풍의 영화에 길들여진 우리네 관객들의 감성과 거리감이 있었다. 봄베이(1995년부터 뭄바이로 개칭)와 할리우드의 합성어로 만들어진 발리우드는 인도의 영화 산업에 대한 가장 상징적인 단어다. 우리의 정서와 맞진 않았지만 인도 영화의 저력은 이미 할리우드를 넘어 세계적인 규모로 성장했다.

우리나라에 극장이 전국에 500여 곳인 데 비해 인도는 1만 2,000개의 극장이 있고, 연간 800여 편의 영화가 제작된다고 하니 가히 영화의 천국이라 해도 과언이 아니다. 아르데시르 이라니 감독의 〈세상의 아름다움〉(1931)은 현대 인도 영화의 기념비적인 작품으로 알려져 있다. 음악과 현란한 안무가 가미된 뮤지컬 형식의 이 영화는 개봉 당시 엄청난 성공을 거뒀고 이후 이런 영화가 인도 영화의 특징으로 자리 잡으며 인도의 혼성 향신료를 의미하는 마살라(Masala) 스타일의 뿌리가 되었다. 인도의 자극적인 향신료가 구수하면서도 감칠맛 나는 우리네 음식의 스타일과 잘 맞지 않듯이 영화 속에 등장하는 현란한 안무와 과장된 몸짓이 다큐로 살아온 우리 민족의 정서와는 거리가 있는 건 어찌 보면 당연한지도 모르겠다.

10억의 인구, 1,000개가 넘는 종족, 언어만 300개가 넘는 인도에서 인도의 대표적인 언어인 힌디어로 영화를 찍어도 그걸 알아듣기란 쉽지 않다. 그래서 남녀의 사랑과 춤, 노래, 다분히 뮤지컬적인 요소를 곁들인 강렬한 스토리는 어쩜 그들이 상호 소통하는 최고의 방법이었는지 모른다. 시끄럽고 조금은 무질서한 것 같지만 왠만한 일에는 크게 화내는 법이 없는 낙천적인 성격의 소유자인 인도인들이 보여준 긍정적이고 경쾌한 모습에서 가끔은 우리네 옛날 시골장터 같은 정서를 발견한다.

그렇다고 해서 모든 인도 영화들이 우리나라에서 흥행에 실패한 건 아니다. 우리들에게 가장 잘 알려진 〈세 얼간이〉(2011)는 전 세계는 물론 한국에서도 매우 성공한 대표적인 인도 영화로 유명하다. 전 세계적인 돌풍을 일으킨 영화 〈아바타〉가 유일하게 무릎을 꿇은 국가가 바로 인도였는데, 그때 제임스 카메론 감독에게 의문의 일격을 가한 영화가 바로 〈세 얼간이〉다. 당시 흥행 수익만 811억 원으로 최고였고, 전 세계 역대 인도 영화 흥행 순위 1위까지 올랐으며 〈타임〉 선정 '발리우드 영화 베스트 5'까지 오르는 기염을 토했다.

특히 이 영화가 우리나라에서 화제가 되었던 것은 2010년 12월에 으

틀간 이루어진 부산과학고의 과학 캠프에서 〈세 얼간이〉를 보고 감상문을 작성하는 문제가 출제되었기 때문이었다. 개봉도 하지 않은 〈세 얼간이〉가 시험에 등장한 배경에는 과학고에 진학해 최고 명문대 입학으로 이어지는 엘리트 코스를 밟는 학생들과 〈세 얼간이〉 속 인물들이 너무나 닮았기 때문이라고 전해졌다. '인도의 MIT'라고 불리는 인도 공대에서도 독특하기로 유명한 란초(아미르 칸 분)가 대학에서 불러일으키는 신선한 충격은 관객들에게 재미와 감동은 물론 깊은 여운까지 덤으로 얻게 한다.

다시 본론으로 돌아와 색깔이 다른 실천하는 정의의 상징인 〈마운틴맨〉은 기존 인도풍의 영화와는 조금 다른 향기를 풍긴다. 감성적인 내용의 스토리 때문이고 슬픔과 감동이 만든 50내 50의 조합의 힘 때문이다.

인도 북동부의 가난한 마을 게흘로르. 큰 돌산이 마을을 가로막고 있는 오지 중 오지다. 가난한 농사꾼 집안에서 태어난 만지히(나와주딘 시디퀴 분)는 같은 동네의 여성 파구니아(라드히카 압테 분)를 만나 가난하지만 행복한 신혼 생활을 한다. 그런데 어느 날 아내 파구니아가 돌산을 넘다 불의의 사고를 당해 자신보다 더 사랑한 아내를 눈물로 떠나보낸다. 아내의 죽음이 자신의 앞을 막고 있는 돌산 때문이라고 생각한 만지히는 그 길로 정과 망치를 들고 묵묵히 돌산을 오른다. 그리고 22년을 단 하루도 빼지 않고 자신과의 싸움을 이어간다. 높이 110미터, 폭 10미터에 달하는 산을 깎기 시작했던 것이다. 많은 사람들은 그를 향해 손가락질을 했다. 심지어 미쳤다고까지 했다. 누가 보더라도 그건 너무나 무모한 일이었기 때문이었다. 수천 년을 견고하게 그 자리에 버티고 서 있었던 신과 같은 존재에 대한 도전이었다. 분노와 집념으로 시작된 그의 망치질은 신념과 확신으로 바뀌었고 나중엔 구도자의 모습으로까지 비춰졌다. 자신이 그랬고 사람들이 그렇게 읽었다.

깎고 또 깎았다. 어쩌면 그가 깎은 것은 단순한 돌산이 아니었는지도 모른다. 다시는 사랑하는 사람을 잃지 않겠다는 그 절박한 마음과 사랑의 힘 그리고 부인에 대한 미안함의 마음이 22년을 견디게 한 원동력이었다. 어리석은 사람이 산을 옮긴다는 중국의 고사인 우공이산(愚公移山)의 인도판 실제 사례라고 할 수 있다.

2007년 만지히가 세상을 떠나기 전 마을 사람들은 그가 남긴 유산을 보고 기절초풍했다. 망치와 정을 잡고 산에 오른 지 정확히 22년 만에 그는 읍내까지의 거리를 72킬로미터에서 단 1킬로미터로 줄인, 사랑과 인내가 만든 기적의 도로를 발견했던 것이다. 만지히가 살았던 마을에서 가장 가까운 병원까지의 거리가 80킬로미터에서 4킬로미터로 단축되었으며 1시간이면 병원에 갈 수 있게 되었다. 그뿐이 아니었다. 바위산 때문에 학교에 다닐 수 없었던 아이들이 학교를 갈 수 있게 되었고, 어른들도 직업을 찾을 수 있게 되었으며, 더 놀라운 것은 아픈 사람들이 더 이상 죽지 않을 수 있었다. 미친 취급을 받던 만지히는 어느새 영웅이 되었고 전설이 되었다.

"만지히는 불행한 남자였습니다. 살아 있는 동안 그의 노고는 누구에게도 인정받지 못했습니다. 하지만 오늘날 수많은 사람들이 그를 기억하고 그의 이야기는 많은 사람들에게 영감을 주고 있습니다. 우리들에게 삶의 의미가 무엇인지 일깨워주는 가장 위대한 사람이 되었습니다." 동네 주민의 이야기가 메아리처럼 퍼진다. 앞으로 삶이 우리를 모질게 만들려고 할 때 우리가 기억해야 할 최고의 격언은 "이것은 불운이다"가 아니라 "이것을 훌륭하게 견디는 것이 행운이다"라고 말한 아우렐리우스가 《명상록》 속에 남긴 명언을 절대 잊지 말아야 할 것 같다.

"와우, 6년밖에 안 걸렸네? 이젠 매주 두 통씩 보낼 거예요."

앤디

인내의 아름다움

쇼생크 탈출

The Shawshank Redemption | 제작 1994년 | 감독 프랭크 다라본트 | 출연 팀 로빈스, 모건 프리먼, 밥 건튼

2014년 10월 젊은 청춘들의 직장 분투기 〈미생〉이 TV 방송을 탔다. 인기는 폭발적이었고 주인공 장그래는 비정규직 직장인의 대명사가 되었다. 윤태호 작가의 웹툰 원작을 바탕으로 매일 전쟁터로 출퇴근하고 일하는 직장인들의 애환을 잘 담아내 많은 사람들의 공감을 받았던 드라마다. 시간이 흘러도 명대사는 남게 마련인데 머리가 아닌 가슴에 남은 명대사가 아직도 살아서 활어처럼 퍼덕인다.

　　"길이란 걷는 것이 아니라 걸으면서 나아가기 위한 것이다. 나아가지 못하는 길은 길이 아니다. 길은 모두에게 열려 있지만, 모두가 그 길을 가질 수 있는 것은 아니다."

　　"이루고 싶은 것이 있다면, 체력을 길러라. 후반에 무너지는 이유, 데미지를 입은 후 회복이 더딘 이유, 실수한 후 복구가 늦은 이유, 모두 체력이 약하기 때문이다. 체력이 약하면 편안함을 찾기 마련이고, 그러면 인내심이 떨어지고, 그 피로감을 견디지 못하면 승부 따윈 상관없는 지경에 이

146

른다."

이 둘의 명대사를 한 문장으로 압축하면 '삶의 적응을 위한 절제가 아닌 리셋을 위한 절제를 하라!'가 되고 한 단어로 압축하면 '인내'가 된다. 〈쇼생크 탈출〉의 앤디와 〈바람의 파이터〉의 최배달에게 완벽하게 어울리는 문장과 단어다.

영화 〈쇼생크 탈출〉과 〈바람의 파이터〉는 색깔의 느낌이 다르다. 〈쇼생크 탈출〉이 짙은 바다색 바탕에 꽃분홍색이 스며든 느낌이라면 〈바람의 파이터〉는 잿빛 바탕에 흰색이 밴 느낌이 난다.

굳이 부연하자면 〈쇼생크 탈출〉은 앞이 보이지 않는 깜깜한 동굴 속에서 탈출하기 위해 날뛰듯 몸부림치는 모습이 아니라 오히려 조용히 몸과 마음을 낮추고 손가락 하나에 침을 묻혀 동굴의 끝 쪽으로 쭉 뻗은 다음 미세한 바람을 온몸으로 느끼며 탈출구를 찾는 구도자의 모습과 닮아 있다. 그래서 바다색 위에 물든 꽃분홍은 절망의 바다에서 앤디가 찾은 희망의 증거다. 영화에서 희망의 향기를 맡을 수 있는 것도 이것 때문이다.

그에 비해 〈바람의 파이터〉는 전 일본 가라테 대회에서 우승하면서 무림의 고수가 된 최배달이 일본 전역의 고수들과 대련을 하면서 자신을 비우고 무도의 정점을 향해 다가가는 진정한 수행자의 모습을 보는 느낌이다. 그래서 잿빛 바탕 위 흰색은 욕심도 집착도 던져버린 최배달이 도달한 수련의 궁극이라고 할 수 있다.

12세기 중국 북송대 확암과 보명이 지었다는 설이 있는 〈심우도(尋牛圖)〉. 방황하는 자신의 본성을 발견하고 깨달음에 이르기까지를, 소를 길들이는 데 비유하여 10단계로 표현한 그림이다. 소를 찾는다는 의미로

붙여진 이름이라 해서 〈심우도(尋牛圖)〉 혹은 10장의 그림으로 그렸다고 해서 〈십우도(十牛圖)〉라고 불린다. 그 그림 속의 8번째 그림이 '인우구망 (人牛俱忘)'이다. 사람도 소도 다 잊는다는 무심의 경지. 완전한 깨달음을 얻었을 때만 비로소 나오는 최고의 경지다. 흰색은 무림의 세계에서 진정한 선의 경지로까지 나아간 최배달이 도달한 인내의 마음 색이다.

앤디와 최배달이 우리들에게 던지는 화두는 '자기 극복'이다. 동시에 인내의 자기 복제다. 자기 극복을 사전적 의미로 접근하면 한걸음도 나아가지 못한다. 영화 속에 숨은 의도를 찾아내어야 한다. 일종의 '보석 캐기'다. 그들이 말하는 자기 극복은 삶의 적응을 위한 절제와 인내를 말하는 것이 아니다. 거듭나고 리셋을 위한 자기 극복을 말하고 있는 것이다.

99퍼센트의 평범한 사람들이 걸어갔던 안정된 길을 걷고자 했던 브룩스의 최후는 길들어진 자들의 방황을 가장 잘 대변해주고 있다. 안정과 평범에 길들어진 삶이 얼마나 안락하고 이를 거부한 삶이 얼마나 피곤하고 고단한 것인가를 잘 보여주고 있다. '길들어지다'라는 의미는 편리함 속에 숨겨진 좌절된 욕망을 뜻한다. 불편한 진실이다. 그래, 어쩌면 우리의 마음과 달리 우리의 몸은 오래전부터 본능적으로 안정을 추구하고 있는지도 모른다.

나이가 들은 사람은 안다. 나잇살이 몸 구석구석에 주인 허락도 없이 슬그머니 들어왔다가 이제는 아주 자신들이 주인인 양 나갈 생각을 하지 않고 있다는 사실을. 웬만한 결심과 죽을 정도의 비상한 각오로 살과의 전쟁을 선포하지 않으면 한 발자국도 물러나지 않을 암적 존재가 그들이다. 중력을 거스르는 끝없는 인내와 절제만이 승리를 장담할 수 있다. 그래서 많은 사람들은 중력에 길들여져 그들과 공존하며 적당히 타협하면서 평화롭게 살아가고 있는지도 모른다.

지독한 모멸과 시련을 온몸으로 극복한 앤디는 그 보상으로 마음껏 자유를 즐길 태평양 바다 앞 해변을 선물로 받았고 최배달은 무도인이 갈 수 있는 궁극의 경지까지 도달하면서 두 사람은 산 자들의 전설이 되었다. 카테고리를 넘어선 자들에게 경계는 의미 없다. 고통까지 즐기는 0.01퍼센트의 사람들에게 경계는 무의미하다. 경계란 평범한 사람들의 눈에만 보이는 선택적 의미의 기준이다. 절제와 인내를 즐기는 자의 경계를 넘나드는 내공이 궁금하다.

〈쇼생크 탈출〉과 〈바람의 파이터〉

'감옥'과 '탈출'의 메타포는 절망과 자유다. 한계 상황과 한계를 극복한 무한 자유의 이미지를 함축하고 있다. 자유는 자유를 빼앗겨본 자만이 느낄 수 있는 궁극의 감동이다. 프랭크 다라본트 감독의 영화 〈쇼생크 탈출〉(1994)은 절망과 자유의 양가감정을 동시에 느낄 수 있는 최고의 카타르시스를 관객들에게 제공하고 있다. 그럼에도 불구하고 개봉 초기엔 고전을 면치 못했다. 할리우드의 전통적인 감옥에 대한 알고리즘과 접근 방식이 달랐기 때문이다. 감옥 하면 떠오르는 폭력과 파괴의 이미지를 뒤로하고 감성과 감동으로 스토리를 구성했기 때문이다. 그래서 이 영화를 보면 아드레날린이 분비되는 대신 엔돌핀이 돈다.

감옥 탈출의 전설적인 영화는 많다. 실제 탈출을 영화로 만든 〈빠삐용〉(1974)과 〈알카트라스 탈출〉(1979)은 그 대표적인 영화들이다. 모두 탈출에 포커스를 맞춘 맞춤형 영화들이다. 인간의 인내가 어디까지인가를 보여주는 눈물겨운 영화들이기도 하다. 하지만 〈쇼생크 탈출〉에는 죽음의 탈출 신 자리를 음악으로 채웠고 파괴와 폭력의 자리는 희망과 즐김으로 대신했다. 그래서 여운의 꼬리가 길다. 영화의 여운이 오랫동안 발목을 잡고 있는 몇 안 되는 영화며 이것이 밀리언셀러의 대기록을 남기는 데 결정적 이유가 됐다.

지금 나의 강연을 듣는 학생들에게 〈쇼생크 탈출〉은 생소한 영화다. 1994년에 나왔으니 자신들보다 연배가 높다. 그럼에도 불구하고 많은 학생들이 수강한 영화들 가운데 인생 의 영화 한 편을 고르라고 하면 대부분 〈쇼생크 탈출〉을 선택한다. 영화 속 스토리와 대사가 사람을 감동시키지 않았다면 나올 수 없는 결과다. 〈쇼생크 탈출〉에는 주인공이 셋이다. 앤디, 레드, 브룩스. 우리 주변에서 볼 수 있는 사람들의 압축된 표본이다. 주인공은 앤디지만 레드의 내레이션과 시선으로 영화는 전개된다. 레드의 객관적 시각으로 바라본 앤디의 모습인 셈이다. 99퍼센트를 구성하며 길들여진 삶을 사는 다수의 일반인 브룩스와 1퍼센트의 인적 구성으로 상황을 100퍼센트 이용하며 지혜롭게 살아가는 리더 레드, 그리고 0.01퍼센트에 가까운 확률로 불가능을 즐기며 살아가는 주인공 앤디의 이야기가 우리네 인간 구성의 퍼즐처럼 완벽하다. 0.01퍼센트의 고난을 즐기는 삶이 궁금한 이들에게 강추하는 최고의 영화다.

〈바람의 파이터〉(2004)의 실존 인물 최영의는 해방 전후 격동기 일본의 가라테 영웅으로, 실전 극진가라테를 창시한 인물이다. 대표적인 민족 영웅이었지만 가장 저평가된 인물이기도 하다. 천일의 훈련을 '단'이라 하고 만일의 훈련을 '련'이라고 한다. 몸의 수련이 무엇인지, '단련'이라는 의미가 무엇을 뜻하는지 알고 싶었다면, 그를 만나는 순간 고민의 절반은 자동으로 해결된다. 멋진 일이지 않는가?

1

〈빠삐용〉을 유일하게 넘어선 전설의 영화, 〈쇼생크 탈출〉

통상적으로 '넘어서다'라는 단어의 메시지는 매우 강렬하고 도전적인 의미를 함축하고 있다. '누구를 이겼다', '한계를 극복하다'라는 도전적 의미도 있고 '한계를 깨트리다'라는 도발적 의미도 동시에 깔려 있다. 아무튼 쉽지 않은 도전에 성공한 긍정적 의미가 들어 있는 것임에는 틀림이 없다.

감옥 영화의 바이블로 불리는 〈빠삐용〉은 영화 좀 아는 형님, 누님들에겐 분명 전설로 통한다. 단순한 감옥 영화가 아니라 영화 속에 담긴 숨은 상징들이 너무 많기 때문이다. 자유의 가치를 깨닫게 해주는 영화면서 동시에 신념을 위해 포기하지 않는 인간 불굴의 의지가 어떤 것인가를 가장 잘 보여준 걸작이다.

1973년 플랭클린 J. 샤프너 감독과 스티브 맥퀸, 더스틴 호프만 두 명의 전설적인 배우의 연기가 볼만한 인생 영화다. 어떤 이는 죽기 전에 꼭 봐야 할 영화라고 사족을 붙이기도 한다. 영화의 스토리는 심플하다. 사람이 절대로 살 수 없는 참혹하고 무서운 교도소에서 살인죄라는 누명을 벗기 위해 목숨을 건 탈출을 시도하지만 번번히 실패하고 만 빠삐용의 이야기다. 하지만 자신의 결백과 자유를 위해 포기하지 않고 끝없이 탈출을 시도한다. 빠삐용에게 화두가 되어버린 탈출은 자유 그 이상의 의미를 갖는다. 무죄의 증거!

그 누구도 성공한 적 없고 감히 탈출은 꿈도 꿀 수 없는 수직 절벽이 압권인 '악마의 섬'에서조차 파도를 읽고 야자수를 이용해 기이고 탈출에 성공하고야 만다. 악마의 섬에 들어올 때 간수가 툭 하고 던진 말이 압권이다. "상어가 경비를 서기 때문에 여기는 그렇게 엄격하지 않아"라고 말하던 바로 그 섬을 탈출한 것이다. 악바리 근성 가이의 대명사다.

자신에게 씌워진 살인죄의 누명을 벗기 위해 남미 프랑스령의 악명 높은 기아나 교도소에서의 탈출. 너무 사람을 쉽게 믿은 죄 때문에 그는 첫 탈출의 실패로 2년, 두 번째 탈출의 실패로 5년을 독방에 갇힌다. 쇼생크 탈출에서 앤디가 음악을 들려준 죄로 독방에 갇힌 기간이 2주다. 일주일이 1년 같았다고 말하는 동료들의 이야기를 상기해보면 쇼생크 교도소보다 훨씬 지독했던 조셉 섬 교도소 독방에서의 생활은 상상 그 이상이다.

특히 첫 탈출에 실패해 독방에서 처음 지낼 때 드가가 몰래 넣어준 반쪽짜리 코코넛이 간수들에게 걸려 음식을 넣어준 동료의 이름을 불지 않는다는 이유로 6개월간 햇빛이 차단되고 음식이 반으로 줄어드는 살인적인 처벌을 받는다. 그럼에도 불구하고 바퀴벌레까지 잡아먹고 살아남으며 끝까지 동료의 이름을 발설하지 않았던 부분은 CF에서 패러디까지 된 명장면이다.

그리고 두 번째 탈출에 또 실패해 나병환자들에게 배를 구해야 할 때 나병환자들 중 족장이 자신의 침이 잔뜩 묻은 시가를 피우라고 빠삐용에게 건네주는 장면이 있다. 시가를 받아 피우면 나병에 걸리고 거부하면 진정성을 의심받아 탈출용 배를 얻지 못하는 사면초가의 순간 빠삐용은 족장의 시가를 받아 잠시 머뭇거리는 듯했지만 지체 없이 족장의 침이 잔뜩 묻은 시가를 빤다. 이에 족장이 자신의 병균은 전염되지 않는다는 걸 어떻게 알았냐고 묻자 그는 몰랐다고 대답한다. 빠삐용의 집념과 진정성이 돋보였던 두 번째 명장면이다.

이 영화가 많은 사람들에게 공감을 불러일으켰던 이유는 자유를 향한 인간의 의지를 엿볼 수 있었던 종신수(終身囚) 앙리 샤리에르(Henri Charriere, 1906~1973)의 실화를 바탕으로 만들었기 때문이다. 필자가 중학교 때 보았던 그 장면, 자유를 위해 한 치의 주저함도 없이 늙고 등이 굽어 시들은 송장 같은 몸을 바다로 던지던 빠삐용의 모습이 아직도 생생하다. 야자나무 열매를 여러 겹의 줄로 엮어 임시 배를 만든 다음 그 위에 몸을 실어 악마의 섬을 빠져나갈 때 던진 명대사는 가히 압권이다.

"Hey you bastards! I'm still here(이 자식들아! 나 여기 있다)"

도통한 스님의 일갈(一喝)이며 자신의 한계를 뛰어넘은 자의 언어적 유희처럼 들린다. 15살 어린 소년의 가슴을 뛰게 만들었던 그때 그 장면의 모습이 지금의 나를 만들었고 신념까지 바꾸었다. 감동은 나이를 먹지 않는다는 걸 그때 처음 알았다.

장 발장처럼 불행을 몰고 다닌 사람조차도 미리엘 주교에게 단 한 번의 도움은 받았다. 그러나 빠삐용과 앤디는 철저히 배신당했고 구겨졌다. 하지만 그들은 결코 자신의 신세를 원망하거나 한탄하고만 있지 않았다. 오히려 스스로 신을 찾아 나섰다.

O형의 빠삐용과 A형의 앤디가 만든 스토리의 느낌은 다르다. 하지만 그들이 가진 신념의 색깔과 빛깔은 똑같다. 〈빠삐용〉과 〈쇼생크 탈출〉이 만들어내는 감동은 일란성 쌍둥이처럼 서로 닮았다.

거장 헤밍웨이의 소설 《노인과 바다》를 한 줄로 압축하면 똑 떨어지는 명대사 "나는 결코 포기하지 않는다"가 나온다. 한국 최고의 흥행 신화를 기록한 김한민 감독의 출세작 〈최종병기 활〉(2011)에는 "두려움은 직시하면 그뿐, 바람은 계산하는 것이 아니라 극복하는 것이다"라는 명대사가 있다. 또한 미국 남북전쟁 전후의 남부를 배경으로 만든 〈바람과 함께 사라지다〉(1939)에 등장하는 여주인공 스카렛 오하라(비비안 리 분)가 남긴 불후의 명대사 "내일은 내일의 태양이 떠오를 테니까!"라는 말은 어쩌면 빠삐용과 앤디를 찬미하기 위해 만들어진 어록이 아닐까 하는 생각까지 든다.

"빠삐용은 자유를 되찾았다. 그리고 여생을 자유인으로 살았다. 악명 높은 프랑스령 기아나 교도소도 그를 가둘 수 없었다."

"앤디와 수십 년을 보냈지만, 그는 단 하루도 구원을 기다리지 않았습니다. 오히려 하루도 빼놓지 않고 구원을 찾아다녔던 것이죠."

후반부에 나오는 빠삐용의 내레이션과 레드의 내레이션을 통해 들려주는 빠삐용과 앤디의 모습은 한계를 넘어선 자들의 용기가 무엇인지 조용히 알려준다.

■ 위버멘쉬와 자기 극복

위버멘쉬(Uber-mensch)는 독일의 철학자 니체(Friedrich Wilhelm Nietzsche, 1844~1900)의 인간관을 가장 압축적으로 표현한 개념이다. 흔히 '인간을 넘어서' 혹은 '인간을 넘어서다'라는 표면적인 뜻을 가진다. 조금 확대적인 의미로 해석하면 '한계를 넘어선 자'라는 의미도 담겨 있다. 처음에 우리는 이 단어를 니무나 가볍게 '초인(超人)'이라고 해석했다. 당연 확대된 해석이다. 우리가 알고 있는 초인은 흔히 파란색 쫄쫄이에 빨간색 팬티를 입고 하늘을 맘대로 날아다니며 엄청난 힘을 갖고 있는 영화 속 '슈퍼맨(Superman)'의 이미지다. 하지만 니체가 말한 위버멘쉬의 개념은 그런 슈퍼맨이 아니라 인간을 넘어서고, 한계를 극복한 사람. 즉, '오버맨(Overman)'이라는 의미를 갖고 있다.

필자가 알고 있는 한 빠삐용과 앤디 그리고 최배달은 결코 슈퍼맨들이 아니다. 그들은 그저 자신들의 한계에 도전하고 한계를 극복한 사람이며 인간을 넘어선 자들이다. 우리가 그들에게 공감을 보내고 때론 그들의 좌절에 함께 아파하는 것도 어쩌면 그들이 우리와 똑같은 인간이기 때문이다. 위버멘쉬의 '인간을 넘어서'와 '한계를 넘어선 자'가 갖는 일차적 의미는 이렇듯 '자기 극복'과 '자기 초월'이다.

부인과 부인의 정부를 죽였다는 누명을 쓰고 두 번의 종신형을 선고받은 앤디는 600년은 걸릴 것이라고 생각하는 많은 이들의 생각을 뒤집고 단 20년 만에 바람과 함께 사라진다. 쇼생크 교도소의 벽을 조그마한 망치로 판다면 600년은 족히 걸릴 거라고 비아냥거린 사람들의 생각을 완벽하게 뒤집어버린 앤디의 통쾌한 승리는 위버멘쉬 인간형의 전형이다. 또 상어가 보초를 서주고 수십 미터 벼랑 절벽이 요새처럼 버텨 그 누구도 탈출한 적 없었고 탈출하지 못할 거라 장담한 교도소 간수의 말도 농담처럼 만들어버린 빠삐용의 투지는 자기를 넘어선 자라는 뜻을 가진 오버맨의 가장 대표적인 사례다. 그리고 일본의 전설적인 검객 미야모토 무사시처럼 자기 완성에의 고투를 위해 스스로 입산해서 기요즈미산에서 참나무와 폭포의 얼음덩어리, 돌덩어리들을 부수며 1년 반을 극진가라테를 수련하고 전 일본 가라테 대회에서 우승한 최배달(崔倍達, 1923~1994)의 사례는 자기 극복과 자기 초월의 상징이다.

평생을 화가로 실았고 미대 교수로 화려한 출발을 했던 필자가 2006년 전격적으로 폐과를 신청했다. 더 이상 순수예술을 배우려는 학생이 없었기 때문이다. 한동안 심한 정신적 스트레스가 있었다. 우여곡절 끝에 새롭게 시작한 학문이 미술치료였고 상담심리였다. 새로운 학문을 접하면서 내 안에 새로운 잠재력을 확인했고 또 발견했다. 미술치료와 문학치료를 공부하면서 모든 학문이 통섭되는 걸 알았다. 미술과 인문학이 연결되어 있고 인문학과 의학이 연결될 수 있다는 것도 알았다. 10여 년 붓을 놓고 미술과 동떨어진 학문을 하면서 내 안에 새로운 능력을 찾아냈다. 그것은 내 안에 꽁꽁 감춰져 단 한 번도 꺼내본 적 없는 '내 안의 빛'이었다. 학생이 더 이상 오지 않아 새롭게 시작한 공부에서 내 안의 잠재력을 확인했고 '강연'의 새로운 재능까지 발견했다. 벼랑 끝에서 찾은 가능성은 이제 많은 사람들에게 새로운 희망의 증거가 되고 있다.

미술이라는 전공으로 출발해서 미술치료와 문학치료를 공부하고 그리고 '영화 속의 인간심리'라는 강연으로 2회 연속 '인기강의 어워드'를 수상했다는 것에 필자 스스로도 놀랐다. 그것은 내 안의 능력을 제한하지 않고 스스로 한계를 결정짓지 않았던 필자의 열린 마음이 성공의 비결이었다고 생각한다. 그래서 필자의 강연을 듣는 수많은 학생들과 사람들에게 경험과 감동을 있는 그대로 전한다.

"자신의 한계를 절대로 인정하지 마라! 네 안에는 그대가 알고 있는 것보다 훨씬 더 많은 가능성이 존재한다는 것을." 분명한 사실이다.

한계를 깨는 재미있는 사례가 있다. 로저 배니스터라는 마라토너 이야기다. 그는 '마의 4분' 벽을 깬 최초의 인간이었다. 1마일을 미터로 환산하면 1,609미터가 된다. 로저 배니스터라는 마라토너가 활동했던 1950년대에는 인간이 1마일에 4분대의 벽을 깬다는 건 상상도 할 수 없는 일이었다. 의료계와 과학계에서는 "만약 인간이 3분대에 1마일을 주파한다면 과부하된 폐와 심장이 터져버릴 것이다"라고 경고했고 체육계에서는 "우리 인간의 몸은 결코 4분대를 돌파할 수 없도록 만들어져 있다"며 스스로 한계 상황까지 설정했다. 이에 그 누구도 이의를 달지 않았다. 단, 로저 배니스터가 나오기 전까지는 말이다.

그는 유일하게 'Why'를 던진 마라토너였다. 그리고 스스로 그 한계를 극복하기로 마음먹었다. 기존 선수들이 왜 3분대의 벽을 뛸 수 없었는가를 마음의 역학 구도가 아닌 몸의 역학 구도로 분석하고 연구했다. 그리고 스스로 만든 새로운 방식의 1마일을 뛰는 주법으로 연습의 연습을 거듭했다. 단순한 몸의 반복이 아니라 인체의 한계를 극복하기 위해 과학적인 방법을 단거리 마라톤에 적용했다. 기존의 선수들이 1마일을 동일한 에너지 배분으로 뛰었다면 로저 배니스터는 에너지를 적절히 배분하면서 뛰었다. 직선 거리에서는 전력 질주로, 코너링에서는 근육에 휴식을 주는 식으로 말이다. 결과가 궁금한가? 여러분의 예상대로다.

1954년 5월 1마일 경주대회에서 25살 의대생 로저 배니스터는 인류 최초로 1마일을 '3분 59초 04'의 대기록을 달성하게 된다. 물론 그의 폐와 심장은 터지지 않았고 그는 죽지도 않았다. 단지, 호흡이 많이 가빴을 뿐이다. 그의 이 기록은 단순한 기록에 그치지 않았다. 수많은 선수들에게 영감과 자기 극복의 결정적 장면이 되었다. 이후 한 달 만에 10명의 선수가, 1년 후엔 37명이, 2년 후엔 300명이 4분의 벽을 깼다.

"NO FATE(운명은 없다)." 영화 〈터미네이트 2〉(1991)에서 사라 코너가 테이블에 칼로 새긴 글이다. 데빌 카일리스가 사라 코너에게 전해주는 메시지에 이런 글이 있다. "미래는 징해진 게 아니라 우리가 민드는 것이다(The future is not set, there is No Fate but what we make for ourselves)⋯."

결국, 마음이 한계를 만드는 것이다. 나에게 한계를 넘어설 가능성이 있다는 것을 깨달았을 때부터 변화는 시작되는 것이다. 자신의 한계를 절대 스스로 결정짓지 않기 바랄 뿐이다.

▪〈용기〉의 믿음

영화 〈쇼생크 탈출〉에서 노튼 교도소장이 불시에 감방을 수색할 때 앤디는 성경책을 읽고 있었다. 소장이 관심 있는 구절이 있는지 물었을 때, 앤디는 "마가복음 13장 35절, 그러므로 깨어 있어라, 네 주인이 언제 돌아올지, 저녁에 혹은 밤중에 혹은 새벽닭이 올 때 혹은 아침 무렵에 올지 모르기 때문이다"를 말한다. 이 구절의 핵심은 '깨어 있는 자'다. 앤디를 비롯한 빠삐용과 최배달은 모두 어둠에 갇힌 자들이란 공통점이 있다. 그러나 모두가 어둠 속에 잠들 때 그들은 유일하게 깨어 있었다.

빛이 사라진 어둠의 공간. 플라톤은 그곳을 동굴이라 불렀다. 나를 발견하지 못하고 나를 잃어버리는 공간이다. 50년을 채워 가석방 허가로 감옥소에서 출소하게 된 브룩스가 동료 헤이워드를 인질로 잡고 그를 죽이려 하자 동료들이 그를 말려 겨우 불상사는 면하게 된다. "도대체 어떻게 된 일인지 모르겠어요", "영감댕이가 완전히 돌았다니까!"라고 하자 레드는 친구들을 향해 이렇게 말한다.

"브룩스는 안 미쳤어. 교도소에 길들여졌을 뿐이야… 50년을 이곳에서만 있던 사람이야. 바깥세상을 몰라. 이 안에서 그는 중요한 사람이야, 배운 사람이고. 하지만 사회에선 아무것도 몰라. 신경통에 걸린 쓸모없는 전과자지. 밖에서는 도서관 대출증도 못 받을 거야… 하지만 잘 알아둬. 이 철책은 웃기지. 처음엔 싫지만 차츰 익숙해지지. 그리고 세월이 지나면 벗어날 수 없어. 그게 길들여진다는 거야… 종신형을 선고받고 이리와서 삶도 빼앗기게 되지. 삶이라 할 만한 부분을 뺏긴다고."

어둠의 공간에 길들여지고 익숙해지는 순간 우리의 삶이 뺏겨버린다는 레드의 말 속에 어둠이 가진 속성이 잘 드러난다. 빛이 소멸된 절대 공간 '동굴'에서조차도 빛의 세계를 볼 수 있도록 플라톤은 지고지순한 맑은 정신의 세계를 강조했다. 영원불변한 진리의 세계, 현상계를 넘어선 '이데아(Idea)'의 세계가 위버멘쉬의 개념이며 초인의 정신이다. 세상의 빛을 인식하는 눈을 소유하고 있는 인간, 그 빛을 발견할 수 있는 영혼의 눈을 가진 이들이 바로 인간이라고 플라톤은 지적하고 있다. 어둠 속에 갇힌

자들과 깨어 있지 않는 자들에게 희망은 없다. 희망은 믿음에서 나오고 믿음은 신념을 만드니 그것이 바로 위버멘쉬의 정신이다.

"이 세상에는 돌로 만들어지지 않는 곳도 있어요. 그 안쪽까지 저들의 손이 미치지 못하죠. 건드릴 수 없죠! 그게 바로 희망입니다."

음악을 들려주고 2주간 독방에 갇혔다가 나온 앤디가 식당에서 동료들에게 한 말이다. 이 강철 같은 희망은 그의 확고한 믿음에서 나왔다. 믿음이 기적을 만든 것이다.

믿음의 증거가 있다. 바로 욥의 이야기다. 〈욥기〉는 구약성경 가운데 지혜문학을 대표하는 시극(詩劇)이다. 그리고 구약성경 18번째 이야기기도 하다. 동방에서 가장 부유한 자고 의인이라고 일컫는 욥(Job)이 있었다. 그는 신실했다. 사탄이 어느 날 여호와에게 욥으로 하여금 자신의 주인인 여호와를 욕하게 만들겠다고 내기를 제안하고 여호와가 이를 허락한다. 사탄은 즉시 욥을 병들게 하고 재산을 빼앗고 아내와 자식을 죽인다. 그럼에도 불구하고 욥은 여호와에 대한 신앙을 굽히지 않는다. 욥은 고난에 대해 세 친구와 논쟁을 벌인다. 욥은 신실한 신앙으로 친구와의 논쟁에서 승리한다. 결국 폭풍우 속에서 여호와가 나타나 욥에게 대답해준다. 그리고 여호와는 욥에게 축복을 내려 더 많은 재산과 아내 그리고 자식을 주고 욥의 고난 이후 140년을 더 살게 해준다는 내용이다.

〈욥기〉는 욥이라는 인물의 이유 없는 고난을 통해 인간의 고난에 대한 신학적 해석을 시도하고 있다. 욥은 현실의 고통을 부정적으로 생각하지 않았고, 오히려 긍정적으로 해석하여 인간이 가진 한계성과 욕심을 되돌아봄으로써 기쁨의 근원인 창조자를 기억하고 인생의 의미를 생각했다. 또한, 인간 지식의 한계를 깨닫게 하며 시련을 온전한 성숙을 위한 방편으로 삼도록 이끄는 인물로 각인되게 했다.

부모가 가진 재산에 따라 금·은·동수저에서 흙수저까지 미래의 경제적 지위가 결정된다는 '수저 계급론' 시대에 우리는 살고 있다. 이 말은 각자가 가진 열정이나 의지, 가능성은 철저히 배제되며 돈으로 사람을 나눠 계급화하고 한정 짓는 표현이다. 이 말 속에 숨은 의도를 잘 읽어 보면 가능성에 한계를 짓고 체념하는 가오나시의 얼굴을 한 슬픈 마음이 숨어 있다. '이번 생은 망했어'란 뜻의 '이생망', 청년 세대가 처한 각박한 현실로 '대한민국이 지옥 같은 곳'이라는 의미의 '헬조선', '인생의 많은 부분을 포기한 청년'이란 뜻의 'N포 세대'는 어쩌면 이 시대 우리의 어두운 그림자가 만들어낸 괴물인지도 모른다.

"이봐! 해보기는 해봤어?" 고(故) 정주영 회장이 평소에 습관처럼 던진 말이다. '말'이나 '행동'은 보통 '생각'한 대로 나온다. 그 생각의 꼬리를 따라가면 '의식'이 자리 잡고 있고 의식은 '무의식'에 의해 정리된다. 결국 무의식이 말과 행동의 뿌리가 된다는 의미다. 무의식은 곧 '습관'이다. 욥에게 믿음은 습관이자 습관을 넘어선 신념이다.

욥은 어떠한 경우에도 믿음을 의심하지 않았다. 앤디도 그러했다. 그들에게 실패는 있었지만 포기가 없었던 이유도 강한 믿음이 있었기 때문이다. 만약 빠삐용과 앤디 그리고 최배달이 우리들에게 단 하나의 선물을 줄 수 있다면 아마도 사탄의 실험에도 이겨낼 수 있는 강한 믿음을 주었을 것이다.

2

학생들을 변화시킨 감동의 명장면 '베스트 5'

말과 행동은 정리된 생각에 의해 나온다. 생각은 감정이라고 하는 자신 내면의 경험이 만든 정서에 의해 정리된다. 또 그 감정은 정서의 가장 밑바닥에 있는 의식에 의해 만들어진다. 그리고 의식은 무의식의 지배를 받는다. 결국 말과 행동은 무의식의 자연스러운 드러남이 되는 것이다.

우리의 몸과 마음이 움직일 정도의 감동은 결국 내면의 가장 깊은 무의식의 정서를 툭 하고 건드릴 때 비로소 움직이는 것이다. 감동은 인간이 스스로를 치유하고 타인을 이해하고 받아들이는 가장 아름다운 몸짓이다.

발라드의 '끝판왕' 박효신은 음악을 좋아하는 네티즌들 사이에는 거의 신적인 존재로 알려져 있다. '갓효신', '대장님'은 그를 지칭하는 닉네임이다. 매력적인 보이스와 3옥타브를 넘나드는 음역대, 무엇보다도 보이시한 얼굴에 감성이 묻어나는 노래는 많은 사람들을 감동시키고 있다. 도대체 박효신의 노래 속에 무엇이 담겼기에 그토록 많은 사람들이 감동을 받을까? 자칭 박효신 '덕후'라는 한 소녀의 이야기는 우리의 궁금증을 단박에 해소시킨다.

"툭툭 내뱉는 가사와 곡조에서 느껴지는 느낌은 행복한 듯 보여도 저마다의 이유로 외로움, 그리움을 가지고 있지? '나도 같이 외롭고 나도 힘들어. 그래도 이 노래 듣고 힘을 내!'라고 말하는 것처럼 느껴졌어요…"

8집 정규앨범 '별시(別時, 다른 때, 다른 어떤 시간)' 티저 영상 속 첫 화면은 비, 공중전화 부스, 네온 불빛이다. 감성을 오롯이 담아낸 상징들이다. 혼자 있어도 외롭다는 인간의 기본 정서를 어루만지는 콘셉트다. 그의 목소리와 멜로디는 외로움을 정확히 관통하고 있다. 흑백으로 처리된 얼굴, 눈이 보이지 않는 모호성이 가져다주는 환상적인 이미지. 그리고 얼굴에 겹쳐진 별빛은 〈아바타〉의 메인 포스터 이미지처럼 몽환적이다. "너만 외로운 게 아냐, 두려워하지 마! 나도 외로워, 그러니 걱정하지 말아! 항상 네 곁에 내가 있어줄게."

유튜브에 가면 박효신의 〈야생화〉를 듣고 그를 모르는 전 세계의 많은 사람들이 감동을 받고 눈물을 흘리는 동영상이 있다. 그들은 박효신이 부르는 〈야생화〉의 노랫말을 모른다. 그럼에도 불구하고 그들의 반응은 국내 팬들과 하나도 다르지 않다. 온몸에 전율을 느끼는 시점과 반응시점까지 똑같다. 기막힌 노릇이다. 가사의 전달력보다 시각적 정보와 청각적 정보가 사람들의 정서를 자극해서 훨씬 더 많은 감동을 만들어낸다는 심리학자 메라비언 교수의 이론이 맞았음을 증명해주는 대표적인 사례다.

목소리와 몸짓에 묻어 있는 진정성의 힘이 사람들을 감동시키고 변화시키는 것이다. 노래에는 이성을 잠재우고 감성을 깨우는 힘이 있다. 언어가 다르다는 것이 그래서 문제가 되지 않는다. 영화 속에 담긴 영상이 만들어내는 스토리와 사운드의 힘이 그래서 중요한 것이다.

영화를 통해 학생들을 변화시키는 시도는 영화 속에 압축되어 있는 감동적인 메시지를 얼마나 진정성 있게 풀어내느냐에 달렸다. 감동의 스토리는 머리가 아닌 가슴으로 풀어야 제맛이다.

영화 〈쇼생크 탈출〉에는 많은 감동이 숨어 있다. 너무 많아 몇 개를 꼭 집기엔 아쉬움이 남는다. 부인이 바람을 피운 후부터 꼬여버린 앤디의 운명은 비극의 타이밍도 극적이다. 벼락에 맞을 확률보다 더 적은 부인과 정부를 죽였다는 누명의 상황도 그렇고 호모들의 추잡한 접촉도 그렇고 끝이 보이지 않는 희망도 그렇다. 단 하나도 앤디에게 유리한 상황이 없다.

이토록 철저하게 파괴되고 하늘마저 포기한 듯 보이는 가련한 앤디가 역설적이게도 자신의 모든 것을 잃어버린 순간, 바로 그때부터 새로운 도전(탈출)을 꿈꿨다는 것이다. 물 흐르듯 진행되는 영화의 속도와 분절된 영화의 전개 때문에 처음부터 앤디의 속뜻을 헤아리긴 힘들다. 그래서 감독은 맨 마지막에 앤디의 탈출 장면을 거꾸로 뒤집어서 친절하게 바둑의 복기처럼 설명하듯 보여준다. '아하! 그래서 앤디가 레드와 친해진 즈음 1940년대 최고의 배우인 리타 헤이워드의 대형 포스터를 구해달라 했구나.' 나중에 무릎을 치며 감탄한다. 헤이워드의 대형 포스터는 탈출하기 위해 파는 동굴 입구를 가릴 수 있는 최적의 가림막이었던 것이다.

이후에 진행되는 모든 행보는 철저히 탈출을 위한 액션이다. 물론 대중은 그것도 나중에 깨닫는다. 철저히 계산된 움직임이었지만 결코 이기적이지 않았고 사람들을 기만하지 않았다. 오히려 상대를 도왔고 감동을 선물했다. 자신을 중심에 두지 않았고 상대를 중심에 두었다. 그저 작은 일에도 최선을 다했을 뿐인데 모두는 감동을 받았고 변화하기 시작했다. 앤디의 지극한 정성과 진정성이 사람을 움직였고 결국엔 하늘까지 감동시켰다. 정성은 《중용》 23장에 나오고, 진정성은 〈누가복음〉 11장에 나온다.

"내가 또 니희에게 이르노니 구하라 그리면 너희에게 주실 것이요. 찾으라 그리면 찾아낼 것이요. 두드리라 그리면 너희에게 열릴 것이니 구하는 이마다 받을 것이요 찾는 이는 찾아낼 것이요 두드리는 이에게는 열릴 것이니라."

〈누가복음〉에 나오는 진정성의 압축본이다. 진정성에 관한 이야기는 브라질의 유명한 소설가 파울로 코엘료의 《연금술사》에도 나온다.

"만약 당신이 무엇인가 소원을 가지고 있다면 당신이 할 수 있는 최고의 진정성을 담아서 기도하라, 그러면 우주의 기운이 당신을 도와줄 것이다."

그것이 비밀이라면 비밀이다. 자유를 찾는 절대 비밀! 신장의 크기가 아닌 심장의 크기로 산 자들만 알 수 있는 절대 비밀! "용감해져라. 위험을 감수해라. 어떤 것도 경험을 대체할 수 없다"는, 주저하는 우리를 위해 파울로 코엘료가 우리들에게 던진 메시지다.

즐김이 만든 기적 **직면**

꿈조차 꿀 수 없는 가혹한 현실 앞에 놓인 사람들에게 툭 던지듯 내뱉는 희망과 꿈이란 단어는 그들을 조롱하는 미사여구며 사치다. 장롱속에 오랫동안 구겨진 채 방치되어 손으로 펴지지도 않는 말라비틀어진 청바지처럼 쇼생크의 모든 죄수들에게 희망은 버려진 청바지였다.

레드와 앤디가 가까워질 무렵 레드는 앤디를 몰래 빼내서 외부 건물 방수작업 지원을 나가는 데 동참시킨다. 옥상 방수를 하는 도중 앤디는 간수들의 이야기를 우연히 듣는다. 쇼생크 역사상 가장 악독하다는 하들리 간수장이 상속세와 관련된 이야기를 하면서 동료들에게 자신의 넋두리를 늘어놓는 중이었다.

방수를 하다 말고 간수장에게 다가가 갑자기 말을 붙이자 하들리는 앤디를 죽이겠다고 협박한다. 일촉즉발의 순간 앤디는 자신이 상속세를 절감시키는 방법을 알고 있으니 해결해주겠노라고 이야기하면서 위기를 모면한다.

"하들리 씨, 부인을 믿으세요? 당신을 배신 안 할거냐는 거죠. 부인을 믿는다면 3만 5,000달러를 가질 수 있죠. 부인에게 증여하면 6만 달러까지는 세금을 안 내죠."

"널 믿으라고?"

"합법적입니다. 직접 세무서에 가서 알아보세요. 비용이 많이 들지요. 세무 양식만 구해오면 제가 다 해드리죠. 대신 동료들에게 맥주 3병씩만 주세요. 야외에서 일하는 남자들은 맥주 한 잔에 더 일할 맛이 난다는 게 저의 생각입니다."

1949년 봄 작업이 끝나기 전날에 지붕 보수작업을 했던 죄수는 모두 아침 10시에 한 줄로 나란히 앉았고 쇼생크 교도소 역사상 최고로 고약했던 간수가 제공한 얼음처럼 차가운 맥주를 마시게 되었다. 쇼생크 감옥이 생긴 이후 처음 있는 일이었다. 그들은 마치 자유인처럼 햇빛 아래에서 맥주를 마셨고 세상에 부러울 게 없었다. 그런데 앤디는 휴식시간 동안 그늘에 앉아서는 뜻 모를 미소를 지으며 다른 사람들이 맥주를 마시는 걸 지켜보고 있었다.

앤디의 이런 용기는 도대체 어디서 나왔을까? 한계를 즐기지 않으면 나올 수 없는 최고의 경지다. 물론 앤디는 자신을 위해 그 어떤 대가도 바라지 않았다. 오히려 더욱 철저히 자신을 버렸다. 비움으로 비로소 채울 수 있다는 간단하지만 위대한 진리를 여기서 만나게 된다. 〈쇼생크 탈출〉이 준 첫 번째 감동이며 선물이다.

간수장으로부터 시작된 세금 절세가 동료를 넘어 이웃 교도소의 간수들로까지 확대되었다. 체육대회를 핑계로 1년에 한 번 아이들의 교육비를 절감받으려는 간수들로 앤디가 있는 교도소는 문전성시다. 명성의 크기만큼 자유도 함께 커졌다. 일반 죄수에서 직책을 가진 죄수로 신분이 바뀐다. 간수들을 도와준 대가 치곤 나쁘지 않다.

처음 그가 맡은 직책은 교도소 간이도서관 관리보조다. 물론 그곳에는 터줏대감 브룩스가 있다. 도서관을 확장하려는 앤디에게 브룩스는 소장이 6번이 바뀌어도 아무도 그런 데는 관심이 없었다고 말한다. 앤디는 브룩스와 소장의 비아냥거림에도 아랑곳하지 않고 매주 편지를 쓴다. 노튼 소장의 답장은 없었다.

은행 간부였던 그를 손쉽게 활용하려 들어간 도서관에서 앤디는 아무도 상상하지 못했던 작은 변화를 몸으로 실천해 보인다. 소장이 6번 바뀌는 동안 그 누구도 관심을 갖지 않았던 작은 도서관의 변화를 말이다. 얼핏 그 작은 도서관 하나 바꾸는 게 무슨 큰 대수냐고 말할 수 있을지 모르겠다. 그건 앤디가 무슨 일을 했는지 몰랐을 때 말이다.

앤디는 쇼생크의 작은 도서관을 바꾸기 위해 매주 주 의회에 도서관 기금 마련과 복지 개선을 요청하는 편지를 무려 6년을 썼다. 그리고 6년의 기다림 끝에 결국엔 200불의 돈과 서적을 비롯한 LP판을 기증받는다.

기가 막힌 건 바로 이때다. 6년간 편지를 쓰고 나서 받은 고작 200달러와 책들을 보며 앤디가 던진 첫 마디는 "와우 6년밖에 안 걸렸네?"였다. 충격이 채 가시기도 전에 앤디의 연타석 홈런 같은 감동 멘트는 계속된다.

"이젠 매주 두 통씩 보낼 거예요." 어떻게 이런 생각을 할 수 있을까! 고민하는 순간 옆에 있는 간수가 정답을 말한다. "너 같이 미친놈은 할 수 있겠지."

그렇다. 앤디는 철저한 아웃사이더다. 인사이더의 생각과 관습으로 살아온 사람들은 결코 넘을 수 없는 아웃사이더의 반란이 어쩌면 세상을 이렇게 변화시켰는지도 모른다. 길들어진 채로 살다가 스스로 목숨을 끊은 브룩스가 세상에 남긴 말은 단 한 문장. 이름 없는 여관 거실 지주목에 스스로 새긴 묘비명.

"BROOK WAS HERE(브룩스 여기 있었다)."

앤디의 지독한 아웃사이더의 정신과 체 게바라를 연상시키는 실천하는 리얼리스트 정신이 프랭크 다라본트 감독이 앤디를 통해 전하고자 했던 메시지는 아니었을까? 두 번째 영화의 감동은 스치는 바람처럼 왔다.

▪ 즐김이 만든 기적 **즐김의 미학**

주섬주섬 꺼낸 책들 사이로 오래된 LP판을 꺼냈다. 모차르트의 〈피가로의 결혼〉이다. 잠시 혼자 감상을 하다 무슨 생각이 들었는지 갑자기 문을 잠그고 전원을 켠 후 스피커를 통해 자신이 듣던 음악을 교도소 전역에 보내버린다.

생리적 욕구와 안전의 욕구만 겨우 달래주는 교도소에서 음악은 사치였고 금지였다. 음악은 자유와 희망의 상징이었다. 쇼생크의 회색 공간 안에서 자유와 희망은 허락되지 않았다. 교도소는 철저히 어둠의 공간으로 남아야 했기 때문이다. 그래서 앤디의 행위는 도발이었고 질서에 대한 도전이었다. 레드의 말을 통해 우린 음악이 주는 의미를 읽을 수 있다.

"난 지금도 그 이탈리아 여자들이 뭐라고 노래했는지 모른다. 사실은 알고 싶지 않다. 모르는 채로 있는 게 나은 것도 있다. 난 그것이 말로 표현할 수 없고 가슴이 아프도록 아름다운 얘기였다고 생각하고 싶다. 그 목소리는 이 회색 공간의 그 누구도 감히 꿈꾸지 못했던 하늘 위로 높이 솟아올랐다. 마치 아름다운 새 한 마리가 우리가 갇힌 새장에 날아 들어와 그 벽을 무너뜨린 것 같았다. 그리고 아주 짧은 한순간 쇼생크의 모두는 자유를 느꼈다."

물론 앤디의 무모한 시도는 좌절되었지만 쇼생크의 모든 이들에게 자유를 선물했다. 앤디는 쇼생크 교도소 30년 역사 동안 단 한 번도 알려준 적 없었던 자유의 의미를 일깨워준 유일한 사람이 되었다. 그것이 나의 세 번째 감동이다.

노래 한 곡을 들려준 대가는 가혹했다. 2주간의 독방행. 빠삐용의 두 차례 독방 7년에 비하면 조족지혈이겠지만 쇼생크의 동료들은 1주가 1년 같았다고 할 만큼 가장 가혹한 벌이라고 생각했다. 2주간의 독방을 마치고 동료들이 모여 있는 식당에 온 앤디를 동료들은 지휘자 양반이 왔다고 놀려댄다. 그리고 노래 한 곡으로 독방에 갈 가치가 있었느냐고 묻는다.

이에 앤디는 충분했다고 대답한다. 한 주가 1년 같았다고 생각하는 동료들에게 앤디는 모차르트 씨가 친구가 되어주었다고 말한다. 그러자 옆에 있는 동료가 독방에 축음기를 갖고 들어갔냐고 묻는다. 그러자 앤디는 자신의 손으로 머리를 가르키며 "이 안에 음악이 있었어!"라고 손짓하고 곧 가슴을 툭 치며 "이 안에도!"라며 자신의 가슴을 가르킨다.

와우! 어떻게 이런 장면을 넣을 생각을 했을까? 다라본트 감독의 연출력에 감탄하지 않을 수 없다. 많은 사람들이 〈쇼생크 탈출〉 최고의 명장면을 앤디가 탈출한 직후 웃옷을 벗어던지며 하늘을 향해 두 팔을 벌리는 장면을 꼽는데 필자는 바로 이 장면을 최고의 명장면이라고 강좌를 듣는 이들에게 힘주어 말한다. 카타르시스의 극치라고 말이다. 말로 표현할 수 없는 감동의 '끝판왕'이자 네 번째 감동이다.

다섯 번째 감동은 상황으로 시작해서 상황으로 끝난다. 학생들을 대상으로 강연을 할 때면 필자가 빼지 않고 하는 말이 있다. 몸이 전하는 말의 의미를 절대로 간과하지 말라고 말이다. 몸은 비지시적 언어의 가장 상징적인 표현이다. 사람을 볼 때 세 가지만 잘 봐도 그 사람의 됨됨이를 알 수 있다. 먼저 옷은 그 사람 인격의 드러냄이며 몸은 그 사람이 살아온 이력서이고 눈빛은 신념의 표현이라고⋯. 영화 속에서 보았던 앤디의 이미지는 레드의 독백 속에서 읽을 수 있다.

"그는 어딘가 조용한 면이 있었다. 다른 죄수와 다르게 걷고 다르게 말했다. 그는 마치⋯, 세상 걱정 없이 공원을 산책하는 사람처럼 걸었다."

레드의 눈에 비친 앤디의 모습이다. 죄수의 신분으로 공원을 산책하는 사람의 행동과 눈빛은 어떤 모습일까? 분명 직면의 에너지와 즐김의 에너지를 갖지 않았으면 결코 나올 수 없는 모습이었을 것이다.

영화의 탈출 엔딩 부분은 앤디가 몸으로 보여주는 감동의 결정체다. 20년을 처음같이 행동한 후 드디어 천둥과 폭우가 몰아치는 칠흑 같은 어두운 밤을 탈출의 디데이로 잡았다. 그의 탈출을 알고 있는 사람은 한 명도 없다. 20년을 형제처럼 지냈던 레드도 까맣게 모를 정도였으니 철저하고 완벽한 준비는 혀를 내두를 정도다.

물리적으로 쇼생크를 탈출하기는 쉽지 않다. 우리가 그를 이상주의자로 보지 않고 리얼리스트라고 보는 이유도 여기에 있다. 탈출을 위해 필요한 것은 로비스트로서의 능력이 아니라 쇼생크의 벽을 뚫는 현실적 능력이란 걸 앤디는 너무도 잘 알았다.

그래서 그는 새로운 공부를 한다. 바로 지질학이다. 지질학은 압력과 시간의 싸움이다. 앤디의 집념과 신념이 대단하다고 생각하는 것은 바로 이것 때문이다. 은행 행정전문가가 지질학자로의 변신은 리얼리스트가 되지 않고서는 결코 해결할 수 없는 부분이기 때문이다. 탈출은 이상이 아니라 현실이다.

2012년 10월 14일에 오스트리아 출신의 유명한 스카이다이버인 펠릭스 바움가르트너가 지상 39킬로미터에서 맨몸으로 뛰어내려 언론의 주목을 받았다. 맨몸으로 음속을 돌파한 최초의 인간이라는 수식어와 맨몸으로 가장 높은 성층권에서 뛰어내린 위험천만한 도전에 성공한 최초의 지구인이란 영광도 함께 누렸다.

그러나 이걸 조금만 뒤집어 읽어보면 이 도전이 얼마나 무모한 도전인가 단박에 알 수 있다. 영하 56도의 저온과 시속 1,000킬로미터가 넘는 속도 때문에 생기는 공기의 저항을 견뎌야 한다. 즉, 목숨을 건 도전 정신은 필수라는 뜻이다.

또 성층권과 대류권이 만나는 지점인 1만 8,000미터 상공에서 '플랫 스핀' 현상이 일어나 몸이 갑자기 회전하는 것 때문에 웬만한 사람들은 추락 도중 정신을 잃어버리게 된다는 것이다. 추락 도중 정신을 잃는다는 것은 낙하산을 펴지 못한다는 뜻이고 이것은 곧 죽음을 의미한다. 철저한 준비와 훈련 없이는 엄두도 낼 수 없는 도박에 가까운 도전이다. 39킬로미터에서 지구까지 떨어지는 데 걸린 시간은 자유 낙하 4분 20초, 낙하산 낙하 15분, 총 19분 20초가 걸렸다. 그는 이 19분의 시간을 위해 무려 5년을 준비했다.

앤디가 탈출하는 밤에 천둥과 번개를 동반한 폭우가 내렸다. 그의 탈출을 도운 조력자는 아무도 없었지만 모든 자연이 앤디를 도왔다. 그가 탈출할 때 그의 흔적을 깨끗이 지워줄 장대 같은 비를 내려주었고 하수관을 깨기 위해 내려칠 때 나는 소음은 천둥 소리가 완벽하게 막아주었다. 감옥 벽은 앤디를 위해 풍화되었다. 이 모든 것은 스스로 구원을 찾는 자에게 의지의 신이 건네는 도움의 손길이다. 물론 우리는 앤디가 아니다. 예외 없는 브룩스며 레드다.

〈쇼생크 탈출〉은 언젠가 당신에게 그런 계기가 온다면 당신도 앤디 같은 사람이 될 수 있다고 격려하는, 몸이 말하는 영화다. 다섯 번째 감동은 자유의 길목에 있었다. 20년의 준비와 기다림. 다음은 자유였다.

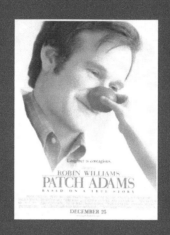

"다른 이들이 못 보는 걸 봐! 모든 이들이 보기 원하지 않는 걸 봐…,
두려움과 순응과 게으름 때문에…,
매일 세상을 새롭게 봐!"

아더

무한 긍정의 힘

패치 아담스

Patch Adams │ 제작 1998년 │ 감독 톰 새디악 │ 출연 배우 로빈 윌리엄스, 모니카 포터 영화 〈패치 아담스〉는 미국의 유명한 내과 의사인 헌터 캠벨 아담스(Hunter Campbel Adams, 1945~)의 실화를 각색해 만든 영화다. 실제로 미국 뉴저지에서 개원을 했으며 '괴짜 의사' '광대 의사'로 유명하다. 유년 시절 불우한 가정환경으로 심한 우울증을 겪었으며 그것이 스스로 정신병원에 들어가게 되는 계기가 된다. 삶의 목표와 의미를 잊어버린 자의 슬픔을 충분히 공감한다. 가난을 운명으로 받아 이 땅에 태어난 이 시대 젊은 청춘들이 공통적으로 느끼고 있는 감정이기 때문이다. 영화 〈패치 아담스〉는 주인공 패치가 정신병원에 입원하는 것으로 시작한다.

절망과 좌절, 부정과 허무가 휘두르는 채찍에 심장을 다쳐버린 버림받은 영혼의 패치는 꺾여버린 영혼을 치유하기 위해 스스로 정신병원에 입원한다. 정상이 아닌 사람들이 생활하는 치유의 공동 공간, 우리는 그곳을 정신병원이라 부른다. 아웃사이더들이 모여 있는 그곳에서 역설적으로 패치는 의외로 활력을 찾아간다. 정상적인 사고의 틀을 벗어난 그들의 사고와 가식 없는 행동을 보고 스스로를 철저히 가두었던 부정의 껍질을 하나씩 깨트린다. 죽음의 벼랑 끝에서 희망의 노랑나비를 찾았고 지옥에서 천사의 나팔소리를 들은 격이다. 정상과 비정상의 차이가 무엇이고 어떤 삶이 진실된 삶인지를 정신병원에서 깨달은 것이다. 원효가 당나라의 구법(求法) 여행을 가던 중 해골바가지에 담긴 물을 마시고 동굴에서 깨달음을 얻은 것처럼 말이다.

사람들을 돕고 싶다는 마음을 실천하기 위해 패치는 정신병원에서 나온 지 2년 후 버지니아 의과대학에 입학한다. 사람들의 정신까지 치료하는 진정한 의사의 길을 위해서 말이다. 3학년부터 환자를 만날 수 있다는 대학의 규정을 무시하고 괴짜 행동과 장난기로 환자에게 다가간 그에게 학교는 몇 번의 경고를 내린다. 하지만 그는 자신의 신념을 실천하기 위해 산 위에 있는 집을 개조해서 다른 의대생 친구들과 함께 가난한 이들을 위한 무료 치료소까지 세운다.

세상에 비밀은 없는 법. 의사 면허증도 없이 진료 행위를 한 사실이 학교 측에 발각되고 사랑하는 연인 캐린(모니카 포터 분)마저 정신이상 환자에게 살해당하는 사고를 겪자 또 한 번 상실을 느끼며 자살 충동에 직면한다. 하지만 죽음의 벼랑 끝에서 만난 희망의 나비를 보며 생명의 의미와 삶의 의미를 자각한다. 평소 나비를 좋아했던 캐린이었다. 자살의 순간에 만난 노랑나비는 패치에겐 바로 캐린의 투사였던 것이다. 이를 절대로 죽어서는 안 된다는 메시지로 받아들인 패치는 다시 학교로 돌아와 자신의 신념을 완성하겠다는 의지를 불태운다. 결국 고지식한 윌컷 학과장의 퇴학 처분에 맞서 싸우며 당당히 졸업한다.

영화의 큰 흐름은 패치의 인생 스토리를 씨줄로 패치가 만들어가는 웃음의 스토리를 날줄로 이어지며 소소한 감동을 완성해가고 있다. KBS에서 특별 기획으로 제작한 다큐멘터리 〈마음〉이란 프로그램에 〈패치 아담스〉에 관한 이야기가 인터뷰 형식으로 실렸다. 패치는 환자를 대상으로 돈을 번다는 의사와 환자의 관계 아래에서는 절대로 병을 치유하는 과정이 근본적으로 일어날 수 없다고 말했다. 또한 의사와 환자의 가장 바람직한 관계는 친구가 되어야 하며 의사가 환자에게 해주어야 할 일은 치료가 아니라 돌보는 것이라고 주장했다. 만약 환자가 고통 속에 찾아왔다면 인간 대 인간의 만남으로써 그의 고통을 이해하고 쓰다듬고 어떻게 하면 고통을 줄여줄 수 있을 것인가를 고민해야 한다고 말했다. 충분히 공감 가는 이야기고 맞는 말이지만 현실에서는 절대로 본 적도 없고 적용할 수도 없는 이상적 관계의 설정이라 가슴에 쉽게 와 닿지는 않는다.

하지만 한걸음 들어가 생각해보면 우리가 잘 알고 있는 조선 최고의 명의인 허준도 병증에 집중하지 말고 병의 원인을 보아야 한다고 말하지 않았던가? 패치는 모든 병의 근원을 외로움에서 찾았다. 자신처럼 말이다. 결국 그는 병의 근원인 외로움을 치료하는 데 많은 노력을 기울였고 자신이 찾은 처방전이 바로 '웃음'이었다. 가끔 뜨거운 질문이 들어온다. "그럼 패치는 절대로 약을 처방하지 않았습니까?" 그 질문에 대한 대답은 간단하다. 약을 전혀 처방하지 않는 것이 아니고 최소한의 약으로 처방했다는 뜻이다.

시선을 바꿔보자. 팍팍하고 칼칼한 세상에서 살아가기가 쉽지 않다. 영화 〈예스맨〉의 칼 알렌(짐 캐리 분)이 그렇다. 그는 부인과 이혼한 뒤 시니컬하고 답답하게 살아가는 웃음기 쫙 빠진 현대인의 전형이다. 그래서 그가 선택한 삶의 방식이 부정이다. 어쩌면 부정은 답답하게 살아갈 수밖에 없는 칼이 선택한 최선의 자기방어인지도 모른다.

하는 일마다 인생이 꼬여버린 어떤 사람이 자신의 인생을 바꾸기 위해 거꾸로 살아보기로 결정했는데 그렇게 안 풀리던 운명이 풀리기 시작했다는 웃지 못할 사연이 우연히 라디오에서 흘러나와 한참을 웃었다. 바로 그 이야기가 실제 코믹 영화로 나온 것이다.

웃기지만 웃지 못하는 이유는 거꾸로 살 용기조차 없는 우리들의 자조 때문이다. 거꾸로 사는 것에도 용기가 필요하다. 용기 없이 살아가는 우리들에게 〈예스맨〉의 칼은 우울하게 사는 걸 선택할 수 있는 사람은 웃으면서도 살 수 있는 용기를 가진 자들이라고 말하고 있다.

〈패치 아담스〉와 〈예스맨〉

흔히 천재와 바보의 차이는 종이 한 장 차이라고 한다. 하지만 진짜로 종이 한 장 차이는 긍정과 부정의 생각을 나누는 마음의 한 끗 차이다. 그 짧은 간극을 바꾸지 못해 우리는 방황하고 괴로워한다. 〈패치 아담스〉(1999)와 〈예스맨〉(2008)은 그런 사람들에게 권하는 사이다 같은 영화다. 어릴 적 아버지가 읽어보라고 권유한 책 중 기억에 남은 서적이 딱 두 권 있다. 한 권은 데일 카네기의 《카네기 성공론》이고, 다른 한 권은 하루야마 시게오의 《뇌내혁명》이다. 서로 다른 색깔의 책이었지만 지독한 흙수저에다 미래까지 불확실한 필자의 사정에 딱 맞는 책이라 모르긴 해도 수십 번은 반복해서 읽었던 기억이 생생하다. 재산은커녕 심지어 아버지가 진 빚의 일부까지 대신 갚아야 했지만 힘들다고 생각하지 않았던 것도 지금 돌이켜보면 이 두 권의 책이 준 긍정의 힘 덕분이었다. 돈으로 환산할 수 없는 무한대의 신념과 긍정을 아버지는 아들에게 선물해준 것이다. 감사하고 또 감사하다.

〈패치 아담스〉는 1969년 불행한 가정환경에서 자라나 자살 미수로 스스로 정신병원에 입원한다. 삶의 목표를 잃고 자괴감에 빠져 있던 그를 다시 일상으로 돌려보낸 건 정신과 의사가 아니라 뜻밖에 정신병원의 동료였다. 그는 그들을 돕는 과정에서 삶의 의미를 발견하게 된다. '상처를 치유하다'라는 뜻의 '패치(Patch)'는 함께 입원한 대기업 회장의 종이컵이 새는 걸 테이프로 막아주며 얻은 별명이다. 그렇게 그는 자신이 사람들을 즐겁게 도와줄 때 생존의 분명한 이유가 생긴다는 걸 깨닫고 버지니아 의과대학에 입학한다. 의대에서 예측을 불허하는 행동과 기행으로 한때 퇴학당할 뻔한 위기도 있었지만 의학에 대한 높은 열정과 환자들을 대하는 진정성의 재평가로 무사히 졸업을 하게 된다는 스토리다. 헌터 캠벨 아담스라는 실존 인물을 영화화한 〈패치 아담스〉는 '웃음치료'라는 새로운 치료의 장을 개척한 인물로 평가받고 있다.

짐 캐리 주연의 〈예스맨〉은 전형적인 코미디 영화다. 습관적으로 'NO'를 외치던 대출회사 상담 직원인 칼 알렌은 태생적으로 부정적인 남자다. 하지만 우연히 친구의 권유로 '인생역전 자립프로그램'에 참여하면서 인생이 180도 바뀐다는 설정의 영화다. 권투처럼 가볍게 던지는 잽 같은 영화지만 생각보다 충격은 크다. 〈패치 아담스〉와 〈예스맨〉은 세상을 너무 무겁게 사는 걸 경계한다. 웃으며 긍정적으로 살기를 권하지만 그렇다고 그것이 결코 세상을 가볍게 보라는 의미는 아니다. 삶의 의미를 잃어버리고 실의에 빠져 있는 사람들에게 다른 관점으로 세상 보기를 권유하는 영화다. 세상은 양면의 얼굴을 가지고 있다. 어두운 면을 볼 것이냐, 아니면 밝은 면을 볼 것이냐. 선택은 항상 살아가는 자의 몫이다.

1

내 안에 생존의 이유,
긍정

2015년에 우리나라를 깜짝 놀라게 한 살인사건이 일어났다. 그 사건은 내 안의 부정적 사고가 얼마나 중요하고 큰 파장을 불러일으키는 일인지 단적으로 알려주는 바로미터였다. 바로 서초동 세 모녀 살인사건이다. 범인은 곧 체포되었지만 너무나 뜻밖에 세 모녀를 살해한 사람이 바로 그 집의 가장 강모(48) 씨로 밝혀져 우리 사회는 벽두부터 충격에 빠졌다. 강 씨는 명문 사립대를 졸업하고 서울 강남 한복판에 44평형 크기의 아파트를 소유하고 있으며 차도 외제차 1대와 국산차 1대를 소유할 만큼 부유층 생활을 해온 것으로 알려져 더욱 주위 사람들을 놀라게 했다. 갑작스러운 실직 상태에 자기 삶을 유지하지 못하는 데서 오는 '상대적 빈곤'의 불안 심리와 부정적 사고가 불러온 참극이었다.

행복을 너무 다른 사람들의 기준과 시선에 맞추고 경쟁하듯 살아온 우리의 치열한 삶의 현주소를 보여주는 것 같아 씁쓸하기까지 했다. 행복의 기준이 사회적 지위와 호주머니에 들어 있는 돈의 양으로 결정되는 가치 기준이 바뀌지 않는 한 이러한 일들은 일상처럼 일어날 것 같다. 경쟁에서 이기는 연습만 죽도록 한 우리 사회가 이제는 진정한 행복의 가치에 대해서도 배워야 할 때가 왔다는 생각이 든다. 최근 들어 법정 스님의 실천적 법문인 《텅 빈 충만》의 화두가 이렇게 크게 와 닿은 적도 없었던 것 같다.

　이에 반해 행복의 기준이 금전의 양과 사회적 지위에 있는 것이 아니고 가난하지만 즐거움과 의미가 만나는 곳에 있다는 긍정 사고의 대표적 사례도 있다. '설악산의 달인 임기종' 씨의 이야기다. 그는 설악산을 삶의 터전으로 살아가는 상인들과 사찰에 필요한 생필품을 실어다주고 품삯을 받는 지게꾼이다. 요즘 우리나라에 무슨 지게꾼이 있냐고 반문할 사람도 있을 것 같다. 그러나 분명한 사실은 임기종 씨는 40년 동안 설악산에서 지게꾼으로 일했다는 사실이다. 이미 사라지고 없는 역사 속 지게꾼의 이야기가 21세기를 살아가는 현대인들에게 오히려 교훈이 된다는 사실이 역설적이다. 157센티미터밖에 되지 않는 작은 키, 58킬로그램밖에 나가지 않는 가냘픈 몸으로 하루에 적으면 4번, 많으면 12번이나 설악산을 올랐다. 자기 몸무게의 두 배 가까운 물건을 매번 지고서 말이다.

　등산을 취미로 하는 일반인들도 한 번 정도 오르면 힘들어서 두 번은 못 오르겠다고 손사래를 치는 곳이 설악산 아니던가? 남들에게 힐링의 공간이자 취미의 장소가 그에겐 삶의 터전이자 자신의 모든 것이었다. 자신 몸보다 더 크고 무거운 냉장고를 지고 가는 그의 모습을 보노라면 경외감마저 든다. 과연 인간의 한계는 어디까지일까? 참스승이 화석이 되어버리고 박제가 되어버린 거짓과 위선의 세상에서 진실을 몸으로 말하는 참된 구루(Guru)의 모습을 본다. 그런데 우리를 더욱 당황하게 만들고 한 방에 초라하게 만들어버리는 사연은 지금부터다. 이렇게 해서 그가 버는 돈이 한 달에 150만 원 정도. 한 가족이 살기에는 턱없이 부족한 금액이지만 그는 충분하다고 했다. 아내가 장애인이라 정부로부터 생활 보조비를 받기 때문에 부족한 가운데서도 생활이 가능하고, 술과 담배를 안 하고 허튼 곳에 돈을 쓰지 않으니 먹고사는 데 불편함이 없다고 한다. 그의 긍정적 사고에 말문이 막히고, 겸양에 질문하는 사람을 졸지에 당황하게 만들어버린다. 사람들이 그를 '작은 거인'이라고 칭송하는 데는 다 이유가 있었다.

그렇게 힘들게 일해서 번 돈을 자신과 가족을 위해 전부 사용하지 않고 오히려 자신보다 더 어려운 사람들을 위해 사용하기 때문이다. 10년이 넘게 장애인 학교와 장애인 요양시설에 생필품을 지원하고 있고 한걸음 더 나아가 독거노인까지 보살피고 있다고 한다. 지금까지 그가 기부한 돈이 수천 만 원이 넘는다고 했다. 돈 많은 자들에게 임기종 씨가 기부한 수천만 원의 돈은 적을지도 모른다. 그런데 그 돈이 설악산을 하루에도 수십 번씩 오르내리면서 그의 땀과 정직한 근육의 대가로 벌어들인 돈이라고 생각하면 이야기가 다르다. 돈의 가치가 다르고 무게가 다르고 크기가 다르다. 어찌 그 앞에서 돈의 양을 논할 수 있겠는가?

많은 것을 가지고 있음에도 상대적 박탈감으로 자식과 아내를 죽여야 했던 사람과 적은 돈에도 불구하고 정신지체 2급의 아내와 정신장애 아들까지 보살피고 수많은 불우 아이들과 독거노인까지 돌보는 임기종 씨의 생각의 크기에 저절로 고개가 숙여진다. 임기종 씨가 보여준 긍정의 몸짓이 전하는 정직한 이야기는 칠흑같이 어두운 세상을 비치는 내가 본 가장 밝은 빛이다.

이쯤 되면 긍정과 부정의 생각을 만들어내는 생각의 세계가 매우 궁금해진다. 긍정과 부정의 채널을 바꾸는 주체는 과연 누구며 또 무엇일까? 긍정심리학이란 새로운 심리이론 분야를 개척한 마틴 셀리그만도 한때 우울증과 자포자기의 심정을 가지고 산 적이 있었다. 알코올 중독에 빠져 세상을 원망하며 끝없는 나락에 빠져든 아버지의 모습은 유년 시절 그토록 지우고 싶었던 과거의 초상이었다.

시간이 흐른 뒤 박사 과정 중에 있던 그는 1967년 어느 날 미국 펜실베이니아 대학의 심리학과 연구실에서 개에게 특정한 주파수의 소리를 들려준 다음 전기 자극을 가하는 행위를 반복한다. 개에게 소리가 들릴 때마다 다른 장소로 이동하는 회피 학습을 시키고 있었다. 종소리를 들으면 먹이를 줘 자동적으로 침을 흘리게 하는 파블로프의 조건반사 실험과 매우 유사한 실험이었다. 다른 것이 있다면 소리에 따라 먹이를 주는 대신 전기 자극을 준다는 것이 다르다. 이 실험에서 그는 일부의 개들이 보통 소리를 들려준 후 전기 자극을 주면 초기에는 다른 공간 즉, 전기가 흐리지 않는 공간을 찾아 이동하려 애썼는데 이후엔 어떤 자극에도 아무런 반응을 보이지 않고 낑낑거리는 소리만 내는 것이었다. 마틴은 본능적으로 그것이 학습된 무기력인 걸 알아차렸다. 무슨 수를 써도 고통스러운 전기 자극을 피할 수 없다고 판단하는 순간 피하려는 시도조차 하지 않는 것, 부정적인 환경에 지속적으로 노출될 경우 '학습된 무기력'에 빠질 수 있다는 걸 그 찰나의 순간에 개의 모습에서 발견했던 것이다. 희망이 사라진 절망의 끄트머리에서 부러진 자신의 미래를 보았고 무기력한 개의 모습에서 아버지의 초상을 읽었던 것이다.

트라우마 이론에서 필자는 이것을 '중첩된 트라우마'라고 부른다. 경주와 포항의 거듭된 지진에서 과거 정신적 외상을 한 번이라도 경험해본 사람들의 트라우마가 일반인들보다 훨씬 더 오래가고 더 강렬하게 온다는 사실을 직접 확인할 수 있었다. '학습된 무기력'과 '중첩된 트라우마'의 공통점은 종이 한 장 차이다.

마틴의 어린 시절 가정환경과 패치의 어린 시절 가정환경은 거울처럼 서로 닮았다. 이후 마틴은 일반적인 '학습된 무기력'에 빠지는 개의 우울증을 연구하는 대신 그럼에도 불구하고 끝까지 탈출을 시도하는 무기력에 빠지지 않는 3분의 1의 개들의 성향에 주목했다. 예를 들면 낙관적인 사람들이 직장에서 성공 확률이 높다는 통계와 긍정적인 학생들이 일반적으로 성적이 좋다는 사실, 그리고 낙관적인 운동선수가 부정적인 운동선수보다 승리하는 경우의 수가 더 많다는 사실 그리고 낙관적이고 긍정적인 사람이 비관주의자들보다 오래 산다는 사실 등을 말이다.

패치가 정신병원에서 발견한 공감과 교감의 긍정적 자기 발견이 타인을 변화시키는 것은 물론 그림자처럼 따라다니던 자신의 우울증까지 치유한다는 사실을 발견하지 못했다면 그도 여느 일반 정신병자들처럼 이름 모를 정신병원의 곰팡내 나는 병실의 한 모퉁이에서 쓸쓸한 최후를 맞이했을지도 모른다. 결국 구원은 누가 가져다주는 것이 아니라 결국엔 내가 발견하는 것이라는 작지만 울림 있는 명제를 마틴과 패치의 스토리를 통해 만난다.

마주 보기+마주 잡기

로빈 윌리엄스는 보면 볼수록 유쾌한 사람이다. 그렇게 태어났고, 그렇게 생겼다. 들여다보면 볼수록 웃음이 스멀스멀 새어나오는 캐릭터다. 정겹고 악의가 없다. 흔히 이런 얼굴을 선한 얼굴이라고 하고 다른 이는 편한 얼굴이라고 한다. 어떻게 표현하면 안티가 생기지 않는 캐릭터라고나 할까? 그것도 복이다. 그가 연기한 패치 아담스의 역은 로빈을 위해 만들어진 영화라고 해도 과언이 아니다.

마주 보고 마주 잡는다는 것은 긍정의 마음을 바탕으로 만든 공감과 이타심의 행동적 표현이다. 어린 시절 자신이 바라보는 세상이 전부라고 생각했던 불우한 패치는 그토록 증오하고 미워했던 아버지의 모습을 어느새 자신도 모르게 닮아가고 있었다. 자포자기의 심정으로 자기 발로 걸어 들어간 곳이 정신병원이다. 자신을 치유해줄 거라 믿었던 정신병원의 의사는 그와 상담을 하는 동안 단 한 번도 눈을 마주치지 않았다. 건성건성 상담을 하며 모든 신경을 자신이 마시는 커피와 프림 양의 조절에만 집중한다. 애초부터 그에게 상담은 큰 의미가 없다는 행동의 표현 같다.

그런 그는 동료이자 친구이며 동시에 치료적 동반자인 사람들을 만난다. 물론 그 극적인 만남의 장소는 정신병원이다. 상대는 당연히 정신병동의 환자 즉, 정신병자들이다. 필자가 사무적이고 극단적 표현을 써서 정신병동에 수감되어 있는 모든 사람들이 비정상적인 사람들처럼 묘사되었는데, 정신병원을 좀 더 사실적으로 들여다보면 우리가 생각하는 것처럼 모두가 비정상적인 사람들이 모인 곳은 아니다. 정상과 비정상의 경계인들도 있고 정상처럼 보이는 사람들도 많다. 어떨 땐 정신병동에 있는 환자들이 정상인처럼 보일 때도 많고 우리들이 비정상 환자들처럼 보일 때도 많다. 정상과 비정상의 경계가 모호하다. 가끔은 감옥과 정신병동의 차이도 헷갈린다. 애매하고 모호한 요지경 같은 세상에 우리는 살고 있다.

환자와 눈을 맞추고 내담자의 이야기에 귀를 기울이는 것은 상담하는 사람의 기본이며 정상적인 행위다. 그러나 여기에 나오는 정신과 의사는 커피와 눈을 맞추고 패치와의 대화도 건성으로 나누는 비정상적인 모습을 보인다. 차가운 머리와 심장을 가진 의사. 정상적인 환자의 모습과 비정상적인 의사의 모습을 감독은 이렇게 살짝 비틀었다.

패치가 병원에서 퇴원을 결심하는 결정적인 계기가 되었던 감동적인 장면이 영화 초입부에 두 가지 영상으로 등장한다. 폐쇄 병동의 이미지를 평소 궁금해하던 차에 살짝 엿보기를 하는 듯한 기분으로 보았는데 매우 흥미로웠다. 첫 번째 장면은 정신 병동에 입원할 때 방을 함께 썼던 동료 루디의 이야기다. 루디는 환각을 가지고 있는 환자다. 일반적인 정신 병동에서 환각과 환청 환자들의 비율이 평균 20~40퍼센트 정도임을 감안했을 때 패치의 병실 동료인 루디가 다람쥐 때문에 안절부절못한다고 하는 설정은 상당히 애교스럽다.

처음엔 다소 당황스럽게 여겼지만 루디와 라포(Rapport), 즉 친밀한 관계가 어느 정도 형성된 다음엔 적극적으로 도와주기로 결심한다. 그런데 그의 도움이란 게 다소 황당하다. 상담을 하는 것도 아니고 의학적 조력을 하는 것도 아니다. 그저 공감해주고 함께 신나게 놀아주는 것뿐이다. 다람쥐 때문에 화장실을 가지 못하고 안절부절못하며 잠을 설치는 루디에게 패치는 다람쥐를 함께 잡자는 몸 신호를 보낸다. 이에 루디는 패치의 어깨에 다람쥐가 있다고 한다. 순간 패치의 몸 개그가 빛을 발한다. 손가락으로 총 모양을 만들어 다람쥐를 사냥하는 흉내를 내며 병동을 졸지에 정글로 만들어버린다. 병적 환각의 상황에서 발생한 웃기는 상황을 논리와 이성적 다큐로 만들지 않고 모두가 공감하는 코미디 상황으로 만들어 사이코드라마의 진수를 보여준다. 병실에 있는 모든 다람쥐들을 다 잡았다고 판단한 패치가 루디에게 소리친다. "이때다!"

잽싸게 화장실로 달려가는 루디를 보내고 패치는 알 듯 모를 듯 미소를 띠운다. 정상인들의 시선으로 보자면 영락없는 정신병자들의 놀음이다. 하지만 함께 마주 보고 함께 마주 잡은 시각으로 보면 가슴 대 가슴의 공명으로 이해된다. 어떻게 이것을 이론적으로 설명할 수 있으며 과학적으로 해석할 수 있겠나? 그저 마음으로 이해할 뿐이다. 약으로도 의사의 상담으로도 다람쥐 문제를 해결하지 못했던 루디의 환각을 놀이와 공감으로 단칼에 해결해버리는 패치의 능력은 의학 교과서 어디에서도 찾을 수 없는 패치식 치료법이었다.

영취산(靈鷲山)에서 석가 세존(世尊)이 제자들에게 설법을 하던 중 하늘에서 내리는 꽃 한 송이를 집어 들고 보여주자 제자들 중 가섭만이 그 뜻을 깨닫고 웃었다는 전설 같은 이심전심(以心傳心)의 염화미소(拈華微笑)와 묘하게 닮아 있다. 언어나 경전에 따르지 않고 이심전심으로 뜻을 전하는 오묘한 진리의 세계라고 해석하는 불립문자(不立文字) 교외별전(教外別傳)의 마음이다. 루디의 혼돈을 엉뚱함으로 보지 않고 또 다른 긍정의 시각으로 바라본 패치의 시선이 패치의 새로운 미래를 열었다. 의

외의 상황에서 당황했을 텐데 직면하며 그 너머의 진실을 바라본 대가치곤 너무나 큰 행운을 가져다준 인생의 첫 번째 긍정 터닝 포인트였다.

현재의 상황을 넘어 내일의 희망을 볼 수 있는 긍정의 마음은 아무나 쉽게 가질 수 있는 능력은 분명 아니다. 하물며 내면의 자아가 완전히 불타버린 패치에겐 더욱더 힘겨웠을 일일 것이다. 그런 방황하는 그에게 번쩍이는 길을 알려준 사람이 있다. 물론 그도 정신병원에 입원한 환자다. 약간은 독특한 이력을 가지고 있는 사람으로 비튼 그룹의 회장인 아더 멘델슨이다. 이 시대 가장 혁신적인 사람 중 한 명으로 인간 마음의 창조적 잠재력을 끊임없이 파고들다 정신적 한계를 넘어 정신병원에 스스로 걸어 들어온 천재병에 걸린 사람 즉, 조현병 환자다.

그는 폐쇄 병동을 돌아다니면서 사람들에게 자신의 손가락을 펼치며 몇 개로 보이냐고 묻는다. 마치 자신의 마음을 이해할 수 있는 사람들을 찾는 구도자처럼 말이다. 갑작스러운 도발성 질문에 패치는 엉겁결에 네 개라고 대답한다.

"천치 또 한 명!" 툭 하고 실망한 듯 말을 뱉고는 돌아서 버린다. 나중에 그의 실체를 알고서 질문에 다른 숨은 의도가 있다고 생각하고 저녁에 그를 찾아가 대화를 청한다. 그를 향한 걸음이 헌터 아담스를 패치 아담스로 다시 태어나게 했던 운명의 첫 발걸음이 되었다.

"손가락, 답이 뭐죠?"

진심으로 궁금해 묻는 패치의 질문에 회장은 첫 번째 질문과 똑같은 질문을 또 던진다.

"몇 개로 보여?"

"손가락이 네 개 있어요, 아더!"

"아니, 아니, 아니, 나를 봐~."

"네?"

"너는 문제에 초점을 맞추고 있어! 문제에 초점을 맞추면 답을 볼 수 없어! 절대 문제에 초점을 맞춰서는 안 돼!"

"나를 봐! 몇 개로 보여?"

"아니, 손가락을 지나서 봐! 몇 개로 보여?"

"여… 여덟개…."

"여덟 개! 여덟 개!…, 좋아, 좋아, 맞아! 여덟 개는 좋은 답이야."

"다른 이들이 못 보는 걸 봐! 모든 이들이 보기 원하지 않는 걸 봐…, 두려움과 순응과 게으름 때문에…, 매일 세상을 새롭게 봐!"

아더와 패치의 이런 선문답 같은 대화는 패치에게 새로운 세상을 보게 하는 결정적인 찰나가 되었다. 학승에게 달을 쳐다보라 했더니 달을 가르키는 손가락만 쳐다본다는 견지망월(見指忘月)의 상태였던 패치에게, 냉큼 손가락을 잘라버린 노승까지는 아니지만 아더의 가르침은 분명 패치의 닫힌 세상에 대한 조용한 일격이었다.

두려움과 순응, 게으름 때문에 보지 못한, 아니 보지 않으려고 눈을 감은 우리들에게 아더와 노승의 가르침은 캄캄한 밤을 밝히는 별빛이며 길 잃은 바다 위의 나침반이다. 아더의 새는 종이컵을 테이프로 덧붙여 준 작은 선행에서 비롯된 두 사람의 선문답은 이렇게 진실을 가르치고 깨우치는 선순환의 관계로 이어진다. 패치의 '선한 의도'가 불러온 결과는 긍정의 작은 몸짓이 만든 나비효과다.

'상처를 치유하다', '구멍을 메우다'는 의미의 '패치(Patch)'는 마주 보고 마주 잡은 긍정이 만든 위대한 기적이었다.

웃음의 힘

긍정과 웃음은 쌍둥이다. 긍정이 마음이면 웃음은 몸이다. 마음과 몸이 둘이 아니듯 긍정과 웃음도 둘이 아니다. 긍정적인 사람을 가까이 하면 웃음이 배어 나오는 것도 이런 이유다. 대학에 아는 교수님이 한 명 있다. 평소 표정에 변화가 없고 항상 심각하다. 어둡고 무겁다. 고개를 돌려 그분에 대한 이미지의 잔상을 떠올려보니 딱딱하게 굳은 얼굴 이외에는 딱히 떠오르는 이미지가 없다. 이미 나의 뇌 속에 박혀 있는 그 사람에 대한 초두현상은 '심각함'이고 정서적 관계는 '경계'다. 가까이 하기엔 너무나 먼 당신이란 의미다.

그러고 보니 회의석상이나 식당, 그리고 워크숍에서 부딪힐 때 단 한 번도 웃는 걸 본 적이 없었던 것 같다. 시간 있으면 상담을 한번 해보고 싶으나 절대 상담을 받으러 올 것 같지는 않다. 그런 관상이다. 조용한 움직임에 발걸음도 과묵하다. 일부러 감정을 억제하고 사는 듯한 인상을 받는다. 그것도 재주고 능력이다. 조벽 교수의 일갈(一喝)이 또 생각난다. "내가 가진 정서적 차가움은 학생들에게 가하는 정서적 테러다."

조선시대에 어울릴 분위기로 21세기를 사시는 분이다. 정서적 차가움과 정서적 고요함은 다르다. 필자가 말하는 진중함은 바로 정서적 고요함을 말하는 것이다. 고요한 정서에는 긍정과 유머 그리고 미소가 녹아 있지만 차가운 정서에는 오만과 독선, 그리고 굳어버린 얼굴만 있을 뿐이다.

애플의 창립자 스티브 잡스와 페이스북의 창립자 마크 저커버그 그리고 비디오아트의 창시자 백남준은 가벼움과 무거움의 경계를 즐기는 사람들이다. 호두처럼 딱딱하게, 때로는 잘 익은 홍시처럼 세상을 양분하지 않았다. 복잡한 기계적 세상을 소통하고 연결시키기 위해 인문학과 예술을 담았고 그 속에 유머와 내일의 긍정을 소스처럼 버무렸다. 스티브 잡스와 저커버그의 청바지와 편안한 폴라티, 그리고 백남준의 헐렁한 와이셔츠에 멜방은 우리들의 견과류와 같은 사고를 조용히 꾸짖고 있다. 이제 웃음과 긍정은 인생에서 전공 선택이 아닌 전공 필수가 되어버렸다.

패치 아담스가 1학년 의학도로서 병원에서 벌이는 사건 아닌 사건이 영화를 관통하고 있는 두 번째 핵심이다. 오만과 독선으로 가득 찬 윌컷 학과장의 전통, 규율, 질서, 명예를 숭배하란 의대생들을 향한 외침은 영화 〈죽은 시인의 사회〉(1990)에 등장하는 미국의 명문 웰튼 아카데미 개강식의 주문과도 닮아 있다. 3학년 때부터 환자들을 만날 수 있고 저학년 때는 환자들을 만날 수 없다는 학교의 규정을 무시하고 패치는 병원에서 환자들을 몰래 만난다.

우연히 들른 유아병실에서 핏기 없는 어린 환자들과 하루를 힘겹게 버티는 아이들을 보며 자연스럽게 아이들을 웃기게 된다. 아이들이 가진 최고의 무기는 순수함과 웃음이다. 병이 그들에게 웃음기를 뺏은 것이 아니고 병원에서는 침묵해야 한다는 어른들이 만든 박제된 생각이 아이들을 침묵의 병실 속에 가둬놓게 했다. 패치는 바로 그 공식을 깨트렸다. 웃음이 병을 치유하는 데 도움을 준다는 이론이 오래전부터 학술적으로 여러 차례 언급되었지만 병원에서만큼은 예외였다.

"절대 안정." 오랫동안 병원에서 봐왔던 법원의 판결 같은 규정이다. 물론 여기에서는 떠들거나 큰 소리를 내어서도 안 된다는 의미다. 그 속에 크게 웃는 것도 포함되어 있다. 패치가 바라본 손가락 너머의 세상은 바로 병의 원인인 '고독'과 '외로움'의 치유였던 것이다. 패치가 대단하다고 생각하는 것은 자신이 옳다고 믿는 것에 대해 단 한 번의 주저함도 없이 실천에 옮기는 데 있다. 좌고우면하지 않고 실천으로 옮길 수 있는 것도 용기다. 아이들의 웃음에는 경계가 없다. 패치의 우스꽝스러운 광대 모습과 개그맨 뺨치는 퍼포먼스를 보고 잃어버렸던 자신들의 웃음을 되찾는다. 환자를 만나고 다니는 패치에 대한 부정적 견해에도 불구하고 환자와의 긍정적인 관계로 약을 거부했던 사람들이 먹기 시작했고 투여되는 약의 양이 줄었음을 주임교수도 인정한다. 웃음에 치료적 효과가 있었다는 뜻이다.

몸이 아프다는 것은 일반적으로 신체적 증상의 발현이지만 정신적 상황과 매우 밀접히 연결되어 있음을 필자는 오랜 상담의 결과로 알 수 있었다. 몸과 마음이 서로 연결되어 있고 심지어 많은 경우엔 정신적 증상이 신체적 통증은 물론 인간의 생명까지 관여한다는 사실을 발견했다. 병은 일반적으로 우리 몸의 면역 기능을 약화시키는데 이때 우리 몸에 침투한 병원균을 잡는 것이 면역 세포다. 이 면역 세포의 활성화가 병을 이기는 바로미터가 되는 셈이다. 흥미로운 것은 이 면역 세포가 우리의 기분과 스트레스에 엄청난 영향을 받는다는 것이다.

이 기회를 통해 우리가 알고 있는 면역 세포에 대해 아는 것도 의미 있다. 일반적으로 면역 세포에는 크게 5개가 있다. 호중구, 대식세포, T세포, B세포, 그리고 NK세포다. 이 면역 세포들은 각자의 고유한 역할이 있다. 몸속으로 들어온 세균들을 잡아먹는 세포는 백혈구의 일종인 호중구(好中球)가 먹어 치운다. 호중구는 골수에서 만들어지며 사람 혈액에서 백혈구의 50~70퍼센트를 차지하고 과립구의 약 90퍼센트를 차지하는 면역 세포의 간판선수다. 너무 열심히 일해서 호중구가 과식으로 가끔씩 터지는데 이게 우리가 알고 있는 고름이다. 고름은 호중구와 세균의 사체로 황색을 띤다. 호중구는 우리 몸을 지키는 전초부대인 셈이다. 이 전초부대로도 부족하면 대식세포(大食細胞)가 움직인다. 대식세포는 말 그대로 많이 먹어 치우는 세포라는 뜻이다. 자신의 몸에 여러 개 긴 촉수 모양의 팔을 이용해 닥치는 대로 세균들을 잡아먹는다. 그리고 특징적인 것은 자신이 삼킨 세균들의 일부 잔해를 자신의 몸 위에 올려놓는데, 일종의 협동작전인 셈이다. 대식세포가 올려놓은 잔해를 T세포와 B세포가 분석에 들어가는데 적군인지 아군인지를 확인하는 것은 T세포가 담당한다. 만약 이 잔해가 적으로 판명되면 T세포는 인터루킨(Interleukin)이라는 물질로 공격 명령을 내린다. 공격 명령을 하달받은 B세포는 곧장 항체를 발사해서 세균들 섬멸 작전에 들어간다.

알면 알수록 흥미로운 것이 바로 인간의 몸이다. 이렇게 인간의 몸은 우리를 위해 끝없이 봉사하고 희생하고 있다. 우리가 긍정의 마인드를 가지고 자신을 사랑하고 아껴야 하는 이유가 여기에 있다. 우리가 우리 몸을 포기하지 않는 이상 우리를 도와주는 수많은 세포들도 결코 주인을 포기하지 않기 때문이다.

여기에 감동적인 세포가 하나 더 있다. 일명 NK세포로 불리는 자연살해 세포(Natural Killer cell)다. 일반적으로 바이러스에 감염된 세포나 특정 암세포를 찾아 추적해서 파괴하는 걸로 알려져 있다. 암세포를 죽이는 우리 몸에서 발생되는 천연 치료제인 셈이다. 그런데 이 NK세포가 우리의 기분에 가장 직접적인 영향을 많이 받는 걸로 알려져 있다. 다시 말해 우리의 기분이 좋으면 NK세포가 활성화되고 우리가 스트레스를 많이 받거나 기분이 좋지 않으면 NK세포의 활성화도 주춤해진다는 것이다. 우리의 마음을 컨트롤해야 할 분명한 명분과 이유가 있는 셈이다.

긍정의 마인드와 웃음이 우리들의 기분은 물론 신체에 미치는 사실 관계 확인이 이걸로 어느 정도는 이해되었으리라 생각한다. 그래서 우리가 패치의 웃음을 단순한 웃음으로 넘겨서는 안 되는 이유가 여기에 있다. 패치는 외로움이 만든 내면의 병을 치유하는 가장 강력한 치료제인 '웃음'을 처방한 최초의 인물이었던 것이다.

2

빛의 창조자들이
보여준 기적

세상을 밝히는 방법에는 여러 가지가 있다. '정의'로 세상을 밝히는 사람, '음악'이나 '영화'로 세상을 밝히는 사람, '사랑'과 '희생'으로 세상을 밝히는 사람까지 다양하다. 그중에서 가장 특이한 방법으로 세상을 밝혔던 사람이 있다. 꽃으로 세상을 밝혔던 분으로 많은 사람들은 이분을 '꽃의 요정'이라고 불렀다. 타샤 튜더(Tasha Tudor, 1915~2008), 얼마 전까지만 해도 미국에서 가장 많은 사랑을 받았던 동화작가 중 한 명이었다.

그러나 지금은 꽃을 너무 사랑해 '타샤의 정원'으로 더 유명하다. 뉴햄프셔주 웹스트에서 60년을 한결같이 과실수와 꽃을 심고 초지에 야생화 씨앗을 뿌려 가꾸었다. 버몬트 숲에 그녀의 그림처럼 펼쳐진 정원은 철이 바뀔 때마다 화려한 튤립과 단아한 작약으로 눈부셨고 눈밭에서

피어나는 수선화는 사람의 영혼까지 설레게 했다. 비밀의 화원이라는 이름으로 한국을 비롯해 전 세계인들의 투어가 끊이지 않아 현재까지 미국에서 가장 유명한 정원 중 하나다. 하얗게 머리가 센 타샤 튜더가 19세기 서부 개척시대에 유행하던 옷을 입고 신발도 신지 않은 채 꽃들로 둘러싸인 정원 중앙을 오른손엔 태양보다 더 붉은 튤립을 한 움큼 꺾어 걸어오는 모습은, 필자가 기억하는 그녀의 가장 아름다운 모습 중 하나가 되었다.

신이 인간을 위로하기 위해 보내준 선물이 꽃이고 인간이 신을 위해 바친 선물이 음악이라고 했던가? 신이 인간을 위해 보내준 꽃이 이제는 인간이 인간을 위로하고 신의 은총에 보답하는 선물이 되고 있다. 어느새 꽃은 신과 인간 모두에게 가장 아름답고 빛나는 선물이 되었다.

인간이 인간을 위해 만든 가장 아름다운 선물은 미소라고 한다. 인간이 만든 예술품 중에 아름다운 미소와 관련된 작품 하나만 고르라면 당신은 어떤 작품을 꼽겠는가? 물론 쉽게 결정할 수 없을 것이다. 개인마다 취향과 예술적 감동이 서로 다르기 때문이다. 하지만 많은 사람들이 공감하는 작품으로 레오나르도 다빈치의 〈모나리자〉와 반가사유상이라는데는 크게 이견이 없다. 그중 한국과 일본에서 동시에 신비하고 아름다운 미소로 손꼽히는 반가사유상은 양국에서 최고의 대접과 극찬을 받고 있다. 특히 일본의 반가사유상은 현재 국보 제1호이면서 정식 명칭은 〈목조미륵반가사유상(木造彌勒半跏思惟像)〉이다.

프랑스의 유명 소설가이면서 정치가인 앙드레 말로(Andre Georges Malraux, 1901~1976)는 이 작품을 보면서 "만약 일본 열도가 침몰할 때 일본에서 단 하나의 작품만 갖고 나가게 허락한다면 나는 반가사유상을 갖고 나가겠다"고 말했고, 독일의 실존주의 철학자인 칼 야스퍼스(Karl Theodor Jaspers, 1883~1969)는 "감히 인간이 만들 수 없는 살아 있는 예술미의 극치다. 나의 철학자 생애에서 이토록 인간 실존의 진실한 평화로운 모습을 구현한 예술품은 본 적이 없다"며 최고의 찬사를 아끼지 않았다.

근세 최고의 문화 비평가로 알려진 두 사람의 안목으로 쏟아낸 찬사와 비평이니 〈목조미륵반가사유상〉의 깊이와 신묘함은 레오나르도 다빈치의 〈모나리자〉에 비견하기에 부족함이 없다. 그러나 한 가지 아쉬운 점은 이 두 비평가가 우리의 반가사유상을 보지 못했다는 점이다. 일본의 목조형 반가사유상을 보고 이 정도의 평가를 남길 것 같으면 금동으로 만든 우리의 국보 제83호 〈금동미륵보살반가사유상(金銅彌勒半跏思惟像)〉을 보았다면 아마도 그 감동을 말과 글로는 표현하지 못할 언어의 극치가 아니었을까? 감히 상상해본다.

한국 고미술 감정의 선구자셨고 《무량수전 배흘림기둥에 기대서서》의 저자로 유명한 혜곡(兮谷) 최순우(崔淳雨, 1916~1984) 전 국립박물관장이 반가사유상을 보고 일찍이 "이 반가사유상의 아름다움은 인간이 만들어낼 수 있는 모든 아름다움을 초월한 것이며 말로 표현하기 어려운 한아(閑雅, 막을 수 없는 아름다움)의 아름다움은 보는 사람으로 하여금 한숨을 내쉬게조차 한다. 서양인은 모나리자의 미소를 최고로 여겨 '영원한 미소'라고 예찬하는데 미륵보살반가사유상과 나란히 놓는다면 모나리자의 미소 정도는 당장 안색을 잃을 것임에 틀림없다"고 표현한 적이 있다. 옛날식 표현이라 확 와 닿지가 않는다면 "모나리자도 반가사유상의 미소를 보면 울고 간다" 정도가 적당할까?

사실 반가사유상의 출현은 석가모니가 출가하기 전 태자일 때 인간이 가지는 네 가지 고뇌, 즉 생로병사(生老病死)에서 벗어나는 방법을 찾아 고뇌하는 모습을 형상화했다. 인간의 근원적인 고통을 해결하기 위해 명상하는 모습, 그 찰나의 순간을 조형화했다. 살포시 내리감은 눈과 옅은 미소는 해결되지 않은 고뇌에 찬 부정의 모습이 아니라 해답을 찾은 법열에 찬 긍정의 모습이다.

모든 걸 포기하고 정신병원으로 들어간 패치에게 그곳은 자신이 선택한 마지막 치유의 공간이었다. 그곳에서 만난 동료들과 자신에게 영감을 준 아더 회장을 통해 발견한 것은 잃어버린 미소를 되찾게 해주자는 작지만 가장 근원적인 확신이었다.

인류가 운명의 시간에 직면했을 때 마지막으로 챙길 수 있는 단 하나의 작품으로 세계인들은 〈모나리자〉를 선택했고, 최순우 선생과 앙드레 말로는 반가사유상을 선택했다. 그 운명 같은 미소의 선택은 우리들에게 어쩌면 절망에서 희망을 보고 지옥에서 천국을 바라보라는 신의 뜻은 아니었을까?

의학도의 자격을 유지하느냐 박탈당하느냐를 결정짓는 위원회의 마지막 조정에서 패치는 진정성 있는 의사가 되고 싶다고 간절히 호소한다. 그 결정적 순간에 자신이 변화시켰던 병원의 아이들과 부모가 위원회가 열리는 곳으로 들어와 패치가 했던 똑같은 방식으로 코에 빨간 튜브를 붙이고 피에로처럼 묵언의 지지를 보내준다. 그가 아이들에게 보인 진정성 있는 행동이 아이들에게 감동을 주었고 감동을 받은 아이들은 변화했다는 사실이 아이들과 부모들의 마음과 몸을 움직이게 한 것이다. 그것 때문인지는 모르지만 결국 그는 오랜 의학계의 고정관념을 깨트리는 작은 변화의 시작이 되었다.

〈스파르타쿠스〉(1960), 〈죽은 시인의 사회〉(1989), 〈변호인〉(2013)의 공통점은 모두 영화의 마지막에 감동적인 장면이 연출된다는 특징이 있다. 스파르타쿠스를 대신해서 죽으려는 전사들, 자신을 변화시킨 선생을 위해 기꺼이 책상 위에 올라서는 학생들, 정의를 위해 싸운 죄 없는 변호사를 변호하기 위해 모인 변호사들. 그들은 모두 진정성의 승자였다. 나는 똑똑히 기억하고 있다. 자신들의 영웅을 위해 그들이 보낸 따뜻한 미소가 어떤 의미를 가지고 있는지를….

'정의'와 '사랑' 그리고 '희생'은 세상을 밝히는 위대한 빛이다. 그러나 가끔은 나도 타샤 튜더처럼 꽃을 모아 세상을 밝히고 패치처럼 웃음을 모아 세상을 밝히는 그런 소담하지만 위대한 기적의 빛을 만들고 싶다.

▪ 긍정의 빛

패치는 아이들을 통해 웃음이 사람을 감동시키고 변화시킨다는 걸 확신했다. 패치는 한걸음 더 걸어 들어갔다. 걸음에 자신감이 묻어났다. 대학 당국의 규정과 징계도 그를 막지 못했다. 월튼 학과장의 오만과 독선도 그를 제지하지 못했다. 환자들에 대한 열린 사랑이 그를 실천하게 만들었고 아이들의 웃음은 살아 있는 증거였다.

죽기 전에 꼭 한 번 사파리 사냥을 해보고 싶었다는 할아버지 환자의 병실에 학급 동료들과 몰래 들어간다. 곤히 주무시는 할아버지의 손에 장난감 총을 쥐어주고 일부러 할아버지를 건드려 깨운다. 비몽사몽간에 나타난 풍선으로 만든 장난감 동물들을 보며 놀라워할 사이도 없이 손에 쥔 장난감 총을 가지고 사파리 사냥을 즐긴다. 함께 웃으며 터지는 동물들을 보며 할아버지는 너무도 행복한 표정을 짓는다. 짧지만 강렬했다. 사파리를 즐기는 그 순간만큼은 자신이 환자인 것도 자신의 미래가 없는 것도 잊었다. 몸이 아파 움직일 수 없는 그에게 사파리 사냥은 말 그대로 마지막 소원이었다. 패치는 병원에서 할 수 없는 환자의 마지막 소원까지 들어주는 진정한 '힐러(Healer)'였던 것이다.

얼마 전 필자는 교통사고로 전신을 움직이지 못하는 우울증 환자를 상담한 적이 있다. 우울증 증상은 늪과 같이 사람들을 빨아들인다. 늪에 한번 빠져본 사람은 안다. 자신이 발버둥 치면 칠수록 더 깊이 늪으로 빠져든다는 걸. 교통사고의 충격과 과거에 자신이 한 번 앓은 적이 있는 우울증이 합쳐서 만들어진 내담자의 자기방어는 생각보다 훨씬 강했다. 상담의 거부는 물론 식사마저도 거부하는 증상을 보이자 보호자가 급히 SOS를 쳤던 것이다.

내담자는 60대 초반으로 은퇴한 지 3년 된 남성이었다. 초기 상담에 이렇게 애를 많이 먹은 환자는 처음이었다. 무림의 고수가 합을 겨루는 것처럼 팽팽한 상담 신경전이 예정된 시간을 훌쩍 넘겼다. 근데 참 신기하다. 상담을 하다보면 상담사들에겐 약간의 오기 같은 게 있다. 필자의 경우는 특히 더 그렇다. 우리는 그것을 '프로 정신' 혹은 '근성'이라고 표현한다. 내담자의 마음 문을 열고 말겠다는 일종의 직업 정신이다. 그렇게 팽팽한 신경을 벌인 날에는 몸과 마음이 녹아내린다. 곤두선 신경이 가끔 사람을 잡기도 한다.

오래 끌 줄 알았던 팽팽한 기싸움은 의외로 2회기 만에 너무 싱겁게 필자의 승리로 끝났다. 두 번째 상담에서 내담자의 닫힌 무의식 속에서 해결의 단초를 찾았기 때문이다. 낚시였다. 두 번째 회기를 진행하면서 무의식 속 자신의 행복 키워드를 발견했는데 내담자는 낚시 이야기만 나오면 자신도 모르게 본능적으로 얼굴에 번지는 행복한 미소까지 숨기지 못했다. 너무 일찍 자신의 무의식을 들켜버렸고 필자는 그 순간을 절묘하게 캐치했다. 아저씨의 유일한 취미와 낙이 낚시였던 것이다. 이후 낚시로 엮어낸 심리치료 프로그램은 덤이었고 낚시는 필자와의 벽을 허무는 마스터 키였다.

나중에 들은 이야기다. 한때 직장에서 왕따를 당한 적이 있었단다. 마음이 여려 다른 사람들과의 경쟁을 힘들어 했다. 마침 회사에 구조조정이 있었는데 본인이 자의 반 타의 반으로 동료들에게 밀려 구조조정이 되었다고 한다. 퇴사한 마음보다는 동료들에게 배신을 당했다는 생각에 죽고 싶은 적도 있었다고 했다. 그 울적한 마음을 달래기 위해 우연히 낚시를 했는데 그렇게 마음이 편했다고 한다. 그 후로 그는 주말만 되면 낚시를 즐겼는데 낚시는 그의 유일한 희망이며 동시에 힐링이었던 셈이다.

그런데 갑작스러운 교통사고의 충격은 잊고 있었던 과거의 우울증을 되살려 중첩된 상처가 되어 그에게 깊은 외상을 남겼던 것이다. 몸도 닫았고 동시에 마음도 닫아버렸다. 그의 마음 문을 연 건 필자의 상담 능력이 아니라 바로 낚시였다. 많은 사람들이 상담사라고 하면 엄청난 치료적 능력을 가지고 있는 사람들일 것이라고 생각한다.

그러나 사실 그렇지 않다. 상담사의 능력은 치료적 능력을 많이 가지고 있는 사람들이 아니라 공감능력이 특별히 많은 사람들일 뿐이다. 모든 사람들은 자기 스스로 치유할 수 있는 능력을 다 가지고 있다. 상담사들은 내담자가 가지고 있는 자가 치유의 능력을 '툭' 하고 건드려주거나 직면시켰을 뿐이다.

패치의 사파리 치료법은 영화에서 할머니 버전으로 옮겨간다. 할아버지 사파리 치료법이 1단계 레벨이라고 한다면 할머니의 누들(국수) 목욕탕 치료법은 마지막 레벨인 3단계 레벨이다. 난이도와 실천력에서 어려운 단계라는 뜻이고 아무나 할 수 있는 일이 아니라는 뜻이다. 물론 영화 뒷이야기를 살펴봐도 이 내용이 사실에 근거했는지 영화적 상상력이 만들어낸 것인지 확인되지는 않았다. 하지만 분명한 사실은 그것이 패치에겐 전혀 문제가 되지 않는다는 것이다.

할아버지 환자처럼 영화 속 할머니 환자도 자신의 마지막 소원이 하나 있었다. 어릴 적 소원이긴 했지만 수영장을 국수로 가득 채워 그 속에서 수영을 해보는 꿈이었다. 마지막 소원 치곤 다소 황당하다. 죽은 사람 소원도 들어준다는데 그깟 산 사람 소원쯤이야 패치에겐 문제도 아니었다. 그의 관심사는 실천의 어려움에 있지 않고 할머니께서 얼마나 기뻐하실까가 걱정이었다. 그래서 곧장 실행에 옮긴다. 깜짝 서프라이즈의 상황을 만들어놓고 할머니를 병원 한 켠 마당으로 초대한다. 거대한 욕조 통 속에 가득 담긴 국수를 보는 순간 할머니는 기쁨을 감추지 못한다.

그 순간 할머니는 온데간데없고 12세 어린 소녀의 시간으로 거슬러 올라간 듯 패치와 함께 생애 마지막 누들수영을 즐긴다. 그 순간만큼 할머니는 환자도 늙은 노인도 아니다. 그저 철없는 순수한 어린 소녀일 뿐이다. 할머니의 가슴속에는 그녀가 평생을 잊지 않았던 12살 소녀가 있었던 것이다.

할아버지 환자의 사파리 치료법과 할머니 환자의 누들수영 치료법은 상담심리치료 기법 중 하나인 '기억회상 치료프로그램'과 유사하게 닮아 있다. 이 프로그램은 노인들의 우울증을 해소하는 프로그램 중 하나로 과거의 추억이 담긴 물건이나 자녀들과의 스토리가 있는 내용을 중심으로 상담을 진행하는 프로그램인데 우울증을 치료하는 데 매우 효과가 높은 상담치료 기법 중 하나로 알려져 있다.

패치가 그 치료 기법을 알지는 못했을 것이다. 하지만 한 가지 분명한 사실은 패치의 진정성이 그 생각까지 닿았다는 것이다. 타인에 대한 깊은 이해와 진정성은 모든 상담사들의 능력과 한계를 뛰어넘는다는 것이 필자의 솔직한 경험이다. 패치가 가진 긍정의 빛은 심리학의 이론적 학문과 상담학의 기술을 가볍게 뛰어넘는다. 그것이 진정한 긍정이 가진 에너지이자 빛의 힘이다.

■ 하나의 생명으로 기억하기

죽음과 직면하고 있는 사람에게 필요한 것은 무엇일까? 과연 패치는 그들을 보면서 손가락 너머의 무엇을 보았을까? 웃음기 없는 얼굴로 하루하루 죽음을 기다리는 그들에게 병원의 약은 근본적인 해결이 아니었는지 모른다. 패치가 손가락 너머를 통해 발견한 것은 소소하지만 가장 의미 있는 인간의 존엄성과 관련된 미소와 웃음의 발견이었다.

답답한 병실에서 죽음을 맞이하는 대신 생의 마지막 행복을 찾기 위해 '즐거움'을 선택한다는 영화 〈버킷리스트〉(2007)는 패치의 결정이 전적으로 옳았음을 증명하는 대표적인 영화다. 영화 속 주인공인 카터(모건 프리먼 분)가 고대 이집트인들의 영혼이 하늘에 가면, 신이 묻는다는 두 가지 질문이 필자의 뇌리에서 떠나지 않는다.

"인생에서 기쁨을 찾았는가?"

"당신의 인생이 다른 사람들을 기쁘게 해주었는가?"

답변을 겸한 질문식 명대사는 생의 마지막 순간에 인간은 어떤 선택을 하는 것이 최선인가에 대한 명쾌한 해답으로, 이 영화를 보는 사람들에게만 건네는 일종의 선물 같은 느낌이다.

정신병원에서 인생의 기쁨을 발견한 패치처럼 2006년 학생들이 줄어 순수학문이 폐과될 때 스스로 학과를 접어야 하는 순간 발견한 대중 강연자로서의 새로운 능력의 발견은 즐거운 인생의 시작이었다. 하버드대 탈 벤 샤하르 교수의 즐거움과 의미가 만나는 곳에 행복이 있다는 행복론 제3원칙은 원칙이 아니라 복음이었다.

일본의 호스피스 전문의인 오츠 슈이치(大津秀一) 씨가 임종을 앞둔 환자들 1,000명을 지켜보면서 《죽을 때 후회하는 스물다섯 가지》란 제목으로 책을 출간했는데 잔잔한 감동을 안겼다. 죽음 직전 우리는 과연 무엇을 후회할까? 아니 나는 무엇을 후회할까? 약간의 호기심과 두려움으로 한 줄 한 줄 읽어 내려가니 깊은 공감이 한여름 밤의 열기처럼 확 달아올랐다. 자신이 하고 싶은 걸 하지 못한 데서 오는 후회와 사랑하는 사람에게 사랑한다는 표현을 하지 못한 데서 오는 회한이 가장 컸다고 한다.

나와 마찬가지로 대부분의 사람들 또한 비슷한 생각일 것이다. 그런 면에서 본다면 패치의 용기는 일부 미움 받을 용기까지 포함해서 정말 후회 없는 용기다. 결국 세상을 변화시키고 전진시키는 것은 순응보다는 역린의 도전 정신인 것 같다.

사람마다 영화를 통해 받는 감동 포인트는 다를 것이다. 필자가 〈패치 아담스〉를 통해서 받은 소소하지만 오랫동안 여운이 남았던 영상은 패치가 병원에 들어가 선배들을 따라 병원의 회진을 돌 때 나온다. 주임교수가 실습생들을 데리고 환자들의 병증 상태를 설명할 때 모두들 환자가 누구인지는 전혀 관심이 없다. 그저 현재의 병증 상태를 설명하는 데 집중할 뿐이다. 심지어 환자가 누워 있음에도 불구하고 최악의 상태까지 여과 없이 강의하듯 설명한다. 환자가 받을 정신적 충격은 안중에도 없다는 듯 말이다. 그들에게 환자는 그저 자신들의 실습용 교구재일 뿐이었다.

다른 질문이 없냐는 주임교수의 물음에 맨 뒤에 있던 패치가 그녀의 이름이 뭐냐고 묻는다. 의학적 토론이 진지하게 오고 가는 순간 너무나 생뚱맞은 질문에 주임교수와 실습생들의 시선은 패치에게 꽂힌다. 당황해하는 주임교수의 흔들리는 눈빛이 한동안 잊히지 않았다. 당황함과 뒤늦게 알아차린 미안함의 눈빛이 뒤섞여 있다.

패치가 물어본 환자의 이름에는 그 사람이 지닌 모든 삶과 인격 그리고 자존감이 들어 있다. 그들은 짐짓 그걸 놓치고 있었던 것이다. 패치는 병증의 사실관계에 앞서 바로 병에 걸린 환자들의 마음을 먼저 보았던 것이다.

참으로 다행스러운 건 패치의 이런 활약 덕분인지 요즘 병원에서 근무하는 의사와 간호사들의 친절도와 배려는 기대 이상이다. 병원의 무한 경쟁도 한몫을 했겠지만 병에 앞서 사람을 먼저 배려하려는 감성적 치료법이 성과를 거둔 결과라고 생각한다.

손가락 너머를 바라본다는 것은 참 많은 걸 품고 있다. 환자를 단순한 병에 걸린 사람으로만 보지 않고 하나의 생명으로 바라보게 하는 것과 평범한 사람들을 빛의 창조자로 만드는 연금술 같은 신비한 기술 말이다.

"보고 싶은 마마, 공주마마. 장군이옵니다. 그동안 잘 지내셨는지요? 밥도 잘 먹고, 잠도 잘 자고, 건강하게 지내는지? 이 몸도 건강하게 하루하루 잘 있사옵니다. 콩밥도 잘 먹고 있사옵니다. 걱정 마옵소서. 콩밥이라도 콩은 없습니다. 어떤 땐 콩이 밥에 섞여 나오면, 콩 싫어하는 마마가 생각납니다. 나도 이제 콩이 싫습니다. 빨리 콩밥 그만 먹고, 나가서 두부 먹어야지 그 생각하고 있습니다."

홍종두

part

7

사랑의 힘

오아시스

Oasis │ 제작 2002년 │ 감독 이창동 │ 출연 설경구, 문소리 영화 〈오아시스〉와 〈타이타닉〉은 아웃사이더들이 인사이더 안에 있는 사람들에게 조곤조곤 전달하는 사랑 이야기다. 평범하지 않은 사람들이 만들어가는 사랑 이야기를 통해 우리는 사랑의 다른 색깔들을 읽고 내가 알고 있는 사랑의 가벼움을 역설적으로 교정받는다. 그래서 영화가 끝나고 나면 많은 사람들이 한숨을 내쉰다. 내 사랑의 가면과 내 사랑의 가벼움 때문이다. 지금까지 내가 알고 있는 사랑의 공식이 "그 사람이 무엇을 좋아할까?"였다면 이 영화를 보고 난 후엔 "그 사람은 무엇이 불편할까?"로 바뀐다. 일방적 사랑에서 배려로 바뀌는 게 이들 사랑의 특징이다.

〈오아시스〉에 등장하는 홍종두는 전과 경력이 화려하다. 과실치사, 강간 미수에다 폭력 전과까지 이른바 철저한 사회 부적응자다. 사회는 물론 가족들까지 대놓고 그를 무시한다. 그가 일으킨 가장 큰 사고는 사람을 죽인 뺑소니다. 물론 그 사고는 홍종두가 낸 사고가 아니다. 형이 낸 교통사고를 자신이 대신 뒤집어쓴 것이다. 감옥에 있는 동안 가족들이 면회 한 번 안 왔지만 군소리 한마디 없다. 정서적 결핍에다 인지능력까지 떨어지는 그가 가진 유일한 것이 있다면 '인간애'다. 사람을 있는 그대로 보고 사람이 가진 진실을 볼 수 있는 눈을 가졌다는 것이다. 그는 껍데기로 사람을 판단하지 않고 알맹이로 사람을 판단한다. 두꺼운 가면을 쓰고 세상살이 놀음을 하는 현시대에 알맹이로 사람을 판단한다는 것 자체가 이미 아웃사이더다. 홍종두는 그런 사람이다.

이에 한공주는 한걸음 더 나아간다. 중증 뇌성마비 장애인이다. 영화의 제목처럼 철저하게 외로운 섬, 오아시스다. 교통사고로 아버지가 돌아가신 후 유일한 혈육이었던 오빠마저 떠났다. 좋은 집으로…, 물론 그 집은 한공주를 위한 장애인용 아파트다. 좋은 아파트를 오빠 가족이 차지하면서 자신은 죽은 아버지와 함께 살았던 허물어져 가는 낡은 주택 2층에 그대로 방치되었다. 그래도 오빠를 향한 원망 한마디 없는 날개 없는 천사다.

이창동 감독이 그려낸 새로운 사랑 방정식은 그래서 불편하다. 때론 논쟁적 장면도 등장한다. 하지만 본성의 눈으로 보면 새로운 접근이 가능하다. 감독은 이 영화를 통해 새로운 시각으로 영화 보기를 주문한다. 우리들의 눈이 아닌 그들의 눈으로 말이다. 타인의 시각으로 세상 보기와 뒤집어 보기가 어려운 사람들에게 이 영화는 그저 그런 영화다. 하지만 감독이 누구인가? 경북대에서 국어교육학을 전공한 사람이다. 탄탄한 시나리오적 구성을 바탕으로 소설 같은 영상을 구사하는 무림의 고수가 아니던가? 그의 경험을 초감각으로 되살려 거기에다 사회적 결핍까지 토핑(Topping)했다. 그저 웃고 떠드는 말초적인 영상을 양산하는 감독은 아니라는 의미다. 이창동 감독은 영화 〈오아시스〉에서 경계(境界)를 이야기했다. 구분과 경계를 목숨처럼 여기는 세상에서 경계를 허물라는 메시지는 위험하다. 그것이 그의 존재를 보석처럼 빛나게 하는 이유다.

　이창동 감독이 〈오아시스〉를 통해 경계를 이야기했다면 제임스 카메론 감독은 〈타이타닉〉을 통해 인간을 이야기했다. 경계와 인간의 차이는 없다. 경계를 넘어 인간을 보자는 메시지다. 논리는 간단한데 실천이 어렵다. 이상과 현실의 차이처럼. 〈타이타닉〉에 등장하는 큰 그림은 타이타닉의 침몰이라는 역사적 사실이다. 여기에서 한걸음 더 들어가면 죽음조차 갈라놓지 못한 아름다운 남녀의 진실한 사랑이 뚜껑을 열지 않은 판도라 상자처럼 조신하게 들어 있다. 그리고 그 너머엔 사람들 눈에는 보이지 않는 인간이 있음을 알게 된다. 루이 16세의 왕관을 장식했던 블루다이아몬드는 역사적 스토리와 그 자체의 가치로 이미 가격을 매길 수 없는 보물이다. 자칭 보물사냥꾼 선장이 로즈 도슨의 손녀딸과 함께 나누었던 대사에서 우리가 쫓았던 그 보물의 실체가 허상이었음을 알려주고 있다. "3년을 오직 타이타닉만 생각했는데 나는 잊고 있었어요. 그 안에 인간이 타고 있었다는 사실을⋯."

　물성에 사로잡혀 오직 사라진 다이아몬드만 생각했고 그걸 찾는 순간 일확천금을 누릴 것을 생각했던 선장이 로즈 할머니로부터 들은 죽음보다 더한 사랑 이야기에 내뱉었던 자기반성의 독백이다. 우리도 모두 잊고 있었다. 그 배 안에 인간이 있었다는 사실을⋯.

〈오아시스〉와 〈타이타닉〉

가장 아름다운 인간의 가치인 '사랑'. 이것보다 더 의미 있고 고귀한 삶은 없다. 사랑과 관련한 수많은 영화들 중 딱 두 작품만 고른다는 것은 고통이다. 영화 〈오아시스〉(2002)와 〈타이타닉〉(1997)은 진정한 사랑이 무엇일까를 고민하는 청춘들에게 '강추'하는 가장 이상 적인 사랑의 이정표다. 소설가 박완서는 "어떤 사랑 얘기도 귀를 번쩍 뜨이게 하지만 그것 이 추문일수록 더 가슴을 뛰게 한다"고 말한다. 남들의 입방아에 오르는 사랑! 당연히 그것 은 평범하지 않은 사랑이다.

〈타이타닉〉이 화려하고 눈부신 선남선녀들의 경계를 벗어난 사랑이라면 〈오아시스〉는 초라하고 보잘것없는 사람들의 한계를 벗어난 사랑이다. 아름다운 추문의 사랑이다. 그럼 에도 불구하고 우리가 이들의 사랑에 주목하는 이유는 우리가 놓치고 있는 사랑의 숨은 이야기가 있기 때문이다. 세상의 기준으로 본다면 단순한 가십거리의 사랑이지만 속살을 들여다보면 우리는 찾을 수 없는 진실된 사랑의 오아시스가 들어 있다. 그래서 사랑은 객관 식이 아닌 주관식이다.

영화 〈오아시스〉는 이창동 감독이 날린 만루 홈런의 영화다. 베니스 영화제에서 감독 상, 신인여우상(문소리)을 받아 한국 영화로는 세계 3대 영화제 최초 2개 부문을 석권하며 작품성을 인정받은 영화다. 삼류 인생의 저급한 사랑 이야기쯤으로 치부한 관객들에게 세 게 한 방 먹인 영화다. 전과자 홍종두와 뇌성마비 장애 여성 한공주, 이 아웃사이더들의 사 랑 이야기다. 인사이더 부류에 들지 못한 영원한 아웃사이더들의 발칙한 사랑 이야기에는 인사이더들은 갖고 있지 않은 원석의 사랑이 있다.

그에 비해 영화 〈타이타닉〉은 작품성과 흥행성 모두를 석권한 제임스 카메론 감독의 역 작이다. 아카데미 최다 11개 부문 수상과 전 세계 박스오피스 18억 달러 달성. 여기에다 영 화음악계 거장 호너와 윌 제닝스가 만들고 셀린 디온이 불렀던 전설의 OST 〈마이 하트 윌 고 온(My heart will go on)〉까지 눈부시다 못해 빛이 난다. 자유로운 영혼을 가진 가난한 화 가 지망생 잭 도슨(레오나르도 디카프리오 분)과 17세 소녀 로즈(케이트 윈슬렛 분)의 만남 은 운명과 우연이 만든 필연이었다. 4일간의 짧은 만남이었지만 가장 정직했고 뜨거운 사 랑을 나눈 사람들이 죽음을 통해 그들의 사랑을 확인한다. 타이타닉 호는 오래전에 이미 가라앉았지만 진정한 사랑은 영원히 가라앉지 않는다는 교훈을 준다.

1

아웃사이더들의 유쾌한 반란

모든 사람은 아웃사이더의 인생을 동경하면서 인사이더의 세상에서 벗어나지 않으려 한다. 두려움 때문이고 자유를 선택하는 동시에 안정을 잃기 때문이다. 그래서 우리는 자유를 포기하고 안정을 선택한다. 발은 땅을 딛고 있지만 머리는 하늘을 향해 있는 이유도 그것 때문이다.

　'아웃사이더(Outsider)'란 용어는 영국의 평론가 겸 소설가로 활동한 콜린 윌슨(Colin Wilson, 1931~2013)이 1956년에 낸 평론집 《아웃사이더》에서 시작했다. 열외자(列外者), 국외자(局外者)의 의미로 어떤 집단에서 원만하게 아무 탈 없이 지낼 수 없는 사람이란 뜻을 담고 있다. 특이한 사람이나 개성이 뛰어난 사람 정도로 해석할 순 있지만 극단적으로 '또라이'나 '오타쿠(Otaku, オタク)' 혹은 '히키코모리(Hikicomori, 引き籠

ⅱ)'란 의미는 아니다. 그냥 여기에서는 인사이더 범주에 들지 못한 사람들이란 의미로 받아들이면 될 것 같다. 그렇다고 니체, 헤르만 헤세, 도스토옙스키, 고흐의 천재적 광기의 공통점을 연구한 콜린 윌슨처럼 분석적이고 철학적인 면까지 생략하지는 않겠다. 그들은 생명의 에너지가 넘쳐흐르는 빛나는 광기의 소유자들이기에….

그래서 아웃사이더들에게는 우리에겐 이미 고갈되어버린 생명의 에너지가 넘쳐흐른다. 영화의 제목처럼 〈오아시스〉는 사막에만 존재하는 산 자들의 낙원이다. 아웃사이더들은 꿈꾸는 힘이 있다. 홍종두와 한공주가 만날 수 있었던 건 같은 꿈을 꾸고 있었기에 가능했다. 꿈을 꾸는 사람들은 사막에서도 오아시스를 발견한다. 그곳이 그들만의 세상 '낙원'이다.

황량한 사막 같은 세상, 이것이 우리가 사는 세상의 모습이다. 콘크리트들이 건물에만 있는 것이 아니다. 문명이 발달할수록 우리들의 가슴속에 견고한 벽이 자리 잡고 있다. 소통과 흐름을 거부한 곳에서는 풀 한 포기 자라지 않는다. 뭉쳐지지 않고 쌓여 있는 모래들처럼 단단한 벽 안에는 사막이 들어차 있다. 사막을 안고 살아가는 이들이 모인 곳도 역시 거대한 사막이다. 현대인들이 살아가는 삶의 공간은 더없이 광활한 사막이다. 홍종두는 이 사막을 홀렁 뒤집는 거침없는 사내고 한공주는 사막 위를 날아다니는 한 마리 나비다. 오아시스 안에서 그들은 코끼리와 마살라(Masala) 춤을 추는 여인과 피리 부는 소년을 만나며 세상의 편견을 피해 자유롭고 아름다운 그들만의 사랑을 키운다.

하지만 호두알 껍질보다 더 단단한 오아시스 밖의 세상에서 홍종두는 그저 현실의 반항자고 부적응자일 뿐이다. 형이 음주 운전과 뺑소니로 한공주의 아버지를 과실치사한 후 그는 형 대신 2년 6개월 실형을 살고 나왔다. 건들거리고 모자라며 삐뚤어진 모습에는 불량기가 차고 넘친다. 그런 그에게 가족들은 과실치사 하나쯤 더 추가해도 아무런 문제가 될 게 없지 않느냐고 적반하장 뻔뻔함의 극치를 보인다.

출소 날짜를 기억하기는커녕 혼자 두부를 사 먹고 가족들이 이사하면서 바뀐 주소조차 알려주지 않았던 것으로 봐서 가족 내 그의 존재는 증명됐다. 그림자다. 그럼에도 불구하고 그에게 있는 생명의 에너지는 항상 사람을 향해 있다. 자신을 인정하지 않는 가족을 향하고 홀로 버려진 한공주를 향하고 그녀의 어두운 마음을 향한다. 자신보다 더 가족을 사랑할 수 있고 자신보다 더 한공주를 사랑할 수 있었던 에너지도 그가 가진 사람을 향한 생명 에너지 때문이다.

형을 대신해 뺑소니 사고로 죽은 한상희 씨 댁을 찾아간 것도 그 때문이다. 미안함과 사람에 대한 연민. 안타깝게도 그에겐 뻔뻔함이 없었다. 뇌성마비 장애인 한공주를 처음 본 순간 사랑에 빠진 것도 그 때문이다. '무식은 용감하다'는 전설의 용어가 그에겐 일상이다. 사랑도 거칠고 표현도 거칠다. 거친 가면을 쓴 양이다.

그에 비하면 한공주는 독특하다. 가면이 없다. 스스로가 가면이자 내면이다. 하지만 사람들은 가면만 본다. 똑같은 가면이지만 보는 이의 마음 빛에 따라 달라 보이는 가면. 한공주는 그런 독특한 가면을 갖고 있다. 일그러지고 뒤틀린 사지 육신의 몸뚱이는 그녀가 가진 가면의 실체다. 그 일그러진 가면 때문에 사람들은 그녀를 보지 못하고 찾지도 않는다. 그래서 오랜 시간을 혼자 노는 데 익숙하다. 시간을 즐기고 외로움을 즐긴다. 꿈을 꾸고 몽상을 즐긴다. 혼자 있는 그녀에게 유일한 놀이 친구는 안방에 걸려 있는 오아시스 태피스트리와 거울이다. 한 발자국도 움직일 수 없었던 그녀에게 태피스트리에 그려진 오아시스와 코끼리 그리고 마살라 춤을 추는 인도 여인과 피리 부는 아이는 자신의 상상 속에 등장하는 유일한 꿈의 친구들이다.

거울은 그녀의 유일한 장난감 도구며 뒤틀린 몸으로 할 수 있는 최고의 놀잇감다. 그녀는 햇빛을 가지고 논다. 빛의 조각을 불러 비둘기와 나비로 만들고 논다. 상상과 놀이가 만든 기막힌 즐김이다. 손과 발을 내 맘대로 움직이지 못하는 박제된 허수아비가 움직이지 않는 팔을 휘휘 내저으며 참새를 쫓는 것처럼 그녀는 그렇게 허허로운 팔을 휘저으며 빛의 놀이를 즐기고 있다. 그것이 외로운 그녀의 최선이다.

오빠가 그녀 앞으로 나온 임대주택을 차지해서 살아도 군소리 한마디 없다. 옆집 아주머니와 남편이 자신의 집 안으로 들어와 그녀가 보고 있는 앞에서 남은 욕정을 쏟아내도 말 한마디 하지 않는다. 그녀는 그런 사람이다. 세상 사람들이 가진 일반적인 눈으로는 그들의 몸짓과 눈빛을 좇아갈 수 없다. 손가락 너머의 세상을 읽을 수 있는 눈이 네 개 달린 방상시(方相氏) 정도나 그들의 마음을 헤아릴 수 있으려나. 종두와 공주는 이렇게 껍데기가 아닌 알맹이를 바라보는 유일한 사람들이었다. 그들만의 공간 '오아시스'는 두 사람의 마음속에만 존재하는 전설의 아틀란티스다. 깊은 강물이 소리 없이 흐르듯 그래서 두 사람의 사랑은 소리가 나지 않는다.

〈오아시스〉의 자유로움으로

세상에서 가장 착한 손을 가진 남자
세상에서 가장 맑은 눈을 가진 여자
우리, 사랑하게 해주셔서 감사합니다.

영화 〈오아시스〉에 등장하는 포스터 카피다. 일그러진 몸뚱이와 건들거림의 트라우마를 그림자처럼 평생 지니고 살아온 사람들이다. 아웃사이더로 눈칫밥만 지금까지 먹고 온 사람들이다. 디오게네스처럼 영혼의 자유로움을 갖고 살아온 사람들에게 포스터 카피에 등장하는 글은 발칙한 역설이다. 세상의 모든 눈총이란 눈총은 다 받고 천덕꾸러기로 살아온 그들이 오히려 세상을 향해 고맙다고 인사한다. 아름다운 뒤집음이다. 세상의 편견과 시선으로부터 자유로울 수 있다는 것. 사실 그것이 모든 행복의 시작임을 그들은 알고 우리만 모른다.

'생존의 이유'와 '삶의 의미'를 화두로 삼아 심리적 갈등을 해소시키는 실존주의 심리이론의 하나인 의미치료(Logotherapy)의 세계적인 권위자 빅터 플랭클(Victor Frank, 1905~1997)은 학력, 경력, 재산 등에 대해 우리 사회에서 암묵적으로 통용되는 '연령대별 출세 기준표'에서 자유로울 때 진정한 행복의 가치를 느낄 수 있다고 말했다. 아우슈비츠 수용소에서 수십 번의 죽을 고비를 넘긴 정신과 의사의 촌철살인이 묻어난 금쪽같은 조언에도 삶의 의미를 경험하지 못한 우매한 이들은 눈만 껌뻑일 뿐이다. 여기에 한걸음 더 나아가 최근 하버드 대학에서 가장 인기 있는 교수로 세계적으로 유명세를 탄 긍정심리학의 전파자 탈 벤 샤하르 교수는 "행복은 우리 호주머니에 들어 있는 금전의 양과 사회적 지위에 있는 것이 아니고 즐거움과 의미가 만나는 곳에 행복이 있다"고 역설했다. 이들 전문가들의 말을 빌리면 홍종두와 한공주는 그야말로 완벽한 행복 매니저들이다. 그들에겐 출세 기준표도 없으며 모두가 갖고 싶어 하는 돈과 사회적 지위로부터도 무한히 자유로우니 말이다.

사랑을 느낀 종두의 삶은 자유로움 그 자체다. 세상의 그 어떤 시선으로부터도 자유롭고 세상의 그 어떤 편견으로부터도 자유롭다. 사랑이 그렇게 만들었고 사랑이 그렇게 사람을 변화시켰다. 그는 사랑을 입이 아닌 몸으로 실천하는 진정한 로맨티시스트다. 아웃사이더였던 종두가 사랑 안에서 인사이더로 거듭나면서 그가 보인 사랑하는 사람을 위해 가장 먼저 한 건 하늘을 함께 보는 것이었다.

혼자선 단 한 발자국도 옮길 수 없는 그녀가 가장 보고 싶은 건 어쩌면 바다보다 푸른 하늘이었는지도 모른다. 하늘이 보고 싶다는 말을 그녀는 그 누구에게도 하지 않았다. 자신의 외로움을 알까 봐 속마음을 꼭꼭 숨기고 들키지 않았다. 하지만 상대의 입장에서 조금만 생각해본다면 콘크리트 더미로 둘러싸인 그 범 아가리 같은 공간을 탈출하고 싶었을 것이라는 생각은 짐작해볼 수 있다. 일상인에게 너무 평범한 하늘 보기가 그녀에겐 소원 같은 기도가 되어버린 그 차가운 진실을 우리는 감히 짐작조차 못했기 때문이다. 그래서 〈오아시스〉를 눈이 아닌 마음으로 보아야 발견할 수 있는 '생명의 샘'이라고 말하는 것이다. 종두는 그런 사람이었다. 우리가 보지 못하는 공주의 마음마저 뚫어보는 통찰력을 지닌 진정한 디오게네스였다.

하늘을 함께 본 덕분일까? 그들의 만남은 속도를 낸다. 그다음 종두가 공주를 위해 한 일은 의외로 뜻밖이다. 밖으로 나가 놀이공원에서 시간을 보내는 그림이 영화적 관점으로 보았을 땐 무난할 것으로 생각했는데 감독은 우리들의 일반적 생각을 또 한 번 뒤집는다. 한공주의 집에서 그녀의 빨래를 해주는 장면으로 콘셉트를 잡았던 것이다. 이후에 함께한 지하철에서 다른 연인들이 데이트하는 장면을 똑같이 상상으로 만든 장면이나 식당에서 쫓겨나게 만든 장면들은 가장 평범한 일상조차 편하게 누리지 못하는 장애인을 대하는 우리 사회의 왜곡된 시선을 날것으로 보여주고 있다. 장애 시설을 혐오 시설로 생각하는 야만적 시각과 장애 시설이 들어오면 집값이 떨어진다는 천박한 황금만능주의 사고가 없어지지 않는 한 그들이 볼 수 있는 오아시스를 우리는 절대 발견할 수 없을지도 모른다.

홍종두의 사랑을 확인한 한공주는 홍종두에게 함께 밤을 보내자고 말하지만 두 사람이 함께 사랑을 나누는 모습을 오빠 식구들에게 들키고 졸지에 홍종두는 강간범으로 몰린다. 현행범으로 잡혀 경찰 호송차에서 경찰이 그에게 묻는다.

"너 변태지? 솔직히 말해봐."

두 사람의 관계를 알 리 없는 경찰 입장에선 당연한 질문인지 모른다.

"야, 임마! 솔직히 성욕이 생기데?"

어떻게 저렇게 생긴 여자에게 성욕이 생길 수 있냐는 또 다른 형사의 질문이다. 세상 사람들 모두의 시각으로 볼 때, 어쩌면 홍종두는 미쳤고 인간이 아닐지도 모른다. 한 생명과 존재를 있는 그대로 사랑할 줄 아는 '우주의 빛'은 사실 모두가 지닐 수 있는 보석은 아니기 때문이다.

    우왕좌왕, 좌충우돌로만 비쳐지는 홍종두가 말없이 영화를 보는 모든 이들의 심금을 울리는 영상이 있다. 경찰서에서 목사와 함께 기도하는 어머니 곁을 필사적으로 뛰어나와 한공주 집 앞에 머리를 푼 귀신처럼 서 있는 플라타너스 위에서 미친 듯이 가지를 자르는 장면이다. 강간당한 것이 아니라고, 그를 잡아가지 말라고 몸으로 외치는 한공주의 소리는 아무도 듣지 못한다. 게다가 세상 사람들은 모르지만 둘만이 아는 의식, 나뭇가지를 자르는 홍종두의 노력을 아는 유일한 한공주는 당신의 마음을 나는 알고 있다는 사실조차 전달하지 못한다. 다만, 자신이 세상과 소통하고 있는 유일한 도구인 라디오, 언젠가 청계 고가다리 도로 위에서 라디오 볼륨을 높이고 홍종두에게 안겨서 음악을 들으며 춤을 출 때 함께한 라디오를 틀면서 고마움과 애틋함을 무심한 '소리'로 전달할 뿐이다.

    그 기막힌 순간에 둘은 오아시스를 보았다. 허례와 허식을 처단하듯, 온갖 사회적 가면을 벗어던지듯 가지치기를 하며 한공주의 두려움을 없애는 홍종두의 장군 같은 몸짓과 그 마음을 절절하게 느끼는 한공주의 보석 같은 마음이 울려 오아시스를 만드는 것이다. 누가, 이 오아시스를 보았던가? 그 누구도 보지 못한 오아시스는 마르지 않는 물이 되어 현실 속 한공주에게 빗질할 힘을 주었고 우리들에게는 사라지지 않는 감동을 주고 있다.

■ 무소유의 자유로움으로

〈타이타닉〉의 잭 도슨은 아무것도 가진 것이 없는 빈털터리다. 새로운 미래를 위해 그가 가진 모든 것을 작은 도박판에 걸 만큼 무모하고 엉뚱하다. 가진 것이 없었기에 가능한 일인지도 모른다. 인생을 마치 한판의 게임처럼 즐기듯 사는 모습에서 무소유의 철학을 가진 법정 스님의 모습을 보았다면 지나친 비약일까? 자신의 목숨까지 아낌없이 내어주고 욕심 없이 살아가는 잭의 모습과 법정 스님의 길이 색깔은 달라도 내면의 빛은 닮아 있다.

법정(法頂, 1932~2010), 이분이 누구인가? 이 시대 최고의 선승(禪僧)이 아니었던가? 성철 스님 사후 절간에 심지가 곧고 굳센 분이 여럿 있었지만 강철 같은 화두(話頭)를 잡고 스스로에게 주장자(拄杖子)를 채찍처럼 휘두른 분이었다. 어느 공양주 보살이 스님에게 1,000억을 시주하겠다고 해도 눈 하나 꿈쩍하지 않고 단칼에 베어버린 거절의 백미는 지금까지 절간을 넘어 사부대중들에게 내려오는 전설 중의 전설이다. 대한민국의 모든 분야가 썩어 악취가 진동할 때에도 홀로 묵묵히 침향(沈香)을 피우는 향로처럼 자신의 정신적 수양을 그렇게 닦았다. 어쩌면 지금 우리의 정신세계가 이렇게 어지럽고 혼탁한데도 이나마 버티고 있는 것도 오로지 스님이 스스로 태운 향내 덕분은 아니었을까?

법정 스님의 모든 걸 압축하고 있는 '텅 빈 충만'과 잭 도슨의 스스로를 희생하는 '비움'의 정신은 '즐김'과 '당당함'에서 나온다. 1,000억의 유혹에도 눈 하나 깜짝하지 않고 유혹을 단칼에 베어버릴 수 있었던 것도,

사랑하는 사람을 위해 기꺼이 자신의 목숨을 던져버릴 수 있었던 이유도 여기에 있다. 호주머니에 들어 있는 금전을 제외하고 모든 걸 다 가진 그들은 진정 돈의 속박에서 벗어난 유일한 자유인이었고 생의 가장 위대한 가치인 자유를 진실로 즐길 수 있는 위대한 영혼의 소유자들이었다.

사랑 없는 결혼을 해야 하는 꽉 막힌 자신의 미래를 낙담해 타이타닉 선미에서 자살하려는 로즈를 구해준 덕분으로 다음 날 만찬에 초대를 받은 잭이, 당대 최고의 부호들 앞에서도 절대 기죽지 않았던 이유도 즐김과 당당함이 있었기 때문이다.

"3등실 여행은 좀 어때요? 괜찮다 들었는데…."

로즈와 가깝게 지내는 잭이 눈에 찰 리 없는 로즈의 엄마가 잭의 약점을 툭하고 건드린다.

"아주 좋습니다. 쥐도 없고."

로즈 엄마의 신경을 건드리는 질문을 가볍게 웃으며 넘긴다. 대단한 내공이다. 여기에 로즈의 약혼자 칼은 한 술 더 떠서 결정타를 남긴다. 그의 위치와 신분을 명확히 각인시켜준다.

"도슨 씨는 3등실 손님이죠. 제 약혼녀를 구해서…."

여기에 도저히 낄 수 없는 사람인데 자신의 약혼녀를 구해서 여기 있을 뿐이니 크게 신경 쓸 필요가 없다는 의미다. 사람을 인격으로 보지 않고 신분으로 판단하는 그의 성격이 그대로 드러난다.

"도슨 씨? 지금 사는 곳은?"

"현재로선 이 배의 3등 선실이고…, 이제 찾아봐야죠!"

"여행비는 어떻게 마련했죠?"

"여기저기 떠돌며…, 닥치는 대로 일하죠. 이번 배표는 사실 포커판에서 땄고 운이 좋았죠!"

"인생이 도박이죠?"

"위험한 발상이죠? 안 그런가?"

"그런 장돌뱅이가 좋은가 보죠?"

"그렇습니다. 저로선…, 부족할 게 없죠! 내가 숨 쉴 공기와 스케치북 한 권. 내일은 무슨 일이 일어나고 누굴 만날지 어떻게 될지 다리 밑에서 잠들 때가 있는가 하면…, 이렇게 멋진 식사 대접을 받기도 하고."

"삶이란 낭비해서 안 되는 게…, 어떻게 될지 알 수 없기 때문에…."

로즈의 엄마와 약혼자 칼은 3등 칸의 승객이 자신의 약혼녀를 구해준 것이 못마땅하다. 그래서 잭의 처지를 의도적으로 드러내고 부각시킨다. 심지어 그런 인생이 얼마나 무책임한 것이냐고 훈계까지 늘어놓으며 은연중 자신들이 가진 돈의 권력을 자랑한다. 돈과 명예 그리고 돈이 만든 높은 지위를 가졌지만 결정적으로 그들에게는 사람 향기가 없었다. 태어날 때부터 돈과 명예를 가지고 나온 사람들은 모른다. 돈과 명예가 사람의 향기를 갉아먹는 세균이란 사실을. 그들의 눈빛은 사람들의 단점만 바라보는 매와 같은 눈을 지녔고 그들의 손길은 시리도록 차갑고 매몰찼다. 장미 향을 가진 로즈가 그들의 얼음 같은 이성과 말라버린 그들의 차가운 감성에 사랑을 느끼지 못하는 것은 어쩌면 당연한 일이었는지도 모른다.

높은 신분과 계급만큼 인격의 크기도 크고 높으면 얼마나 좋았겠냐만 안타깝게도 당시 그들의 인격은 그렇지 못했다. 1912년 4월 10일 영국의 사우샘프턴에서 출발한 타이타닉이 출항 4일 만인 4월 14일 23시 40분 모두가 잠들 시각 북대서양의 뉴펀들랜드로부터 남서쪽으로 640

킬로미터 떨어진 빙하와 충돌한다. 침몰할 당시 그 배에는 에드워드 존 스미스 선장과 승무원, 승객 등 모두 2,200명 이상이 탔을 것으로 추정했다. 배에는 16척의 구명보트와 4척의 접는 보트가 있었지만 영화처럼 절반의 인원만 탑승이 가능했다. 1등실 승객 인원 329명, 2등실 승객 인원 285명, 3등실 승객 인원 710명 총 1,324명의 승객 중 1등실 여성 승객의 생존율은 97퍼센트였고 2등실은 84퍼센트, 3등실은 55퍼센트만 생존했다고 한다. 절체절명의 위기 속에서도 3등실 승객에게 내려진 명령은 "갑판 아래 그대로 대기하라!"였다. 이런 기막힌 지시로 1,513명의 희생자가 발생했고 생존자는 고작 711명뿐. 다급했던 당시의 상황이 숫자로 증명하고 있다. 가장 많은 희생자들은 3등실에서 나왔고 그들은 지시에만 따른 죄밖에 없었다. 굳이 그들에게 죄를 묻는다면 가난이 죄였을까?

절대로 침몰하지 않는다고 별명까지 '불침선'으로 불렸던 오만의 극치 '타이타닉'은 세계 최초로 방수 구획을 도입했다고 자랑했다. 그러나 완벽은 인간의 머리로만 가능하다는 듯 현실은 달랐다. 충격의 정도가 달랐고 완벽하다고 자랑했던 방수 구획이 설계와 달랐다. 16개의 구획으로 나누어진 방수격벽이 실제로는 완전 방수가 아닌 데다 측면 충돌로 상처 난 구획이 생각보다 많았고 물의 침투가 생각보다 빨랐다. 걷잡을 수 없는 재난에 상황을 판단하지 못하는 인지 부조화는 사람들을 이성적 대처보다 동물적 야만성만으로 움직이게 했다. 인간의 오만이 불러온 세계 최대의 해양 사고는 이성이 아닌 야만의 승리로 끝났다.

그럼에도 불구하고 〈타이타닉〉이 아름다운 기억으로 남아 있는 이유는 배와 함께 운명을 함께한 스미스 선장과 자신의 구명보트를 기꺼이 양보한 아름다운 선원들, 죽음의 순간까지 사람들을 위해 곡을 연주한 악사들의 절대적 희생이 보석보다 빛났기 때문이다. 서로 살겠다고 발버둥치는 지옥의 생존 현장에서 잭이 보여준 아름다운 희생이 그래서 눈물겹게 아름답다. 진정한 사랑이란 자신의 모든 것을 내어주는 희생이란 걸 잭과 로즈의 눈빛에서 배운다.

2

사랑이 사람에게
전하는 말

세계적으로 인지도가 있는 대학교수들 중에 특별히 감동적인 강연을 펼쳐 명성을 얻은 사람들을 우리는 보통 명강사라 부른다. 이중에서도 세계적으로 유명한 아이비리그의 3대 명강사라면 '정의(Justice)'로 유명한 하버드 대학교의 마이클 샌델 교수와 같은 하버드대에서 '행복론(Happier)' 강의로 유명해진 탈벤 샤하르 교수 그리고 예일 대학교에서 '죽음(Death)'을 강의하는 셸리 케이건 교수, 이렇게 세 명을 든다.

그중에 셸리 케이건 교수의 '죽음이란 무엇인가'에 대한 개인적인 궁금증이 오래전부터 있었다. 책을 읽기 전에 가졌던 집채만 한 궁금증은 책을 읽고 나서는 다소 김빠진 맥주처럼 떨떠름했지만, 결국 학자의 죽음에 대한 자기 의견은 논리적이고 철학적이었으며 죽음에 대해 결코 두려움을 갖지 말라는 메시지가 전부였다. 죽음을 초월하란 뜻보다는 인정하란 쪽에 더 가까웠다. 죽음을 이야기하고 있지만 삶을 바라보라는 취지였다고 할까? 처음엔 "세계적으로 유명한 강의에서 왜 인간 생존의 이유인 '사랑'의 메시지는 없을까?"라는 궁금증이 다소 있었다. 하지만 이 강의들의 숨은 메타포를 해석하고 녹여 나가다 보니 한결같이 사랑을 향하고 있었고 사랑이 들어 있지 않은 이야기는 단 한 곳도 없었다는 사실을 깨달았다. 정의와 행복 그리고 죽음의 모든 지향점은 결국 사랑이었다. 사랑의 심장이 다르게 뛸 뿐이었다.

독일의 시인이자 한때 로댕의 비서로 근무한 특이한 경력을 가진 라이너 마리아 릴케(Rainer Maria Rilke, 1875~1926)는 전환기의 격동 속에서 실존의 고뇌를 온몸으로 겪으며 '눈으로 본 시'가 아닌 '마음으로 느낀 시'를 썼던 사람으로 유명하다. 모든 사랑을 장미에 비유할 만큼 장미를 사랑했던 시인으로 우리에게 잘 알려진 인물이다. 그의 시에 장미가 250번 이상 등장할 만큼 장미는 그에게 전부였다. 해바라기를 보면 태양처럼 살다간 고흐를 떠올리듯 장미는 릴케의 모든 것이었다. 결국 그는 그렇게 사랑하는 장미 가시에 찔린 것이 원인이 되어 그의 지병이었던 백혈병의 합병증으로 장미보다 더 붉은 생을 마쳐야만 했다. 마음으로 세상을 바라본 그가 가슴으로 깨달은 사랑은 "두 개의 고독한 영혼이 서로 지키고, 접촉하고, 기쁨을 나누는 데 있다"였다.

릴케가 표현한 사랑의 정의처럼 〈오아시스〉와 〈타이타닉〉 속에 등장하는 주인공들의 사랑을 이렇게 정확히 묘사한 글도 드물다. 홍종두와 한공주 그리고 잭과 로즈는 고독한 영혼들이었지만 누구보다 맑고 향기로운 영혼의 소유자들이었다. 릴케의 시에 그려진 정의처럼 그들은 서로를 지켜주었고 접촉했으며 또 함께 기쁨을 나누었다. 감옥과 죽음까지도 그들의 사랑을 막지 못했다. "사랑하는 사람들을 위해 고통을 함께 나눌 회가 찾아온다면, 그것은 가장 커다란 축복이라고 할 수 있다". 17세기를 대표하는 스페인의 가장 유명한 작가이며 동시에 예수회 신부였던 그라시안(Baltasar Gracián, 1601~1658)이 남긴 사랑의 명언이다. 그의 말처럼 그들은 사랑하는 이들을 위해 기꺼이 상대방의 고통을 나누어 가졌다.

감옥에서 탈출한 홍종두가 사랑하는 공주를 위해 무리하게 경찰서를 탈출해 의정부까지 갔던 건, 당분간 보지 못할 그녀를 위해 그녀를 무던히도 괴롭혔던 그 괴물 같은 나무 하나만이라도 없애주어야겠다는 마음과 작은 것도 소홀하게 생각하지 않고 기억하며 함께 아파했던 따뜻한 심장이 있었기 때문이다. 1,500여 명이 죽었던 침몰의 현장에서 단 6명의 생존자 중 한 사람이 로즈일 수 있었던 이유는, 그녀가 마지막까지 잠들지 않도록 이야기해주고 얼음보다 더 차가운 바닷속에 자신의 몸을 담그며 그녀를 위한 세레나데 같은 마지막 사랑의 독백을 남겼던 행복한 남자 잭이 있었기 때문에 가능했다. 그라시안의 말처럼 사랑은 사랑하는 사람을 위해 기꺼이 고통을 감수하는 세상에서 가장 아름다운 축복이었다.

〈오아시스〉와 〈타이타닉〉 속에 숨겨진 사랑을 압축적으로 정의 내렸던 또 다른 최고의 명언은 우리에겐 익숙하진 않지만 촌철 같은 명언으로 유명했던 19세기 스위스의 사상가이자 법률가인 카를 힐티(Carl Hilty, 1833~1909)가 그의 묘비명에 적어놓은 감동적인 명대사다. "사랑은 모든 것을 이긴다." 와우! 어떻게 이렇게 간단하면서 강렬하게 사랑의 정의를 내릴 수 있을까? 세상에 존재하는 수많은 사랑의 정의 중에 카를 힐티가 내린 정의보다 명확하고 가슴에 와 닿았던 사랑의 개념은 일찍이 없었다. 영화 속 주인공들이 우리에게는 다소 무모하게 비춰질 수 있었던 사랑을 이루어나갈 수 있었던 것도 어쩌면 이처럼 강렬한 사랑의 힘이 있었기 때문은 아닐까? 사랑은 모든 것을 이긴다는 주문처럼 말이다.

한때 우리나라에 와서 많은 사람들에게 감동을 선물해준 닉 부이치치를 모르는 사람은 이제 없다. 그가 보여준 감동적인 삶은 전 세계 사람들에게 생존의 이유와 삶의 의미를 찾게 했다. 특히 그의 부인이었던 카나에의 가슴으로 보여준 사랑의 증거는 영화를 통해 본 홍종두와 한공주, 잭과 로즈의 사랑이 그저 영화 속의 이야기가 아님을 증명해주는 영화를 뛰어넘은 사랑의 이야기였다. 어쩌면 우리들이 점점 메말라가는 이 각박한 세상에서도 마지막 희망을 안고 살아갈 수 있는 것도 닉 부이치치 부부와 같은 사랑의 기적이 세상 곳곳에서 일어나기 때문은 아닐까? 여기에 나온 사람들의 사랑은 결코 평범하지 않은 사랑이다. 하지만 따지고 보면 우리들의 모든 사랑도 그러하다. 세상에서 단 하나의 사랑을 하고 사랑 안에서 세상에 처음인 사랑을 한다. 사랑은 항상 처음의 얼굴을 하고 온다. 늘 그러하듯 해는 조용히 아침을 밝히고 사랑은 조용히 세상을 밝힌다.

■ 사랑의 다른 빛깔들

문득 사랑의 빛깔과 소리가 궁금한 적 있었다. 분홍색에 웃음소리라고 대답하지 마시라. 다 말라비틀어진 행주 짜는 소리 같다. 우연히 찾아본 사랑의 빛깔과 소리에 숫자 하나가 몰래 숨어 있었다.

사랑의 빛깔은 일곱 빛깔의 무지갯빛이며 사랑의 소리는 일곱 가지 음색을 갖고 있다. 숫자 '7'이 어디 그뿐일까? 한 주는 7일로 돌아가고 우리가 타는 비행기의 모든 기종은 보잉 707, 777 등 7로 시작해서 7로 끝나고 우리가 무의식적으로 들르는 편의점 이름도 세븐일레븐이다. 심지어 주사위의 모든 대면(對面)의 합도 항상 7이다. 예를 들면 주사위 1의 대면은 6, 2의 대면은 5, 3의 대면은 4, 이런 식이다. 그래서일까? 7을 서양에서는 행운의 숫자라고 이야기하고 죽기 전에 꼭 들어야 할 클래식 명곡 중 베토벤의 〈교향곡 제7번〉은 청력을 잃어버린 상태에서 만든 곡이었지만 그가 만든 음악에는 리듬의 약동과 힘이 들어 있다고 한다.

결국 숫자 '7'은 우리들 마음속에 있는 생명에 대한 모든 사랑이 만든 행운의 숫자인 것이다. 그래서 진정한 사랑에는 편견과 오만이 없다고 한다. 우리들 스스로가 만든 편견은 다른 사람을 사랑하지 못하게 하고 우리가 만든 오만은 다른 사람이 나를 사랑하지 못하게 만든다. 홍종두가 한공주를 보고 로즈가 잭을 볼 수 있었던 것도 편견과 오만이 없었기 때문이다. 사랑을 통해 일곱 빛깔 무지개를 보고 일곱 가지 사랑의 소리를 들을 수 있는 사람은 그래서 행운아들이다. 〈오아시스〉는 숫자 '7'을 품고 있고 만들 수 있는 사람들만 만날 수 있는 행운이다.

사랑에도 자기만의 빛깔이 있다. 무지개 빛깔처럼. 강원도 산골 어느 살처분 현장에서 일어난 '어미 소의 모정'은 석시콜린이라는 마취제가 몸에 퍼지는 마지막 순간에도 자신의 송아지에게 젖 한 번 먹이고 죽겠다는 어미 소의 간절함이 깃들어 있다. 그 간절함은 10초면 죽을 소를 1분 40초까지 버티게 만들었던 모정의 힘이 만든 노랑 빛깔 사랑의 기적으로 기억되고 있다.

어디 그뿐이던가? 영화 〈최종병기 활〉(2011)에서 조선 최고의 명사수 남이가 자신의 여동생 자인을 구하기 위해 절체절명의 순간에 활을 곡사로 쏘아 여동생을 구하고 쥬신타를 죽이는 것이 가능했던 이유는 여동생만은 절대 잃지 않겠다는 간절한 염원이 담긴 절절한 오누이 간의 늘 푸른 초록 빛깔 사랑의 힘이 있었기 때문에 가능했다.

그런가 하면 영화 〈바람의 파이터〉(2004)에서 주인공 최배달은 두 번의 입산을 통해 자기와의 싸움을 완성한다. 무도인과 사랑의 콘텐츠는 언뜻 연결이 잘 되지 않는 그림이지만 최배달은 사랑을 무도의 궁극에 둠으로써 무도의 깊고 높은 경지를 완성했다. "무도의 완성은 사랑이다!" 최배달 최고의 어록으로 손꼽히는 이 명대사는 무도를 넘어 무도를 바라본 사람만이 말할 수 있는 최고의 경지며 모든 것을 초월한 흰색 빛깔 사랑이다.

누가 물었다. 인생이 무엇일까요? 스치듯 묻는 말에 누가 던지듯 대답한다. "인생이 뭐 별거냐? 김이 폴폴 나는 갓 구운 빵을 한 입 크게 베어 무는 것, 그게 인생 아니겠어?" 남들에게는 별 의미가 없지만 나에겐 아주 소중한 행복인 것, 그게 바로 인생이라 말하는 작지만 확실한 행복이 사랑의 시작일 거라고 세상 사람들은 목소리를 높인다.

지금의 행복을 제대로 느끼기 위해선 가끔 현재와 정반대되는 상황을 되돌아보면 우리가 지금 누리는 '지금 여기'가 얼마나 소중하고 의미 있는가를 역설적으로 깨닫기도 한다. 셸리 케이건의 '죽음' 강의보다도 영화 한 편이 때로는 더 강렬하게 삶과 죽음의 의미를 알려주는 경우도 있다. 한국 영화사에 한 획을 그은 것으로 평가를 받는 김용화 감독의 〈신과 함께-죄와 벌〉(2017)는 개봉되자마자 한국 영화 역대 두 번째로 높은 흥행 신화를 이뤄 블록버스트급 한국 영화의 새로운 역사를 썼다는 평을 받으며 1,440만 명을 극장으로 불러들였다.

전설의 웹툰 작가 주호민의 원작을 영화화한 〈신과 함께-죄와 벌〉는 화재 사고 현장에서 여자아이를 구하고 죽음을 맞이한 의로운 귀인 소방관 자홍(차태현 분)의 환생을 뼈대로 한국 전통 설화에 현대적 상상력을 가미한 삶과 죽음의 경계를 넘나드는 스토리다. 앞서 언급한 사랑의 특징들과는 차별화되는 보랏빛 여운이 감도는 희생적 사랑의 영화다.

이렇듯 사랑의 이름으로 만들어진 수많은 스토리는 비록 각자의 색깔은 서로 다르지만 결국 '사랑은 모든 것을 이긴다'는 걸 보여준 아름다운 사례들은 아닐까? 닉 부이치치와 카나에, 백석과 김영한의 감동적인 사랑 그리고 영화 〈오아시스〉, 〈타이타닉〉에서 보여준 남녀 간의 절절했던 사랑, 〈최종병기 활〉에 등장한 남이와 자인의 오누이 간 혈육의 사랑, 최배달이 보여준 인간의 사랑, 〈신과 함께〉에서 자홍의 희생적 사랑 그리고 우리가 잊고 있었던 '어미 소의 모정'까지 적어도 사랑에 한계와 경계는 없다.

"사랑할 수 있다는 것은 모든 것을 할 수 있다는 것이다"라고 말한 러시아의 소설가 겸 극작가인 체호프(Anton Chekhov, 1860~1904)의 명언에는 홍종두와 잭의 몸으로 보여준 사랑이 오버랩되며 가슴에 숨겨진 푸른 파도가 일렁인다.

문소리와 다니엘 데이 루이스

'연기의 신(神).' 이 말은 연기자라면 죽기 전에 단 한 번이라도 듣고 싶은 말일 것이다. 이 말 속에는 연기에 대한 배우의 열정, 배역에 대한 몰입과 이해는 물론이고 연기 결과에 대한 호평까지 모두 포함되어 있다. 한 마디로 연기에 대한 지극한 사랑의 표현, 그 이상이 담겨 있다는 뜻이다. 다니엘 데이 루이스! 그의 이름 하나가 영화의 모든 것을 말해주는, 할리우드에서 손꼽히는 연기파 배우다. 가끔 우리는 영화를 보다가 배우가 실제 그 역할의 진짜 주인공 같다는 착각에 빠질 때가 있다. 엄청난 연기의 몰입도로 사람들의 착각을 불러일으키는 '메소드 연기'의 달인이 바로 다니엘 데이 루이스다. 그를 통해 나를 되돌아볼 수 있다는 건 그래서 행운이다.

연기 인생 40 평생 단 21편의 영화만 찍은 배우. 그동안 어떻게 밥은 먹고 살았을까? 궁금해지기까지 한 이 배우에게 우리는 작은 일에도 최선을 다하라는《중용》23장의 교훈과 지나치리만큼 완벽을 추구하는 일에 대한 열정을 동시에 읽는다. 껍데기가 아닌 알맹이로 산다는 것, 가면이 아닌 내면으로 산다는 것이 얼마나 어려운지 아는 세상 사람들에게 그의 연기 행보는 차라리 기행에 가깝다. 박수 소리 이면에 들리는 '지독한 놈'이란 칭찬인지 독설인지 헷갈리는 언사는 그래도 애교에 가깝다. 하지만 그가 선택한 영화에서 그가 몰입한 역할에 대한 진지함은 그 어떤 찬사로도 부족함이 없는 최고의 살아 있는 증거다.

〈나의 왼발〉(1989)에서 주인공이자 실존 인물이었던 크리스티 브라운을 혼신의 힘을 다해 연기하며 그의 생애 첫 아카데미 남우주연상을 받았다. 그의 전매특허가 된 메소드 연기는 이때부터 본격적으로 시작되었다. 촬영 기간 내내 휠체어에서 단 한 번도 내리지 않았고 식사까지 휠체어에서 직접 하며 뇌성마비 장애인들의 아픔을 머리가 아닌 가슴으로 느꼈다. 오랫동안 웅크리고 있는 바람에 갈비뼈 두 대가 부러졌다는 이야기는 그가 만든 전설의 시작일 뿐이다. 케네스 브래너, 톰 크루즈, 모건 프리먼, 로빈 윌리엄스 등 이름만 들어도 다리가 후들거리는 전설의 배우들 사이에서 그는 모두의 기립 박수를 받으며 당당히 아카데미 남우주연상을 받았다. 대중과 평단의 극찬은 모두 그의 몫이었다.

그의 연기를 보며 진짜 장애인이 연기하는 것이 아닐까 하는 착각이 들고 소름 끼칠 정도의 감정을 느꼈던 이유는 뇌성마비 장애인 동생을 17년간이나 옆에서 지켜본 필자로서 그의 연기는 살아 꿈틀거렸고 크리스티 브라운의 인생에서 동생의 모습과 나의 모습을 동시에 읽었기 때문이다. 심지어 연기 사이사이에 새어 나오는 비뚤어진 작은 숨소리까지도 동생의 숨소리와 은연중 닮아 있었다. 그런 그를 세계적인 스타로 만들어 준 영화가 개봉되었는데 그것이 바로 〈라스트 모히칸〉(1992)이다. 장애인 연기로 미친 메소드의 전설이 된 장본인이 이 영화의 주인공이란 사실을 처음엔 아무도 믿지 않았다. 연결이 되지 않았고 무엇보다 눈빛이 너무 달랐기 때문이다. 프랑스인과 인디언 사이에 태어난 모히칸족 추장의 아들 '호크아이'로의 변신은 성공적이다 못해 실제 추장의 아들 같았다. 그는 이 배역을 위해 미군 특수전 훈련센터에서 총 쏘는 법부터 야생 생존법까지 훈련받았고 심지어 촬영 전 몇 개월 동안 그들이 살았던 똑같은 야생의 환경에서 살면서 직접 사냥과 낚시로 식량을 구해 먹기도 했다는 믿기 힘든 비하인드 스토리의 주인공이 되었다.

여기에 긴 머리 휘날리는 카리스마와 함께 어우러진 상대배우 매들린 스토우의 미모는 장엄한 영화음악과 함께 영화의 몰입도를 극한으로 끌어올렸다. "꼭 살아 있어야 해요! 내가 찾아가겠소. 아무리 멀고 험한 곳이라도 당신을 찾겠소." 적에게 쫓기는 순간 사랑하는 여인 코라에게 날린 이 대사는 이 영화 최고의 명대사로 지금까지 많은 이들의 기억 속에 남아 있다.

압축적으로 글을 써야 하는 제한된 공간에서 그에 대한 비하인드 스토리를 조금이라도 더 넣으려는 마음은 그의 열정을 영혼까지 닮고 싶다는 간절함에서다. 그래서 〈나의 왼발〉의 짐 쉐리단 감독과 재결합 성격으로 만든 〈아버지의 이름으로〉(1994)에서 다니엘 데이 루이스는 극의 몰입을 위해 실제 감옥 세트에서 잠을 자며 몸무게를 30파운드나 감량했다. 베를린 영화제 최고상인 황금곰상은 당연 그의 차지가 되었다. 배우 문소리의 〈오아시스〉에서 보여준 신들린 연기도, 〈내 사랑 내 곁에〉(2009)에서 루게릭병을 앓고 있는 종우 역을 맡은 김명민이 28킬로그램을 감량한 혼불 같은 연기도 모두 다니엘 데이 루이스의 영혼의 몸짓, 영혼의 눈빛과 닮아 있다.

매번 영혼까지 불태운 연기는 석유를 손에 넣기 위해 혈안이 된 유전 개발업자 '다니엘'을 연기하며 광기와 탐욕의 끝판을 보여준다. 가난한 광부에서 석유 부호로 거듭난 〈데어 윌 비 블러드〉(2007)에서 그는 미친 연기로 두 번째 아카데미 남우주연상을 품는다. 이 시상식에서 그는 자신의 상을 히스 레저에게 헌정했다. 자신보다 더한 영화 속 인물의 몰입으로 짧은 생을 마감한 히스 레저에 대한 경외감을 애둘러 표현했던 것이다. 실제 〈배트맨〉 시리즈의 '끝판왕'으로 평가받는 크리스토퍼 놀란 감독의 9번째 배트맨 영화 〈다크 나이트〉(2008)에서 조커로 분한 히스 레저는 평단과 관객들에게 역대 최고의 찬사를 받았다. 하지만 너무 깊은 몰입감으로 자신과 영화 속 악당 조커를 분리하지 못해 결국엔 짧지만 강렬한 생을 마감했다. 어쩌면 히스 레저의 모습에서 다니엘 데이 루이스 자신의 모습을 보았는지도 모른다.

그리고 스티븐 스필버그 감독의 〈링컨〉(2012)에서 그는 미국 대통령 '에이브러햄 링컨' 역에 빠져들며 캐스팅 전 그와 관련한 100여 권을 탐독하고 사진을 통해 그의 모든 행동을 분석했다. 큰 키에 구부정한 몸과 턱을 쭉 빼는 링컨 특유의 표정으로 세 번째 아카데미 남우주연상을 받게 된다. 링컨이 살아 돌아온 듯 착각에 빠져든다는 리뷰 기사는 이 영화의 바로미터다. 이 영화로 그는 아카데미에서 세 번이나 남우주연상을 받은 유일한 배우가 되었고 〈타임〉은 그를 "세계에서 가장 위대한 배우"라고 칭했다. 그리고 2014년엔 영국 왕실로부터 기사 작위까지 받았다. 더 이상 오를 곳이 없어 보이는 그에게 연기란 무엇이고 배우란 무엇일까? 무엇이 그를 실제 인물 이상의 모습을 보이도록 주문한 것일까? 아무도 그에게 강요한 적 없는 연기에 대한 진정성은 《중용》 23장에 담긴 어록이 아니면 절대로 설명이 되지 않는다. "작은 일에도 최선을 다하면 사람들은 감동을 받고 감동을 받은 사람들은 반드시 변화한다."

실제로 한공주 역을 맡아 열연했던 문소리도 자신에게 주어진 역을 제대로 수행하기 위해 방문을 걸어 잠그고 연기 투혼을 펼쳤고 장애인들과 함께 생활하면서 그들의 실제 모습을 철저히 자신의 것으로 만들었다. 자신의 모습이 망가지는 장애인의 역할을 여배우가 선뜻 맡겠다고 하

지독하게 더웠던 2018년 8월의 여름, 이창동 감독이 자신의 서교동 사무실에서 인터뷰 도중 필자와 함께 웃는 모습. 앙드레 말로나 칼 야스퍼스와 같이 깊은 인간의 성찰 뒤로 뜨끈한 시골 국밥의 냄새도 함께 났다. 사색가와 옆집 아저씨, 어울리지 않는 조합으로 그는 꾸겨진 세상을 펴고 있었다.

는 사례는 드물다 못해 거의 없다. 문소리의 완벽에 가까운 몰입이 어쩌면 자신을 구하고 〈오아시스〉를 구한 신의 한 수는 아니었을까? 신인에 가까운 설경구와 문소리를 발견해 새롭게 레전드 명품으로 만든 이창동 감독의 배우를 고르는 탁월한 눈썰미가 합쳐진 전설의 영화는 그렇게 지휘자의 품격과 연주자의 몰입으로 탄생했다.

문소리와 다니엘 데이 루이스가 보여준 자신의 일에 영혼을 태우는 정도의 몰입은 영화의 깊이는 물론 단 두 시간 만에 모든 관객의 신념까지 바꾸는 기적을 선물하기도 한다. 〈박하사탕〉과 〈오아시스〉라는 영혼을 움직였던 영화를 만든 이창동 감독이 그래서 궁금했다. 필자가 대학에서 강의했던 '영화 속의 인간심리'에 등장하는 한국 영화에 이창동 감독의 영화가 두 편이나 들어 있다는 건 대단한 확률이다.

'지혜'와 '정의' 그리고 '용기'와 '절제'를 중심으로 뽑은 영화들 가운데 그 어떤 항목에도 걸려들지 않았지만 모든 걸 다 품고 있는 괴물 같은 영화가 이 두 편이었기 때문이다. 그는 우리는 왜 사는가, 어떻게 살아야 하는가에 대한 행간의 의미를 유일하게 읽어내는 고독한 여행자다. 2018년 7월에 만난 그의 모습은 사색가의 얼굴이었다. 그림으로 굳이 따지자면 화조화(花鳥畵)의 화려한 그림도 아니고 짙은 먹만으로 그린 수묵화(水墨畵)도 아닌 담담한 먹 속에 언뜻언뜻 옅은 채색이 보이는 담채화(淡彩畵) 같은 얼굴 말이다. 화려하지도, 너무 어둡지도 않은 그의 담채화 같은 모습에서 오늘의 치유를 만난다. 사람과 영화는 닮아 있었다.

인터뷰를 하는 데 녹음기나 필기도구가 왜 없냐는 이창동 감독의 질문에 필자는 머리가 아닌 가슴으로 느낀 것을 기록할 뿐이라는 영화 대사 같은 대답을 던졌다. 알 듯 모를 듯 입가에 번지는 옅은 미소가 그의 마음에 닿았기를 그저 바랄 뿐이다. 인터뷰를 다 마치고 길가 대문까지 마중 나온 걸음은 요즘 같은 세상에선 좀처럼 찾기 어려운 선한 걸음이었다.

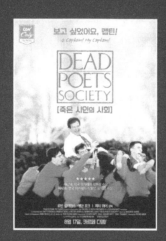

"카르페 디엠. 현재를 잡아라."

존 키딩 선생

내면을 비추는 빛

죽은 시인의 사회

Dead Poets Society | 제작 1989년 | 감독 피터 위어 | 출연 로빈 윌리엄스, 로버트 숀 레너드, 에단 호크

"됐어(됐어), 이제 됐어(됐어)"로 시작하는, 서태지와 아이들 3집 앨범에 수록된 노래 〈교실 이데아〉는 1994년 대한민국 청소년들을 열광하게 만들었다. 80년대 조용필의 오빠부대와 더불어 90년대 본격적인 팬덤 문화의 산파였던 서태지와 아이들의 〈교실 이데아〉는 우리 교육현장에 던진 음악이란 이름의 경고였다. 입시 위주의 교육이 만든 토네이도는 모든 걸 집어삼킨 괴물이었다. 학생의 개성도, 인성도, 예술성도 토네이도 앞에서는 의미가 없었다. "1등만 기억하는 더러운 세상", "행복이 성적순은 아니잖아요?" 등 유명한 어록들은 그즈음에 나온 조소 섞인 반항들이다.

　　24년이 지난 지금 우리의 교실은 크게 달라지지 않았다. '잠자는 교실', '교사를 신고하는 학생', '폭력이 난무하는 학교'는 지금의 '교실 이데아'다. 이것이 우리가 아직도 키딩을 기다리는 이유다. 가끔 이 영화를 현실 교육에 대한 부정으로 해석하는 사람들이 있다. 다른 시각이라는 포용적 마음을 갖지 않은 상태에서 무조건적인 부정은 비판이 아니라 비난이다. 이 영화는 부정보다는 수정에 가깝다. '이렇게 할 수도 있지 않냐?'는 다양성의 목소리다. 그마저 부정하는 사람들에겐 따끔하게 찌르는 바늘이다. 다양성과 창의성이 가장 존중받는 공간이 교육이다. 획일화되고 서열화된 오랜 교육의 상처들은 어두운 습기를 먹고 자란 독버섯처럼 지금 우리가 겪고 있는 다양한 문제들을 음지에서 키운다.

피터 웨어(Peter Weir, 1944~) 감독이 영화 〈죽은 시인의 사회〉로 교육계에 던진 화두는 사회적 담론이 되었다. 키딩 선생과 학생들이 만들어 간 영화 속 짧은 스토리는 하나하나가 팔딱거리며 살아 있는 교훈이 되었다. 현실에서는 쉽게 할 수 없는 이야기들 속에서 일종의 카타르시스까지 느낀다. '전통, 명예, 규율, 최고'를 '익살, 공포, 타락, 배설'로 바꿔버리는 아이들의 재치 속에 '노력'을 '노~~력'이라고 비틀어버리는 이 시대 우리 아이들의 얼굴을 동시에 읽는다.

감성 영화의 대명사인 〈사운드 오브 뮤직〉(1965)은 우리에게 자발과 감성 교육의 중요성을 일깨워준 가장 아름다운 영화다. 54년이 흘렀지만 한 신 한 신이 하나의 로코코 양식의 그림 같다. 아무리 많은 시간이 흘러도 결코 자신의 색깔을 잃어버리지 않고 더욱 귀해지는 명화처럼 명작의 감동은 사람의 나이처럼 쌓여만 간다.

해군 명문 집안의 폰 트렙(크리스토퍼 플러머 분) 대령이 홀로 군대식으로 키운 아이들은 말랑거리던 자신들의 감성을 하나씩 잊어버린다. 이에 음악을 사랑하는 말괄량이 견습 수녀 마리아(줄리 앤드루스 분)가 아이들의 자유로움과 자발성을 건드려 잊어버린 음악과 웃음을 되찾게 해준다는 스토리다. 잃어버린 아이들의 음악과 웃음을 찾게 해준 건 명예와 규율이 아닌 감성과 자발이었다. 마리아와 키딩 선생이 사용한 교육적 도구는 놀랍게도 현재를 즐기는 '카르페 디엠(Carpe Diem)'이었다.

영화 〈파워 오브 원〉에 숨겨진 메타포는 더욱 강렬하다. 기다리는 비를 내리게 하는 '레인메이커(Rain maker)'에서부터 맨 앞에서 고적대를 이끈다는 의미를 가진 '드럼메이저(Drum major)'까지 눈부시다. 주인공 PK는 어린 시절 아버지를 죽게 만든 코끼리 때문에 코끼리를 보면 공포를 느낀다. 코끼리는 어느 순간에 자신의 마음속 깊은 곳에 자리 잡고 있는 숨겨진 불안이 되었다.

여기에 기숙학교에서 당한 왕따의 트라우마는 어린 PK가 감당하기 힘든 공포로까지 커진다. 오줌싸개라는 별명이 붙은 것도 그즈음이다. "외로움에 병든 새가 내 마음으로 날아와 돌로 된 알을 낳았다." 어린 PK는 자신의 트라우마를 이렇게 묘사했다. 다행히 줄루족 주술사의 도움으로 두려움을 극복하는 법을 배우고 두려움을 넘어서기까지 한다. 그리고 첫 스승 독일인 박사로부터 자연의 위대함과 흑인 권투 코치 히엘 피트로부터 배운 머리로 몸을 쓰는 방법을 통해 조화와 평등의 위대한 가치를 배운다.

이 영화는 1930년대 흑인에 대한 인종차별과 분리주의가 뿌리 깊게 남아 있는 남아프리카공화국이 배경이다. 흑인을 위한 작은 도움에서부터 출발한 성의가 희망의 겨자씨가 되었고 미래가 되었다. 개인의 미래까지 포기하면서 모두의 미래를 생각한 PK의 발걸음이 모여 현실의 넬슨 만델라를 만들었다. 영화 속 PK의 신념이 넬슨 만델라에 의해 완성되기까지 무려 64년이 걸렸다. 인근 인도에서는 간디가 사티아그라하의 비폭력 저항 운동을 통해 신념의 날을 세웠고 미국에서는 마틴 루서 킹 목사가 사티아그라하의 정신을 이어 나갔다. 각자의 시간은 달라지만 그들은 결국 모두가 원하는 세상을 만들었다.

그들은 자신들의 신념이 이루어지지 않는다고 두려워하지 않았다. 또한 자신들의 미래를 염려하지 않았다. 내 안에 두려움을 떨쳐버리는 순간 자신의 신념은 신앙이 되었다. 세상을 바꾼 건 바로 한 사람의 신념으로부터 시작되었다.

〈죽은 시인의 사회〉와 〈파워 오브 원〉

'실패할 특권이 청춘에게 있다면 포기하지 않는 희망은 청춘의 권리다.' 흔들리는 젊은 청춘들에게 실패와 희망은 특권이자 권리다. 자신이 지금 젊은 터널을 지나고 있다고 생각한다면 영화 〈죽은 시인의 사회〉(1990)와 〈파워 오브 원(1992)은 본인들을 위한 맞춤형 영화라고 생각해도 무방하다.

'현재를 잡아라'라는 '카르페 디엠'이 영화 〈죽은 시인의 사회〉의 상징이라면 '비를 만들고 갈등을 해소시키는 사람'의 '레인메이커'는 영화 〈파워 오브 원〉의 상징이다. 서로 다른 색깔의 상징을 가진 두 편의 영화를 한데 섞으면 의외로 동일한 상징이 나온다. '드럼메이저'와 '파워 오브 원'. '한 방울의 적은 물이 모여 폭포가 된다'는 진리를 눈과 귀로 확인할 수 있는 유일한 영화다.

영화 속 키딩(로빈 윌리엄스 분) 선생이 우리 곁을 떠난 지 30년이 다 되어가지만 우리는 여전히 그를 기다린다. 그가 보여준 다양한 수업은 지금 우리 교실 안에서 '거꾸로 학습', '액션러닝', '스토리텔링 감성교수법'의 다양한 이름으로 진화되어 우리의 교실과 마인드를 변화시키고 있다. 토드의 잠재력을 깨웠던 사이코드라마식 수업, 교탁 위에 올라서 세상을 다르게 보게 하는 수업, 각자의 방식으로 걷게 했던 수업, 자신의 신념을 외치며 공을 차는 수업 등 기발한 수업은 차가운 이성의 머리가 아닌 창조적 감성과 영혼을 가지라는 주문이었다.

그 시작은 한 사람의 힘이고 영화 〈파워 오브 원〉이 가진 에너지다. PK라는 이름을 가진 아이의 성장 과정을 통해 인간의 야만성과 존엄성을 동시에 읽는다. 갑질의 세상에 사는 우리에게 이 영화가 낯설지 않은 것은 남아공 출신의 소설가 브라이스 코트니의 자전적 이야기를 영화화했기 때문이다. 1930년대 흑백 갈등과 분리주의가 난무했던 호랑이 담배 피우던 시절의 이야기 속에서 이 시대 새로운 갑을 관계의 갈등과 계급주의를 읽는다.

아버지와 어머니를 잃고 기숙학교에서 인종차별과 왕따의 트라우마를 겪은 주인공 PK(스티븐 도프 분). 자신의 두려움을 이겨내고 독일인 할아버지로부터 정신적 수련을, 흑인 죄수인 히엘 피트(모건 프리먼 분)에게 건강한 육체를 수련한다. 정신과 육체의 학습을 머리가 아닌 마음으로 단련시키고 대자연의 스승에게 자연의 음성을 영혼으로 배운 PK는 누구보다 성숙한 사람이 되어간다. 그리고 모두가 함께 더불어 사는 아름다운 세상을 꿈꾼다. 영화 속 PK의 모습에서 넬슨 만델라의 환영을 읽을 수 있는 것은 생각보다 큰 수확이다. "너희가 열 명쯤 가르친다고 얼마나 달라지지?" 교사의 질문에 "한 방울의 물이 모여 폭포가 된다"는 PK의 대답 속에서 키딩의 음성과 눈빛을 느낀다.

1

한 방울의 물이
폭포가 된다

영화 〈죽은 시인의 사회〉 강의 준비를 하면서 우연히 주인공 키딩 선생을 다른 각도로 바라본 적 있다. 교육자의 시각이 아닌 조직 리더자의 시각이나 비즈니스의 시각으로 말이다. 그랬더니 와우! 기대 이상의 창의적 성과들이 꼬리를 물고 튀어나왔다. 왜 진작에 이런 생각을 하지 못했을까? 새로운 아이디어가 캐도 캐도 끝없이 터져 나오는 유전의 광맥처럼 거침없이 흘렀다. 이것은 키딩이라는 콘텐츠가 가지는 힘이었고 발상의 전환을 실천한 아웃사이더의 힘이었다. 조직이나 개인이나 똑같다. 길들어진 사람들의 머리에서 나오는 건 기본뿐이다. 아웃사이더들을 인정하지 않는 조직과 사회의 미래는 없다. 아웃사이더는 이제 더 이상 '특이함'이 아닌 '특별함'이다. 불편한 사고로 인식되는 특이함이 창의적 사고로 인정받는 '특별함'으로 넘어갈 수 있는 사회는 이미 선진국의 사회가 되었다.

우리 사회는 너무나 오랫동안 길들여진 인재를 기르는 데 몰입했다. 암기력이 뛰어나 시험만 잘 치는 눈치 빠른 학생들이 장악한 사회는 안전의 조직이다. 안전만 추구하는 조직에 미래가 있다는 이야기를 들어본 적 없다. 안전의 조직을 바탕으로 아웃사이더들이 소신을 펼칠 수 있는 도전적이고 실험적 조직이 새로운 가치를 만들 수 있다. 작은 조직 문화에서 리더를 잘 볼 수 없는 조직은 이미 죽은 조직이다. 조직에서 사장이나 상급자의 눈치를 보느라고 사원들이 말 한마디 못하는 조직이나 리더에게 다가가지 못하는 조직 또한 죽은 조직이다. 살아 있는 조직은 조직원이 자유롭게 자신의 의견을 피력하는 조직이고 구성원이 올라가는 구조가 아닌 리더가 내려오는 조직이다. 그래서 리더의 에너지가 밑에까지 닿지 않는 조직에 에너지가 없다. 조직의 사기는 위에서 내려오는 것이 아니라 밑에서 올라가는 것이기 때문이다. 군림하는 리더가 있는 조직에 자발적 역동은 없다. 역동성은 조직의 살아 있는 생명력의 척도다.

키딩 선생은 가장 낮은 곳으로 내려오는 리더다. 구성원들 사이로 비집고 들어가는 리더다. 심지어 그들의 영혼까지 파고드는 리더다. 폐쇄적인 조직 문화에 키딩 선생이 숨 쉴 공간은 없다. 온실 속 화초처럼 만들어진 인재가 아닌 비와 바람 그리고 햇빛을 맘껏 받은 자연을 닮은 인재. 야생화가 생명력이 긴 것은 꽃이 작고 향기가 진하기 때문이다. 외향의 크기보다는 향기의 깊이를 키웠기 때문이다. 키딩이 키우려고 시도했던 인재는 바로 그런 인재였다. 자연을 닮은 인재 말이다. 겉모습의 화려함보다는 깊은 내면에서 뿜어져 나오는 자연의 향기 말이다.

학생들을 가르치는 직업을 업으로 하는 사람들에게 교육철학은 생명이다. '무엇을 가르칠까?', 이것에 방점이 아니라 '어떻게 가르칠까?', 이것에 방점을 찍어야 한다. 지식과 정보의 단순 전달자가 아닌 영혼을 깨우쳐 스스로 학습하게 하는 동기부여 학습이 살아 있는 교육이다. 2010년 필자가 '스토리텔링 기법을 활용한 감성교수법'이라는 새로운 티칭 프로그램을 만들 수 있었던 것도 키딩 선생의 교수법 덕분이다. 새로운 교수법을 찾던 필자에게 키딩의 교수법은 말 그대로 살아 있는 교범이었고 키맨이었다. 중요한 건 대학생들의 눈높이를 어떻게 맞추는가와 한국적 정서에 부합하는 접근 방식의 개발이었다.

그래서 찾은 해결책이 바로 스토리텔링이다. 스토리텔링을 감성교수법과 접목시킨 교수법은 한마디로 대박이었다. 학생 중심의 교육이 가능했고 다양한 오감을 자극하는 교수법의 아이디어가 아낌없이 들어가 명품 비빔밥 교육이 탄생했다. 다양한 식재료의 스토리텔링과 계란과 고추장이라는 감성이 들어간 비빔밥은 맛있게 매운 새로운 교육의 정수가 되었다. 계란과 고추장의 메타포는 당연히 키딩 선생이다. 이런 수업의 시도는 객관적인 학생들의 학업성취도 상승은 물론이고 왜 공부를 해야 하는지에 대한 자기주도 학습의 명분까지 끌어올렸다. 시켜서 하는 공부가 아닌 찾아서 하는 학습 분위기의 완성. 그것은 분명 감동이었다.

새로운 교수법을 과감히 열어젖힌 창의적인 실험에 대한 키딩 선생의 영화 속 도전은 세 가지다. 첫째는 '왜 우리는 존재하는가?(Why)', '우리에게 가장 중요한 것은 무엇인가?(How)', '우리는 어떻게 될 것인가?(What)' 등 삶의 목적과 의미를 알려주는 시도다. 둘째는 수업 중 에번스 프리처드의 저서《시의 이해》를 낭독하면서 서문 부분을 과감히 찢어버리게 하는 직면의 시도다. 셋째는 직접 몸으로 부딪혀보는 실천들이다. 이렇게 세

가지를 중심으로 세부 실천은 네 가지다.

흥미로운 건 영화 속 키딩이 실천한 창의적 실험이 매우 정교하면서 신념의 변화를 이끌어내는 완전한 과정으로 전개되었다는 점이다. 우연의 일치인지 영화 시나리오 작가의 의도였는지는 확인할 수 없지만 놀라운 것만은 틀림없다. 사람의 행동을 변화시키기 위해 가장 중요한 건 왜 우리가 변화해야 하는지 이유를 명확하게 하는 것이다. 그것을 우리는 가치관이라고 부른다. 가치관이 뚜렷한 사람들이 대개 자존감이 높다. 가치관은 몸과 마음을 조화롭게 만들어 움직이게 하는 동력이다. 키딩은 바로 맨 먼저 그걸 툭 하고 건드린 것이다. 무림의 고수만이 할 수 있는 신의 처방이다.

무의식을 일깨우는 가치관의 확립 다음으로 바로 실천으로 들어가지 않고 직면의 단계를 넣었다. 직면은 현실에서 발생할 수 있는 심적 부담을 단단하게 잡아주는 건축의 기둥 같은 것이다. 모든 것을 통찰할 수 있는 가치관이 건축의 도면이라면, 직면은 무거운 건물의 무게를 버티게 해주는 단단한 기둥이다. 책상 위에서 또 다른 시선으로 세상을 보게 하는 것, 자신의 신념을 읽으며 축구공을 차는 것, 토드의 숨겨진 잠재력을 일깨우는 사이코드라마식 접근법, 각자의 개성대로 걷는 연습. 모두 몸으로 느끼는 수업이다. 무의식에서 직면으로, 직면에서 말과 행동으로. 이 완전한 패턴은 심리학에서 자신의 말과 행동을 변화하게 만드는 가장 직선적 방법이다.

보수적 사고가 지배적인 세상에서 시대를 앞서간 선각자가 존재할 수 있는 자리는 없다. 그의 도전은 전통이란 이름의 단단한 벽에 부딪혀 전진할 수 없었지만 결코 실패하지 않았다. 키딩을 비아냥거렸던 동료 교사가 학생들을 데리고 교정 속을 거닐며 수업을 하는 모습에서 키딩의 신념이 틀리지 않았다는 희망을 찾았기 때문이다. 그리고 그를 닮은 심장이 지금 필자의 가슴 속에서 뜨겁게 다시 뛰고 있기 때문이다.

변화의 또 다른 이름 키딩

조직과 비즈니스 세계에서 변화와 혁신은 더 이상 참신한 구호는 아니다. 세상은 이미 4차 산업의 중심에 와 있고 곧 5차 산업과 6차 산업에 대한 준비를 하라고 경고하고 있다. 한마디로 새로운 창의적인 생각으로 무장하지 않으면 조직이나 비즈니스 세계에서의 낙오는 현실이 된다는 뜻이다. 협박으로 들렸다면 맞다. 도대체 어떻게 해야 할지 모르는 사람들에게 키딩의 몸짓과 명대사는 말 그대로 복음이다. 비즈니스 세상에서 키딩은 우리가 취할 모든 것을 몸으로 보여주고 있다.

2011년 MBN에서 주관한 'MBN 2011 세계경제와 미래포럼'은 신선한 충격이었다. 그동안 관심 있게 지켜보던 브라이언 존슨 이사가 '미래산업'이란 주제로 특강이 예정되어 있었기 때문이다. 그를 특별히 관심 있게 지켜본 것은 그의 특이한 이력 때문이다. 초청될 당시 공식적인 그의 직함은 글로벌 기업 인텔의 '미래학자'라는, 우리에겐 매우 생소한 타이틀을 가진 이사였다. 물론 그 생소함은 지금도 마찬가지다. 공식적인 직함이 이사라는 의미는 다른 직업도 있다는 뜻이다. 미래학자이면서 동시에 공상과학 소설가, 영화감독이면서 화가다. 좋은 말로 하면 공상가요 나쁘게 표현하면 한량이다. 좋은 말이란 존슨을 바라본 외국인들의 시각이고 나쁜 말이란 우리가 바라본 존슨의 시각이다. 우리나라에서 존슨은 그저 시간 많고 엉뚱한 상상을 즐기는 한량일 뿐이다.

인텔은 그의 그러한 공상을 높이 샀다. 그리고 그에 맞는 직함을 주었다. 마음껏 상상하라고 이사 직함까지 주었다. 제약받지 말고 상상하란 의미다. 그의 역할은 분명하다. 인텔에서 2020년 컴퓨터 분야에서 실행 가능한 비전을 제시하는 일을 하는데 이를 위해 IT뿐 아니라 모든 분야를 넘나들면서 미래를 준비하고 디자인하는 것이 그의 일이다. "정해지지 않은 미래를 예측해 긍정적인 방향으로 바꾸는 것이 미래학자의 역할이다"라고 자신의 미션을 이렇게 정의했다. 이것이 바로 세계적인 글로벌 기업 인텔의 위상이자 현주소이다. 미래를 엔지니어들이 만드는 제품에 의해 끌려가지 않겠다는 의사를 분명히 한 것이다. 자신들이 상상하고 꿈꾸는 자리에 혁신적인 제품을 놓겠다는 의지다. 인간 중심과 사람 중심의 사고가 아니면 상상하기 어려운 결정이다. 필자가 그의 강연을 들으려고 한 것도 바로 이것 때문이다.

"TV, 스마트폰, 컴퓨터의 경계는 없어진다. 앞으로는 고객이 원하는 것을 볼 수 있는 스크린(Screen)만 존재할 뿐이다." 브라이언 존슨 이사가 던진 이 한마디가 우리가 바로 확인할 수 있는 손안의 미래다. "미래 TV는 곧 스마트폰이고 영화 관람을 위한 도구이며 게임기이고 애플리케이션이다"라고 설명했다. 경계가 무너지고 모든 것을 통합할 수 있는 인공지능이 곧 눈앞의 현실이 된다는 의미다. 이 말은 우리가 상상하고 꿈꾸는 모든 것들이 현실이 된다는 의미다. 단순한 암기식 교육이 더 이상 우리의 미래를 담보해주지 못한다는 의미이고 '빠른 추격자(fast follow)'가 더 이상 우리의 비즈니스 모델이 될 수 없다는 뜻이다. '시장 선도자(first mover)'가 되어야 한다는 의미다. 인텔의 브라이언 존슨의 존재는 바로 그 시작이다. 영화 속 키딩은 브라이언 존슨이었다.

1949년 소설가 조지 오웰(George Orwell, 1903~1950)은 미래 예측 보고서 형식의 파격적인 소설 한 권을 세상에 내놓고 7개월 뒤 폐결핵으로 사망한다. 병이 그의 미래까지 암울하게 만들었는지 모르겠지만 그가 예측한 《1984》는 상당 부분 현실이 되었다. 지금 우리는 우리의 모든 생각과 상상이 현실이 되는 세상에 살고 있다. 또한 세상은 우리가 생각하는 방향으로 움직이고 있다는 사실만은 확실하다.

미국의 전설적인 영화감독 스탠리 큐브릭(Stanley Kubrick, 1928~1999)이 1968년도에 내놓은 〈2001 스페이스 오디세이〉(1968)를 본 사람들이 있다면 현재 미국에서 제일 스마트하다고 평가받는 크리스토퍼 놀란 감독이 만든 〈인터스텔라〉(2014)는 그저 평범한 영화였다는 걸 느낄 수 있다. 그만큼 시대를 앞서간 영화였다. 그 영화를 보면 아이폰 시리즈의 탄생과 우주여행까지 예견해놓았다. 놀라지 않을 수 없다. 아이폰 시리즈를 만든 스티브 잡스와 스티브 워즈니악이 〈2001 스페이스 오디세이〉가 나왔을 때 나이가 13살과 18살이었으니 스탠리 큐브릭의 상상력과 영화적 구현 능력은 한마디로 경이롭다. 18살의 워즈니악은 그 영화를 보고 과연 아이폰의 구현을 예측했을까? 궁금하다.

그리고 이후에 쏟아진 수많은 SF 영화들은 미래를 현실로 끌어들이는 전조였다. 〈스타워즈〉가 나온 후 2년 뒤 개봉된 영화 〈스타트렉〉(1979)에는 휴대전화와 개인 인공지능 조수가 나오고 우리가 잘 아는 로버트 제메키스 감독의 〈백 투 더 퓨처〉(1989)에는 날아다니는 자가용과 입는 컴퓨터 그리고 하늘을 나는 스케이트보드 '호버보드'가 나온다. 30년 전에 상상한 것들이 얼마 지나지 않아 모두 현실이 되는 세상에 우리는 살고 있다. 한 번에 10만 8,000리를 날았다는 소설 속 손오공의 근두운(筋斗雲)이 이제는 하늘을 나는 호버보드로 우리의 후손들이 타고 다닐 날도 얼마 남지 않은 것 같다.

창의적 모델로 비틀어본 키딩의 콘텐츠가 이렇게 우리 미래의 모습까지 바꾸는 비약으로까지 확대될 줄 몰랐다. 분명한 건 한 사람의 창의적 생각과 도전이 우리들의 미래를 바꿀 수 있다는 것은 분명해 보인다. 그것이 기술이건 감성이건 간에 말이다.

■ 다름 그리고 특별함

닭과 독수리가 폭풍우를 대처하는 방법은 매우 다르다. 땅 가까이에서 오래 산 닭은 자신의 날개에 몸을 파묻고 숨을 곳을 먼저 찾는다. 하지만 하늘 가까이 오래 산 독수리는 자신의 날개를 넓게 펼치고 태풍에 몸을 실어 최대한 높게 날아 가장 안전한 곳으로 날아간다. 자연이 만든 섭리다. 순응과 저항의 이중성을 동시에 갖고 있는 우리들은 유전적 DNA와 환경적 경험을 토대로 자신의 행동을 결정한다. 순응하며 살 것인가? 저항하며 살 것인가? 생각해보니 저항이란 단어에 부정적인 의미가 다소 포함된 것 같아 단어를 용기로 바꿔보니 의외로 조합이 좋다. 그렇다. 순응의 반대말은 저항이 아닌 용기이다. 키딩과 PK는 저항하는 사람들이 아닌 용기 있는 자들이다. 그들의 용기가 영혼을 바꿨고 미래를 바꿨다.

필자가 개인적으로 키딩과 PK를 좋아하는 이유는 딱 한 가지 '창조적 해석' 때문이다. 주어진 환경과 여건을 운명으로 받아들이는 대신 새롭게 해석하는 것과 이것에 머무르지 않고 자신의 신념을 실천하는 것까지. 창조적 해석과 실천을 동시에 하는 것이다. 이것이 우리가 그들로부터 배워야 할 가장 소중한 가치다. 그들이 가진 하나의 신념이 화석처럼 굳어버린 100년 전통을 자랑하는 웰튼 아카데미의 퍼스널리티를 바꾸었고 남아공 흑인들에게 '레인메이커'로서 새로운 희망을 주었다.

키딩처럼 한 사람의 다름과 특별함이 120년 역사의 철밥통을 깨어버린 기막힌 사례가 또 있다. 2006년에 뉴욕 메트로폴리탄 오페라단(메탄) 단장으로 부임한 피터 겔브다. 그는 120년 동안 이어져 내려온 클래식 오페라의 권위를 부임하자마자 없애버렸다. 그의 이런 파격적인 행보는 그가 메탄으로 오기 전부터 이미 시작되었다.

소니의 자회사인 소니클래식레코드의 사장 시절 첼리스트 요요마에게 미국 대중음악을 연주하게 해서 앨범을 내고, 나아가 천상의 목소리를 가진 팝 가수 샬럿 처치를 클래식 가수로 데뷔시키기도 했다. 또 영화 〈타이타닉〉음반을 발매해 전 세계에 2,600만 장을 팔아 치우기도 했다. 이런 그의 행보를 보고 많은 클래식 전문가와 언론은 그를 "클래식을 죽이는 인간"이라고 비판했다. 그렇지만 피터 겔브는 눈도 하나 깜짝하지 않았다. 오히려 더욱 당당히 자신의 신념을 밝혔다. "예술은 특정 계층을 위한 전유물이 아니라 더 많은 사람들이 향유하고 즐길 때 진정 예술의 가치가 빛나는 것"이라고 말이다.

피터 겔브가 부임한 2006년 120년 된 메탄의 실적은 가히 충격적이었다. 오페라는 특권층을 위한 전유물로 전락한 지 오래되었고 고객의 평균 연령은 65세로 메탄의 역사와 함께 늙어가고 있었다. 그뿐만이 아니다. 6년 연속 매출은 제자리였고 공연을 위한 연출도 더 이상 업그레이드되지 않았다. 예술적 정체를 넘어 퇴보를 향해 달리고 있었다. "위험을 감수하지 않는 사람은 타조와 같다." 피터 겔브 단장의 신념이다. "타조의 습관이 뭔지 아세요? 위험할 때 모래에 자신의 머리만 푹 집어넣는 겁니다. 깜깜해서 아무것도 보이지 않으면 자신의 몸을 완벽히 숨겼다고 생각하죠! 다시 말해 숨을 수 없는데 숨으려고 하는 비겁한 동물이라는 뜻입니다." 메탄에 대한 피터 겔브의 생각이 그대로 드러나는 말이다. 타조같이 숨으려고만 하는 조직이라는 게 메탄에 대한 피터 겔브의 생각이었다. 오페라의 부활을 24시간 고민하는 그의 신념 속에 피터 겔브의 미래와 메탄의 미래를 함께 본다.

일부만 독점하고 향유하는 '오페라'라는 고급문화의 대중화! 이것이 진정으로 그가 바라는 메탄의 미래였다. 120년의 전통을 한 번에 뒤바꾼다는 것이 가능할까? 머리로는 가능한데 현실로는 불가능에 가깝다. 오페라를 알고 있는 수많은 대중들, 1,500명의 직원들은 그의 파격적인 경영의 장벽이었고 적이었다. 적지 않은 사람들이 그나마 오페라를 즐기러오는 사람들까지 끊어버리지 않을까 노심초사 염려했다. 심지어 강성 노조는 대화까지 거부했다. 변화를 두려워하는 본능적 회피 반응이다. 그래서 그는 부임 전 1년 반 동안 거의 모든 직원들과 함께 식사하며 자신의 신념을 알렸다.

피터 겔브 단장의 대화를 향한 걸음은 안단테처럼 느렸지만 역설적으로 신념은 시간이 갈수록 단단해져 갔다. 개방하고 실험하면 지금 우리가 불안해하는 미래를 반드시 보장받을 수 있다고 끝없이 대화하고 설득했다. 끝없는 대화와 설득이 결국은 120년 된 강성노조의 장벽을 허물었고 많은 사람들이 그의 진정성과 노력에 더 감동을 받았다.

모두의 생각이 일치되는 순간 그의 행보는 거침없었다. 오프닝 공연을 타임스퀘어 광장 전광판에서 관광객 수천 명을 대상으로 무료로 생중계했고 전 세계 영화관과 인터넷을 통해 오페라를 싼값에 배급하기 시작했다. 많은 사람들이 오페라를 접했고 오페라를 즐겼다. 새로운 환경에 맞는 변신도 거침없었다. 화면으로 송출되는 현장감과 살아 있는 원음을 위해 12대의 카메라를 돌렸다. 퀄리티 높은 영상이 살아났고 시각적 선택과 집중이 가능했다. '지금 이 장면에서 뭘 먼저 봐야 하나?'라는 고민이 깨끗이 사라졌다. 2시간 걸리던 지루한 상영 시간도 100분으로 단축시켰다. 메탄의 외형적 수술이 성공적으로 자리를 잡았다.

곧바로 그는 내과 수술도 함께 단행했다. 안에서 안의 단점을 볼 수 없다. 그래서 오페라와 무관한 외부 인사를 과감히 수혈했다. 중국 영화감독 장이머우(張藝謀, 1950~) 감독에게 〈진시황제〉를, 영화 〈잉글리시 페이션트〉(1997)의 앤서니 밍겔라 감독에게 〈나비부인〉의 연출을 맡기는 식이다.

메탄 오페라를 영화관에서 관람한 전 세계 관객 수가 2007년 32만 명으로 시작해서 2013년엔 270만 명까지 폭발적으로 상승했다. 메탄 변화의 결과이다. 2006년 9월 시즌 오픈작인 〈나비부인〉을 타임스퀘어 광장에서 상영하는 순간은 일부 상류층이 독점하던 오페라가 대중에게 내려오는 순간이었다. 피터 겔브 단장은 이 감동적인 순간을 "120년 동안 잠들어있던 오페라가 깨어났다"고 표현했다. "가장 큰 위험은 아무 위험을 지지 않으려는 것", "항상 계산된 위험(the calculated risk)을 지는 것"이다. 창의적 혁신을 끝낸 피터 겔브의 명대사다.

120년 동안 이어진 순응의 시간을 저항이 아닌 용기를 통해 모두가 만족하는 기적을 만든 피터 겔브의 얼굴에서 키딩의 특별함과 PK의 화합을 동시에 만난다.

2

카르페 디엠!
카르페 디엠!

카르페 디엠(Carpe Diem)! 카르페 디엠!

아마도 영화에 나온 하나의 단어가 이렇게 오랫동안 대중적으로 사랑받는 경우도 흔치 않은 것 같다. 그만큼 단어 속에 집약된 스토리의 의미가 크기 때문일 것이다. 수업 첫 시간, 교실에 휘파람을 불며 들어와 학생들을 밖으로 나오라고 말하고 복도 한 켠에 마련된 전시 공간에 오롯이 모은다. 첫 시간 첫 번째 질문은 "오, 선장님, 나의 선장님, 이게 누구 시에 나오는지 아는 사람?"이다. 19세기 미국의 대표적인 시인 월트 휘트먼(Walt Whitman, 1819~1892)이 1865년 링컨이 암살된 직후 그를 미국이라는 배의 선장에 비유하며 찬양했던 시에 대한 질문이었다. 그리고 교과서를 찬송가에 비유하며 542페이지를 피츠에게 읽으라고 주문한다.

"시간이 있을 때 장미 봉우리를 거두라…. 시간이 있을 때, 오늘 핀 꽃이 내일이면 질 것이다." 피츠가 읽은 이 부분을 라틴어로 '카르페 디엠'이라고 설명한다. '카르페 디엠'이 무슨 뜻이냐는 키딩의 질문에 믹스가 "현재를 즐겨라"라고 대답하자 칭찬하며 '카르페 디엠'의 의미를 설명한다. 시간이 있을 때 장미 봉우리를 거두라는 부분에 대한 부연 설명이다. 설명은 간결했지만 의미심장했다. 우리는 모두 언젠가는 죽는다는 것과 100년 전 이미 죽고 사라진 선배들의 사진을 보여주며 그들의 이야기에 귀를 기울이라고 말한다. 그리고 현재를 즐기며 독특하게 살 것을 주문한다. 한마디로 '오늘을 소중하게 여겨라'는 뜻이다.

'카르페 디엠'을 사전적 의미로만 해석하면 영어로는 'Seize the day'이다. 우리말로는 '현재를 잡아라' 혹은 '현재를 즐겨라'는 의미가 된다. 가볍게 해석하면 '노세 노세 젊어서 놀아'다. 하지만 그 속을 조금 더 들어가면 똑같은 모습으로 살아가지 말고 소중한 이 시간을 자신만의 색깔로 살라는 촌철살인의 의미가 담겨 있다. 고대 로마시대 시인 호라티우스(Flaccus Quintus Horatius, BC 65~ BC 8)가 젊은이들에게 마냥 놀기를 권장하는 의미로만 시를 쓰지는 않았을 것이다. 말매미가 폭포 소리를 내는 114년 만의 폭염이라는 앵커의 멘트가 나오는 지독하게 무더운 여름, 문득 영화 〈쇼생크 탈출〉에서 소장의 집무실 비밀금고를 가리고 있었던 액자 속 성경의 한 구절이 갑자기 떠올랐다. "깨어 있어라."

전통, 명예, 규율, 최고의 가치 때문에 굳어버린 아이들의 가슴속에 한 편의 시를 꽃피우고 싶었던 키딩은 첫 시간을 이렇게 가장 강렬하게 보냈다. 그렇다면 '카르페 디엠'의 상징적인 의미를 현실에서 찾으려면 어디에서 찾아보면 가장 이상적일까? 취업에 목을 매고 있는 요즘 대학생들이 가장 입사하고 싶은 곳에서 기대 이상의 해답을 찾았다. 직장은 현재이면서 동시에 자신들의 미래다. 최고의 조건을 갖춘 직장에서 근무하고 싶은 것은 당연하다. 직장이 갖고 있는 아이덴티티는 사람들이 갖고 있는 자존감을 넘어선 또 다른 자신의 아바타다. 이제 최고의 직장은 모든 사람들이 갖고 싶어 하는 일종의 로망이 되었다. 그렇다면 전 세계 젊은 사람들이 가장 선호하는 직장은 어디며 왜 그토록 그곳에 가고 싶은지 그리고 그곳에는 어떤 특별함이 숨어 있는지 알아보면 우리가 찾고 있는 '카르페 디엠'의 숨겨진 비밀을 찾을 수 있을지도 모르겠다.

전 세계 밀레니얼 세대(1980~2000년대생)들이 가장 입사하고 싶은 직장 1위는 무조건 구글이다. 이유는 즐거움 때문이다. 우리가 떠올리는 직장의 이미지는 스트레스와 과다한 업무다. 최고의 연봉과 시간적 자유로움이 있으며 자기계발 시간까지 주어지는데 즐겁기까지 하다면? 와우! 신의 직장이라고 불리는 그곳을 누가 가지 않으려고 하겠는가? 규격화된 책상과 칸막이를 과감히 부숴(?)버리고 사무실을 놀이 공간으로 확장시켜버린 사고의 발상이 구글의 작은 시작이다. 경계와 경계를 무너뜨리고 정신의 자유를 넘어 영혼의 자유까지 꿈꾸는 직장을 추구한다. 이유는 간단하다. 새로운 소프트웨어의 개발과 아이디어의 확장 때문이다. 단순 노동의 생산직에 근무하는 몇몇의 직종을 제외하고 새로운 아이디어와 창의적 발상이 적용되지 않는 부서가 어디 있겠는가?

어찌 보면 구글의 이러한 시도는 새로운 것이 아니라 지극히 당연한 요구였는지도 모른다. 호텔급 식사와 카페 안에 사무실을 넣은 듯 거꾸로 가는 발칙한 상상이 구글의 외형적 모습이다. 즐거움과 의미를 한꺼번에 담아 행복을 추구하려는 탈 벤 샤하르 교수의 행복 담론은 어쩌면 구글이 추구하고자 하는 내면적 모습인지 모른다.

직장 문화의 '카르페 디엠'을 완벽하게 실천한 구글을 왜 많은 밀레니얼 세대들이 선호할까? 젊은 사람들의 니즈를 완벽하게 충족시킨 구글은 반대로 그들로부터 무엇을 요구할까? 인간의 지적 성장은 20퍼센트의 유전적 DNA와 80퍼센트의 교육·환경적 요소로 이루어진다. 고도의 이윤 창출이 기업 문화의 태생적 본질임을 감안할 때 구글의 환경적 요소의 파격은 인간의 후천적 환경에 대한 가장 적극적인 투자인 셈이다. 기업 문화의 수준 높은 가치, 투자 여력을 동시에 가진 구글의 직장 문화가 솔직히 지금은 부럽다.

얼마 전 세계 모든 구인·구직자를 연결해주는 서비스업체 링크드인에서 발표한 가장 일하고 싶은 기업 순위 자료가 흥미롭게 다가왔다. 10위인 글로벌 숙박 공유 서비스 기업인 에어비앤비에서부터 우리가 잘 알고 있는 트위터, 마이크로소프트, 페이스북은 각각 9위와 7위 그리고 3위를 기록했다. 물론 1위는 구글이었다. 성공한 기업이 아니라 가고 싶고 일하고 싶은 기업들을 모아보니 한결같이 공통점이 있었다. 즐거움과 행복의 가치를 추구하는 공통점 말이다. 성공을 달리며 세상을 리드하는 기업의 오너들은 본능적으로 그것을 알았다. 새로운 소프트웨어의 개발에 가장 중요한 것이 발상의 전환을 구현할 가장 완벽한 환경의 조성임을 말이다.

자유로움과 창의적 환경 그리고 '카르페 디엠'을 구현할 우뇌 혁명의 프로세스 제공! 미국 캘리포니아 주 본사에서 5킬로미터 떨어진 애플의 신사옥 '애플 캠퍼스 2'. 말 그대로 발칙한 상상력의 키덕을 닮은 1만 3,000여 명이 만들어가는 세계에서 가장 큰 놀이터인 셈이다. 스티브 잡스의 '혁신'이 담긴 '애플 파크'는 하이테크 건축의 거장 노먼 포스터 (Norman Foster, 1935~)의 작품이다. 여기에다 구글 본사를 디자인 한 클리브 윌킨슨(Clive Wilkinson, 1954~)의 상상력이 더해진다면 세계적으로 그 유래를 찾기 힘든 워크플레이스가 탄생하지 않을까 혼자 생각해본다. 지금도 닭장 같은 칸막이에 업무 중 정숙이라는 포스터를 붙여놓고 거들먹거리는 사무실 오너들의 뇌를 깨끗이 씻겨주고 싶다. 키딩의 '카르페 디엠'은 우리의 모든 영역에서 유효하다.

기업의 핵심 가치를 잘 분석해 유명해진 책《더 포(The Four)》의 저자 스콧 갤러웨이 뉴욕대 교수는 애플의 고객들은 3가지 공통점이 있다고 했다. 부와 창의성 그리고 혁신이다. 이것들은 애플에서 만든 최상위 기종을 구입하는 사람들에게 공통적으로 드러난 은유라는 것이다. 그렇다면 '카르페 디엠'은 그들의 숨겨진 은유가 되는 것일까?

■ 키딩의 카르페 디엠

영화 속 키딩의 '카르페 디엠'은 모두 7장면이다. 한 장면 한 장면이 모두 상징적 의미를 갖고 있다. 앞에서 언급한 의미 찾기와 직면 그리고 실천은 진정한 '카르페 디엠'의 사례들이다. 그중에서 직면의 사례는 키딩이 보인 다양한 실천 사례들을 일깨우는 가장 대표적인 '카르페 디엠'이다.

파격적인 첫날의 수업은 학생들에게 충격 그 자체였다. 당황함과 황당함을 정확히 반반 섞어놓은 듯한 반응? 두 번째 수업에서 보일 황당함의 전조라고 해두자. 에번스 프리처드의 저서《시의 이해》를 페리에게 낭

독시키며 자신은 열심히 칠판에다 글의 내용을 도면으로 그린다. 가로선을 긋고 P(Perfection, 완성도)라고 적고 세로 선을 긋고 I(Important, 중요도)라고 적는 키딩. 가로선과 세로선 사이에 작은 눈금을 표시하고 난 후 그리고 세로의 한 점과 가로의 한 점을 연결해서 사각형을 그리고 B(바이런)라고 적는다. 그다음 조금 더 윗점을 각각 연결해서 역시 사각형에는 S(셰익스피어)라고 적는다. 그리고 S에는 "GREAT"라고 적고 그 옆에 P×I=G라고 적는다. 완성도와 중요도가 위대함의 척도라는 의미다. 다시 말해 바이런보다 셰익스피어가 훨씬 더 위대하다는 뜻이다. 글쎄 만약 이 글을 바이런(George Gordon Byron, 1788~1824)이 읽었더라면 문학계의 대표 꽃미남이었던 그가 영국 웨스트민스터 예배당에서 벌떡 일어나 에번스 프리처드의 면상에 주먹을 날렸을 것 같다.

바이런의 분노를 알았던 것일까? 키딩은 책에 쓰여 있는 이 부분을 '쓰레기'라고 분명히 말한다. 시를 순위를 매겨 평가할 수 없다는 뜻이다. 그리곤 책의 서문 부분을 찢어버리라고 말한다. 필자가 본 가장 황당한 장면이었다. 영화적 상상력을 가지고 보아서 그렇지 현실에서의 이런 파격이라면 당장 SNS를 도배하고도 남았을 충격의 퍼포먼스였다. 키딩의 이런 과격한 수업에는 물론 다 이유가 있었다. 앞 장에서 언급한 직면 때문이다. 자유로움으로 가기 위해 반드시 깨트려야 할 일종의 의식이었던 것이다. 켜켜이 쌓여온 낡은 의식을 없애는 데 파격보다 강렬한 퍼포먼스는 없다. "그래도 이건 아니지요?"라고 혹시 생각하는 사람들이 있다면 다음 사례는 아주 적절한 파격의 살아 있는 교훈이 될 것 같다.

지금 대학생들은 잘 모르겠지만 삼성의 위기관리 경영은 사실 지금의 삼성을 만드는 신의 한 수였다. 젊은 시절 이건희 회장이 보인 카리스마와 사운을 건 파격 경영은 세계적인 기업 애플과 맞장을 뜰 수 있게 만든 원동력이었다. 88년도 회장으로 취임한 이건희 회장의 경영 모토는 '속도'와 '위기 경영'이었다. 한국에서 일등 기업이 세계에서 일등 기업이 아니라는 뜻이다. 당시 우리는 우물 안의 개구리였다. 이건희 회장의 메시지는 일관되었고 명확했다. 세계적인 일류 기업! 지금이 아닌 미래를 본 이건희 회장의 혜안이었다. 이건희 회장의 신경영 발표는 그 신호탄이었다.

그럼에도 불구하고 직원들의 사고는 이건희 회장의 생각을 좇아가지 못했다. 93년도 독일의 '프랑크푸르트 선언'은 이건희 회장이 던진 경고였다. "마누라와 자식만 빼놓고 다 바꿔라!" 불량 세탁기가 그대로 양산되고, LA 백화점 뒷자리에 먼지를 뒤집어쓰고 전시되어 있는 삼성의 전자 제품, 일명 '후쿠다 보고서'로 알려진 후쿠다 시게오 디자인 고문의 적나라한 삼성의 폐쇄적인 기업 문화까지 참담함을 일깨우는 일갈이었다.

회장의 강력한 경고와 실천 의지가 있었음에도 불구하고 안타깝게도 현장은 그렇지 못했다. 여전히 불량 제품은 생산되었고 현장에서의 분위기는 타성에 젖어 있었다. 이건희 회장이 바로 그때 꺼내든 것이 바로 충격과 파격 요법이었다. 그것은 흔히 이야기하는 보여주기식 퍼포먼스가 아니었다. 수십 년간 내려온 구태를 끊어내는 몸의 충격이었고 영혼의 깨움이었다. 1995년 3월 9일 삼성전자 구미사업장 운동장에는 자신들이 피땀 흘려 만든 제품들이 산처럼 쌓여 있었다. 휴대폰에서부터 시작해서 팩시밀리까지 무려 15만 대의 제품은 당시 시가로 500억쯤 되었다. 10명의 현장 근로자들이 둘러싸서 자신들이 만든 제품들을 하나하나 부수기 시작했다. 여기저기 안타까워하는 소리도 아랑곳하지 않고 이번엔 아애 불을 놓아 하나도 남김없이 태워버렸다. 터지는 울음 소리와 한숨 소리가 뒤섞였다. 그들은 알았다. 지금 타고 있는 것이 자신들이 만든 제품만이 아니라는 사실을….

파격과 충격의 효과는 컸다. 화형식 이후 7년 반이 지난 2002년 삼성의 휴대폰 판매 대수가 4,300만대로 세계 3위를 차지하는 기염을 토했다. 기록은 여기에서 그치지 않았다. 탄력을 받았고 더욱 달렸다. 드디어 2012년 1분기에 9,500만대의 휴대폰을 판매하면서 1998년부터 14년간 휴대폰 시장에서 세계 정상을 지켜온 노키아의 8,270만대를 누르고 세계 정상에 올랐던 것이다. 그 여정이 세계 최고의 정상, 미국의 애플과 중국의 샤오미와도 경쟁에서 밀리지 않는 내면적 에너지와 동력이 되었다. 낡은 관습을 끊어내는 파격과 충격은 스스로를 일깨우는 가장 강한 직면이다.

PK의 카르페 디엠

사람이란 무엇인가? 더불어 살아가는 많은 시간들 속에 사람은 나의 과거요, 현재요, 미래다. 사람 때문에 아파하지만 사람으로 치유받는 역설 속에서 우리는 지금도 사람과 더불어 살고 있다. 그럼에도 불구하고 사람이란 존재는 영원한 우리의 화두다. 우연히 펼친 한 권의 책 속에 환하게 빛나는 글귀 한 소절이 눈에 띈다. "해는 아침을 밝히고 사람은 세상을 밝힌다." 어린 시절 일찍 부모님을 잃어버리고 기숙학교에서 왕따까지 당하는 상황에서 혼자라는 공포는 자신의 영혼을 갉아먹는 애벌레

266

같은 것이었다. "외로움에 병든 새가 내 마음으로 날아와 돌로 된 알을 낳았다." 외로움의 새를 어떻게 쫓아내야 할지 몰랐던 어린 PK는 줄루족의 무당으로부터 두려움을 극복하면서 자신을 찾는 데 성공한다. 그 후로 그에게 어둠은 결코 두려움의 대상이 아니었다. 평화와 침묵 그리고 고요와 창조적 영감은 홀로 있을 때만 찾아오는 진정한 귀빈이라는 걸 깨달으며 진정한 남자로 거듭난다.

남아프리카로 이주한 영국인 2세인 PK. 유일한 혈육이었던 할아버지를 따라가서 만난 할아버지의 친구는 독일계 박사였다. 히틀러의 정치적 성향과는 전혀 다른 인물로 그의 가슴엔 그 시대에 찾기 힘든 사랑과 정이 있었다. 전쟁 동안 독일인을 수감하라는 정부의 명령으로 박사가 감옥에 갇히자 PK도 박사와 함께 감옥에서 지낸다. 박사로부터 음악과 자연의 소중한 가치를 머리와 가슴으로 배우고 흑인 죄수 히엘 피트(모건 프리먼 분)로부터 권투를 통해 몸을 쓰는 법을 배운다. "작아도 영리하면 이길 수 있다." "첫 번째는 머리로, 두 번째는 마음으로." PK에게는 피트가 가르쳐준 대로 몸에도 마음이 담겼다. 감옥소에 악랄한 간수는 영화에 등장하는 소품인지 옵션인지는 모르겠지만 모든 곳에 항상 존재한다. 그래야 세상이 돌아가는 자연의 이치처럼.

12살짜리 PK가 흑인 죄수들 사이에 '레인메이커'가 된 것은 다른 죄수들에게 도움이 되는 여러 가지 일을 도와주면서부터다. 감옥에서 짐승보다 못한 취급을 받던 그들을 유일하게 친구로 대한 PK. 그는 사람을 신분이나 피부 색깔로 보지 않고 내면의 심성으로 보았던 가장 깨어 있는 사람이었다. 자연에서 생각하는 법을 배우지 않았다면 결코 나오지 않았을 깨우침이었다. 감옥에서 무료한 시간을 보내는 죄수들에게 담배를 피우는 것은 가장 큰 즐거움이다. PK와 박사는 담뱃잎을 간수 몰래 죄수들에게 선물로 주었다. 흑인과 백인의 차별을 없애고 흑인 죄수들까지도 하나의 인격체로 대했다. 그들을 위해 준비한 담뱃잎은 즐김의 '카르페 디엠'이다.

제2차 세계대전의 전쟁이 끝나갈 무렵 감옥 소장으로부터 음악회를 제의받는다. 거절하려고 했지만 피트의 부탁으로 승낙을 하면서 음악회는 시찰 오는 장관을 위한 행사가 아닌 흑인들을 위한 음악회로 바뀐다. 분열되고 찢어진 흑인 사회를 하나로 연결하는 고리로 만들려는 것이 피트의 생각이었다. PK의 작곡으로 시작된 노래는 흑인들에게 의외로 큰 반항을 불러일으킨다.

사실 흑인들이 합창으로 불렀던 노래는 장관을 위로하는 노래가 아닌 백인들을 조롱하는 노래였다. 그들을 하나로 묶을 수 있었던 공통분모를 종족들끼리의 다름이 아니라 공통의 적이었던 백인들의 폭력과 어리석음을 비꼬는 노래를 통해 해법을 찾았던 것이다. 흩어졌던 흑인이 노래로 하나 되는 모습은 감동적이다. 흑인 특유의 창법과 보이스가 그들의 슬픈 역사와 뒤섞여 음악에 슬픔이 묻어났다. 세계 3대 영화음악가로 손꼽히는 한스 짐머의 저력을 엿볼 수 있는 음색이다.

특히, 합창 전 소장이 흑인들에게 당부하는 말을 PK에게 통역하라며 겁박했던 말들을 PK가 살짝 바꿔 "여러분들의 축제가 되게 하자"며 도닥이는 장면은 '카르페 디엠'이 가진 진정성의 극치다. 이 부분의 감동은 5년 뒤 영화 〈인생은 아름다워〉(1997)에서 재미있게 차용된다. 유대인 학살을 배경으로 하는 절대로 아름답지 않은 인생의 영화다. 주인공인 귀도(로베르토 베니니 분)는 유대인으로 수용소에 아들과 함께 끌려간다. 두려워할 아들 조슈아를 위해 독일군이 알려주는 수용소 생활의 지침을 자신이 통역하면서 게임으로 바꿔버리는 장면은 〈파워 오브 원〉에서 차용한 부분이다. 아름다운 장면은 그림이 바뀌어도 아름답다.

아무튼 감옥에서 울려 퍼진 노래는 흩어졌던 흑인들을 하나로 만들고 감옥을 세상에서 가장 아름다운 공간으로 만들어버린 모두가 하나 되는 두 번째 화합의 '카르페 디엠'이 되었다. 물론 그 안에는 모두를 하나로 만들기 위해 화합의 노래와 자신의 목숨을 맞바꾼 피트의 고결한 희생이 있었음을 잊지 말아야 한다.

정신적으로 육체적으로 성숙한 18살의 PK는 독일로 떠나버린 박사와 피터까지 모두 잃고 다시 혼자가 된다. 하지만 더 이상 외로움이라는 병든 새를 안고 살아가는 겁쟁이가 아니었다. 요하네스버그의 고등학생으로 당당히 옥스퍼드 대학의 장학생 입학이 예정된, 미래가 보장된 젊은이였다. 사랑도 미래도 확실하게 눈에 보이던 그때 찾아온 흑인 권투선수 듀마는 자신들을 위해 '레인메이커'가 되어줄 것을 간청한다.

희망이 없는 흑인들, 국민당 정권의 강력한 인종분리 정책인 아파르트헤이트(Apartheid) 시행 그리고 미래가 보장된 자신의 미래. 절대로 타협할 수 없는 운명의 선택이 마지막 자신의 결정만 기다리고 있었다. 대답을 찾기 위해 PK가 찾은 곳은 바로 대자연의 심장 소리가 들리는 거대한 폭포다. 자연은 모든 질문에 답을 해준다는 박사의 음성과 거대한 폭포가 일으키는 물보라는 PK의 가슴을 뛰게 하며 자신이 무엇을 할 것인가에 대한 해답으로 대신한다. 결국 대학 진학을 포기하고 흑인을 위해 싸우기로 한 PK의 발걸음은 영화의 마지막을 장식하는 가장 위대한 희생의 '카르페 디엠'이다.

"나 다시 돌아갈래!"

김영호

폭력의 미래

박하사탕

Peppermint Candy | 제작 1999년 | 감독 이창동 | 출연 설경구, 문소리, 김여진

자신의 삶을 되돌아볼 만큼 살아온 사람들은 안다. 자신이 살고 있는 현재의 모습이 분명 과거에 자기가 그토록 바라던 인생이 아니라는 사실을. 시간은 많은 것을 왜곡시키고 비틀어버리는 묘한 재주가 있다. 자신의 삶에 어두운 그림자가 불쑥 끼어들지 않아도 왜곡되고 틀어져 버리는 것이 인생인데 스스로가 통제할 수 없는 거대한 국가의 폭력 앞에 정신 줄 놓지 않고 버틸 수 있는 장사는 거의 없다. 하물며 길가에 핀 들꽃에게도 사랑스러운 시선을 떼지 못하는 순수한 마음을 가진 사람이라면 더 그렇다. 〈박하사탕〉과 〈꽃잎〉은 바로 그런 사람들의 상처를 그린 영화다.

〈박하사탕〉은 이창동 감독의 작품이다. 영화라고 하지 않고 작품이라고 한 건 분명 그의 결과물에 대한 경외감의 표현이다. 영화를 통한 자기계발 성격의 책에 한 감독의 작품이 두 점이나 있는 것이 결코 우연은 아니다. 의도한 것은 더욱 아니다. '지혜'와 '정의' 그리고 '용기'와 '절제'를 배울 수 있는 영화와 시대적 아픔에 눈감지 않는 깨어 있는 영화를 찾다 보니 한 바구니에 담긴 영화들이었을 뿐이다. 강연을 통해 학생들이 받은 벅찬 감동과 관통하는 시대 정신의 통찰과 자각은 모두 그들의 몫이다. 〈박하사탕〉과 〈꽃잎〉은 시대 정신의 살아 있는 이정표며 동시에 드러난 상처다. 한걸음의 은유와 두 걸음의 상징으로 완성한 이 영화의 모든 영광과 상처는 마흔 살 영호와 열다섯 살 소녀의 몫이다. 거꾸로 매달려 사라져가는 모래시계처럼 그들은 살면서 그렇게 자신들의 살과 혼을 태우며 버텼다. 그들의 모습을 바라보며 우리는 내 안에 있는 야만과 순수를 동시에 만난다. 난 그저 그들을 있는 그대로 바로 보게 한 연결자일 뿐이다.

〈박하사탕〉과 〈꽃잎〉은 1980년 5월 광주민주화운동을 중심으로 관통하고 있다. 시대를 관통했고 20살 영호와 15살 소녀의 심장을 가로질렀다. 국가의 이름으로 자행된 폭력 앞에 들꽃을 사랑한 20살 영호는 군복을 입은 가해자로, 가녀린 15살 소녀는 피해자가 되어야만 했다. 누구도 스스로 자청한 역할은 아니다. 그저 운명처럼 주어졌을 뿐이다. 그날 이후로 그들은 다른 인격의 삶을 살았다. 정신의 상처, 트라우마는 그렇게 질기게 살아남아 흔적을 남겼다. 스스로 죽어야만 끝이 나는 한계 없는 자신 안에 있는 괴물과의 지루한 싸움이다. 그들을 보듬고 안아주지 못했던 지난 시간들을 자책하게 만들며 동시에 우리의 비겁했던 모습을 그들의 비루하고 일그러진 모습을 통해 다시 읽는다.

〈박하사탕〉의 시작은 1999년 봄이다. '가리봉 동우회' 야유회에 초대받지 않은 손님으로 40살 영호가 불쑥 찾아온다. 보기에도 몰골이 말이 아니다. 친구들의 따가운 시선과 손사래에도 아랑곳하지 않고 그는 자신의 노래를 부른다. 모든 것을 다 잃어버리고 삶의 끄트머리에 서 있는 그에게 선택지는 없다. 그가 이곳에 온 이유는 순수함의 기억이 유일하게 남아 있는 곳이었기 때문이다. 하지만 그곳에서도 자신이 찾는 파랑새는 없었다. 그래서 그는 철로 위에서 마지막 선택을 한다. 자신이 시작했던 바로 이곳에서 20년 전 순수했던 그대로의 모습으로 되돌아가기를 희망하며 기차에 몸을 맡긴다. 영호의 처절한 절규를 뒤로하고 기차의 기적소리와 함께 영화는 그렇게 시간을 거슬러 올라간다.

강렬했던 '야유회'의 첫 장면을 시작으로 철로의 선로를 따라 거꾸로 시간 여행을 떠난다. 총 일곱 장면의 토막 난 기억들의 편린은 모두 영호가 살아온 삶의 궤적들이다. 사흘 전 봄의 '사진기', 1994년 여름의 '삶은 아름답다', 1987년 봄의 '고백', 1984년 가을의 '기도', 그리고 1980년 5월의 '면회', 1979년 가을의 '소풍' 이렇게 일곱 구역 기억의 정거장을 거친다. 1999년 '야유회'와 1979년 '소풍'은 20년의 간극을 두고 마주 보고 있다. 일곱 구역의 공간 속 '면회'의 정거장에서 우리는 괴물의 그림자와 함께 나란히 서 있는 영호를 만난다. 우리는 바로 그곳에서 영호의 삶을 송두리째 바꿔버린 가시를 발견하게 된다. 80년 5월의 광주는 그렇게 순수했던 스무 살 들꽃 같은 청년의 다리에 가시를 박고 또 심장과 머리에까지 가시를 박아놓았다. 숨 쉴 때마다 느껴야 하는 가시의 통증으로 그는 서서히 괴물이 되어갔다. 군인에서 경찰로, 경찰에서 사업가로 옷을 갈아입었지만 가시는 단 한시도 그를 떠나지 않고 파멸의 순간까지 괴롭혔다.

영화 〈꽃잎〉은 괴물과 가시 박힌 군인들이 5월의 광주에서 꽃잎 같은 사람들을 영혼까지 태워버린 사건을 정면으로 다루고 있다. 15살 소

274

녀는 그때 광주 금남로의 중심에 있었다. 흑백의 차용, 붉은색 원피스, 죽음 같은 공포의 메타포는 스티븐 스필버그 감독이 제작한 〈쉰들러 리스트〉(1994)의 홀로코스트를 오롯이 연상시킨다. 수많은 상징과 은유로 뒤덮인 〈꽃잎〉을 한 번 보고 이해하기에는 쉽지 않다. 꿈과 현실을 오가고 다큐와 애니가 오간다. 회상하는 꿈의 기억만 15번의 흑백으로 표현된다. 현실이 꿈인지 꿈이 현실인지 호접몽(胡蝶夢)의 일장춘몽(一場春夢) 같다. 80년 광주의 아픔이 그랬듯이 말이다. 소녀와 장이라는 사람, 그리고 소녀를 찾는 네 명의 오빠 친구들이 영화의 주인공들이다. 15살의 잃어버린 소녀, 광주민주화운동이 끝난 지 15년 만의 영화, 15번의 꿈같은 비극의 흑백 영상. 숫자 15의 상징은 15년의 세월이 흘렀지만 단 한 번도 잊어본 적 없는 고통의 시간이었는지 모른다.

잃어버린 소녀는 결국 찾지 못했다. 아니 영원히 찾을 수 없을지도 모른다. 잃어버린 소녀는 그렇게 영원히 산 자들의 기억 속에 남아 있다.

"당신은 무덤가를 지날 때, 아니면 강가에서나 어느 거리 모퉁이에서 이 소녀를 만날지도 모릅니다. 찢어지고 때 묻은 치마폭 사이로 맨살이 눈에 띄어도 못 본 척 그냥 지나쳐주십시오. 어느 날 그녀가 당신을 쫓아오거든 그녀를 무서워하지도 말고 무섭게 하지도 마십시오. 그저 잠시 관심 있게 봐주기만 하면 됩니다."

영화 〈꽃잎〉에서 설경구의 마지막 독백이 〈박하사탕〉 첫 번째 장면에서 보여준 그의 강렬한 대사와 맞물려 선로 위를 달리는 기차처럼 우리의 심장 위에서 덜컹거린다.

〈박하사탕〉과 〈꽃잎〉

"나 다시 돌아갈래!" 한국 영화사에서 이보다 더 강렬한 대사는 아직까지 없다. 우리 모두에게 뜨겁게 각인된 이 한 줄의 외침이 갖는 은유는 대한민국의 현대사를 관통하는 일갈이다. 〈박하사탕〉(2000)과 〈꽃잎〉(1996)은 가장 순수한 이름을 가진 슬픈 이야기며 세상에서 가장 깨끗한 도화지 위에 그린 세상에서 가장 어두운 그림이다. 〈박하사탕〉과 〈꽃잎〉이라는 역설은 미쳐버린 세상에서 힘없는 우리들이 선택할 수밖에 없는 자기방어의 최선이다. 그래서 더 아프다. 그래서 더 슬프다.

시대적 이데올로기를 건드리는 것은 독이 있는 촉수를 만지는 격이다. 그럼에도 불구하고 우리가 마주해야 하는 이유는 우리 모두가 이 시대를 살아가는 평범한 시민의 한 사람이기 때문이다. 〈박하사탕〉은 들꽃을 사랑했던 스무 살 청년 영호와 박하사탕 이미지를 가진 순임의 이야기다. 하지만 그들의 순수함은 국가의 폭력 앞에 서서히 소멸되어간다. 마치 하얀색 광목천이 어느 순간 붉은색으로 물드는 것처럼 영호는 자신도 놀랄 정도로 광기에 젖어 들어간다. 폭력과 야만이 휘두르는 광기 앞에 순수함은 길을 잃는다. 영화는 순수함을 잃어버린 영호를 위해 그의 과거를 찾아 함께 떠나는 우리 모두의 슬픈 여행이다.

〈박하사탕〉이 기억을 좇는 여정이라면 〈꽃잎〉은 잃어버린 소녀를 찾는 여정이다. 이들 모두는 길을 잃어버린 사람들이다. 자신의 의지와 상관없이 찾아온 어두운 그림자가 그들의 길을 뺏앗다. 죽음보다 더한 공포를 여러 번 마주한 소녀는 자신이 감당할 수 없는 두려움 때문에 스스로 정신의 공간 밖으로 탈출했다. 정신의 밖에는 공포가 없다. 텅 빈 공간만 존재할 뿐이다. 가끔씩 안과 밖을 왔다 갔다 했지만 그것이 자신의 의지인지 아닌지 꿈인지 생시인지 구분할 수 없었다. 나는 그대로인데 세상 사람들이 자신을 대하는 게 예사롭지 않다. 물론 그 기억도 시간의 편린일 뿐이다.

마흔의 영호와 열다섯 소녀는 자신들이 왜 그렇게 변했는지 알지 못한다. 다만 운명으로 받아들일 뿐이다. 순수했던 그들에게 상처를 주고 고통을 준 괴물은 그림자일 뿐 실체가 없다고 한다. 필자는 말하고 싶다. 트라우마는 분명한 '정신적 자상'이라고. 건드리지 않으면 상처가 없듯 정신적 고통이 없었는데 트라우마가 생길 수는 없다. 거대한 국가의 폭력 앞에 몸을 던진 가해자나 힘없는 소녀가 감수해야 할 고통의 끝은 죽음이다. 영호와 소녀의 소멸은 실체 없는 그림자의 소행인가? 그들의 선택인가? 더 늦기 전에 사과하고 대답해야 할 그들의 시간이 얼마 남지 않았다. 괴물이 오기 전 1980년 5월의 광주는 〈박하사탕〉보다 더 달콤하고 〈꽃잎〉보다 더 붉은 심장을 가진 사람들과 골짜기마다 빛이 넘쳐나는 땅이었다.

1

치유되지 않은 외상이
남긴 상처

광주민주화운동을 소재로 한 영화는 몇 편 있다. 장선우 감독의 〈꽃잎〉(1996)을 필두로 이창동 감독의 〈박하사탕〉(2000), 김지훈 감독의 〈화려한 휴가〉(2007) 그리고 장훈 감독의 〈택시운전사〉(2017)까지 서로 다른 색깔과 빛깔을 갖고 있다. 제목과 바라보는 시점은 모두 다르지만 중심은 하나다. 국가의 폭력이라는 괴물이 밟아버린 들꽃들의 이야기. 허리가 꺾여 더 이상 꽃을 피우지 못한 채 살아가야 하는 들꽃들에게 매 순간이 아프다. 가끔은 초인적인 힘으로 옆구리에 새 생명의 꽃을 피우는 기적 같은 일이 일어나지만 그건 그야말로 기적이다. 자신이 꽃을 피우지 못하는 걸 아는 순간 살아도 산 것이 아니다. 그들에게 외상의 상처는 숨 쉬는 순간순간의 고통이다.

2018년 글을 쓰고 있는 지금 이 순간에도 들꽃을 짓밟아버린 연희궁에 사는 괴물의 수괴는 스무아홉 량이 든 전대(纏帶)로 그놈의 질긴 명줄을 간당간당 이어가고 있다.

"맞은 놈은 다리 뻗고 자도, 때린 놈은 오그리고 잔다는 속담도 이제는 안 맞는 갑소, 이 씨불알 같은 세상이 우째코롬 돌아가려는지 때린 새끼들은 두 다리 쭉 펴고 자뿔고 뒤~지게 맞은 새끼들은 새우처럼 웅크리고 사는 세상이 되어버렸당께…" 오래전 광주에서 버스를 타고 가던 중 어르신께서 혼잣말로 중얼거리던 염불 같은 소리가 귀에서 떠나지 않는다. 나에게 광주는 어르신의 씨불알 염불 소리다.

〈박하사탕〉과 〈꽃잎〉은 1980년 5월, 지옥 같은 시간을 서로 다른 공간에서 마주한 가해자 '영호'와 피해자 '소녀'가 씨줄의 상처와 날줄의 고통으로 만든 스토리다. 담담한 리얼리즘을 바탕으로 만들어진 억제된 시간과 흔적의 반추는 그날의 기억들을 날것으로 되살리고 있다. 얼룩무늬 군복의 군인들이 착검을 한 M16 소총으로 시민들을 향해 조준 사격을 하고, 뛰어가는 청년들의 머리 위로 진압봉을 휘두르는 장면은 소설 속 이야기인 양 믿고 싶지 않은 살아 있는 그날의 영상들이다. 벌겋게 충혈된 눈에서 쏟아지려는 눈물은 우리의 양심이 살아 있다는 증거고 미세하게 떨리는 손발의 경련은 우리의 정의가 죽지 않았음의 증거다. 〈박하사탕〉의 영호는 그 지옥 같은 시간에 푸른색 군복을 입고 있었고 〈꽃잎〉의 소녀는 같은 시간과 장소에서 붉은색 원피스를 입고 있었다. 푸른색과 붉은색이 직선으로 만나 태양보다 더 붉은 핏빛을 토해내니 세상에 그런 억척도 없다.

〈박하사탕〉은 들꽃을 사랑했던 스무 살 청년 영호가 살아온 20년 동안의 강렬했던 삶의 여정을 되감아가는 반추의 영화다. 스무 살 순수했던 청년이 마흔이 되면서 모든 걸 다 내려놓고 철로 위에서 "나 다시 돌아 갈래!"라고 외칠 수밖에 없었던 이유를 찾아 나서는 여정이다. 시간을 거스르는 기억 여행은 자신이 몸을 던졌던 바로 그 철로를 따라 시작된다. 기억의 편린들을 쫓아간 7곳의 기억 창고에는 자신이 변할 수밖에 없었던 이유들이 시대의 궤적들과 함께 움직인다.

순수했던 청년이 죽어야 했던 삶의 궤적을 향한 여행에 우리는 한국 현대사의 아픈 시간들의 징검다리를 하나씩 밟고 지나간다. 동시에 영호가 시간 앞에 어떻게 탈색되는가도 함께 읽는다. 시대의 가해자이며 동시에 피해자가 되어버린 영호의 영혼은 여행의 마지막 지점에서 그 원인을 찾게 된다. 80년 5월은 때 묻지 않은 손으로 들꽃을 꺾어야 했던 영호의 절규다.

오발로 맞은 다리의 총상과 오발로 광주의 소녀를 죽인 피해자인 동시에 가해자가 되어버린 광주의 5월은, 두툼하고 정직한 손을 가진 영호의 푸른색 영혼을 하얗게 만들었다. 색을 잃어버린 영혼엔 그림자가 짙다. 영혼을 덮어버린 그림자는 빛이 없다. 빛이 없는 세상에 이성은 머물 곳이 없다. 경찰은 진압군의 상처를 안고 있는 그가 선택한 최선의 자기방어다. 지혜와 정의가 반짝이는 경찰이 되지 못했다. 학생들을 고문하고 상처 내는 표독한 경찰이 되었다. 치유되지 못한 외상이 만든 색을 잃은 영혼은 철저히 인격을 왜곡시키고 비틀어버렸다. 숨겨진 야만이 영호의 이성을 삼키고 감성을 삼켰다. 여행을 통해 확인한 괴물같이 변해버린 영호의 상처는 80년 5월의 광주에서 시작된 충격이었다.

영호의 상처는 시간이 지나면서 아문 듯했다. 하지만 불쑥불쑥 튀어나오는 기억의 역류는 절뚝거리는 다리의 고통으로 재현되고 있었다. 내 안에 괴물이 스멀스멀 기어 나올 때마다 어김없이 재현되는 다리의 경련, 그것은 잊은 줄 알았던 괴물이 죽지 않고 있음을 증명해주는 유일한 것이다. 절름거리는 영호의 다리는 타락한 존재의 슬픈 자화상이다. 우연의 일치인지는 몰라도 영화 〈꽃잎〉에서도 다리를 저는 '장'이 나온다. 소녀와 함께 영화를 이끌어가는 하나의 축으로 그 역시 아웃사이더다. 상처 입은 소녀가 오빠라며 따르는 장은 철저한 방관자로 상처 입은 소녀를 폭행하고 심지어 강간까지 한다. 죄의식 따위는 애초에 없다. 그렇게 거칠고 모질게 자신을 학대했는데도 불구하고 소녀는 장을 떠나지 못한다. 잃어버린 가족, 잃어버린 오빠의 모습을 장에서 찾으려는 소녀의 절박함이 모진 학대를 견디는 힘이었을까?

소녀가 왜 그렇게 되었는지는 아무도 모른다. 모든 걸 알고 있는 소녀는 제정신이 아니다. 소녀의 절규에 가까운 몸의 아우성으로 장은 어렴풋이 소녀의 광기가 광주의 사고로 생긴 것임을 직감으로 느끼며 연민의 정을 가진다. 그즈음 소녀가 털어놓은 자신의 트라우마. 낯선 아저씨들의 방문으로부터 시작된 오빠의 죽음과 엄마의 충격. 그 충격을 몸의 기억으로 간직한 소녀에게 80년 5월 광주 금남로에서 진압군이 쏜 총에 맞은 엄마를 본다. 움켜잡은 엄마의 손을 발로 밟으며 떼어내던 소녀의 잔인한 기억은 그녀의 심장에 가한 두 번의 상처였다. 방관자 장이 소녀의 상처를 온전히 이해할 즈음 불현듯 소녀는 그를 떠났다.

내재된 폭력으로 자신의 순수함을 지운 채 살아온 들꽃을 사랑한 영호. 기억의 저편으로 스스로 멀어진 소녀. 망나니의 칼춤에 혼이 빠져버린 결과다. 80년 5월 광주의 외상은 세상에서 가장 순수했던 영호와 소녀의 영혼마저 묻어버렸다. 어쩌면 광주라는 거인의 어깨에서 바라본 민주(民主)의 거탑(巨塔)은 영호의 외상과 소녀의 상실이 만든 눈물의 결정은 아닐까?

가해자 영호의 상처와 트라우마

세상을 살아가면서 한 번도 정신적 외상이나 육체적 고통을 받지 않고 평탄하게 살아온 사람이 얼마쯤 될까? 죽을 정도까지는 아니지만 힘들어서 포기하고 싶었을 때가 한두 번쯤 있었을 것이다. '인생이란 원래 그런 거야…' 자조 섞인 넋두리로 한 잔의 소주에다 모든 삶의 고민을 털어놓고 하루하루를 버티는 게 인생이라고 선배들은 훈시조로 이야기하지만 그래도 세상은 녹록하지 않다. 그래서일까? 우리는 모두 경계인이다. 세상의 절망과 좌절의 중간선에서 최선을 다해 희망을 향해 나아가는 경계 인간 말이다.

영호는 자신도 모르는 사이에 경계를 넘어버린 사람이 되었다. 스무 살 이등병 영호는 자신이 감당할 수 있는 크기 이상의 충격을 몸과 마음으로 받았다. 오발 총기사고로 다리에 입은 총상은 몸의 충격이고 얼떨결에 쏜 총에 광주의 여고생이 죽은 사고는 정신의 충격이었다. 트라우마를 가진 많은 사람들의 심리를 상담하고 치료해본 경험에 비춰 영호의 상태는 명확한 외상 후 스트레스 장애다. '외상 후 스트레스 장애(PTSD, Post-Traumatic Stress Disorder)'라 함은 일반적으로 '개인이 현재 다루기 곤란한 재해 또는 사건에 직면함으로써 겪는 심리적, 행동적 어려움'을 일컫는 말이다.

영호가 겪은 사건은 전시에 준하는 총기사고의 경험과 자신이 누군 가를 죽음에 이르게 한 충격적인 경험까지 짧은 시간에 동시다발적인 중 첩된 사고였기에 스무 살 영호가 감당하기엔 너무나 큰 충격이었다. 여기 에다 죄 없는 소녀를 죽였다는 도덕적 상실감과 진압군이라는 결여된 정 당성은 그를 더욱 건조하게 만들었다. 80년 5월의 광주는 그랬다.

4년이 지난 1984년에 영호는 경찰이 되었다. 4년이면 과거의 외상이 잊혀질 만한 시간의 거리다. 약간의 정의감과 적당한 두려움이 반반인 시 기, 경찰에서 맡은 자신의 업무는 신참내기 형사가 감당하기에는 두려운 일들이 너무 많았다. 학생들을 고문하고 취조하는 일이 그에겐 두려움이 고 고문이다. 선배들의 추천으로 처음으로 시작한 고문에서 그는 내면 깊 숙이 숨겨놓았던 야만과 공포를 찾아냈다. 고문하던 도중 고통에 못 견 뎌 똥을 싸는 남자의 이물을 손에 묻힌다. 아무리 손을 씻어도 냄새는 좀 체 없어지지 않는다. 더러움이 가진 질긴 속성이다. 이물과 냄새는 시간 이 가면 없어지겠지만 사람이 사람을 고문하고 상처 준 야만의 속성은 손의 그림자에 숨어 어둠 속에서 질긴 호흡을 이어갈 것이다. 손에 묻힌 이물이 4년 전 트라우마의 악령을 다시 불렀다. 그에게 손은 외상의 기억 이다.

처음으로 사람을 고문한 날 공교롭게도 순임이 영호를 면회 온다. 식 당에서 마주한 두 사람은 서먹하다. 순임의 연정을 영호는 차갑고 냉정 하게 방어한다. 마치 그날 자신이 저지른 손의 나쁜 짓을 들키지 않으려 는 사람처럼 말이다. 순수한 순임의 사랑을 받기에는 자신의 손이 너무 많이 오염되었음을 알아서일까? 맥주와 안주를 내어오는 식당 딸 홍자 의 허벅지를 손으로 더듬으며 '착한 손'이라고 자신을 신뢰하는 순임에게 보이며 보란 듯이 그녀를 밀쳐낸다. 자신이 없었던 것이다. 아니 어쩌면 자신 안에 들어 있는 야만과 뒤틀린 공포를 보여주기 싫었는지도 모른다. 순임을 배웅하는 기차역에서 자신에게 선물한 사진기를 돌려주며 돌아서는 순간 다리가 절뚝거린다. 내면의 야만과 마주할 때마다 나타나는 다리의 절름거림은 씻어도 씻어도 지워지지 않는 이물의 냄새 같다. 순임이 떠난 그날 밤 그는 발광했다. 방어기제가 제거된 영호의 날것은 얼굴이 돌아간 굶주린 승냥이처럼 길길이 날뛰었다. 안전핀이 제거된 그날 저녁, 4년 동안 잠자던 80년 5월의 광기를 불렀다. 그날의 광기는 죽지 않았던 것이다.

외상을 덮으면…, 시간이 지나면 자신의 상처가 나을 줄 알았다. 시간이 흐르면 자신의 외상이 치유될 줄 알았다. 영호는 그렇게 밀쳐내고 눌러놓은 상처와 외상을 드러내지 않았고 꼭꼭 숨겨놓았다. 누구에게도 말하지 않은 상처는 둔기를 맞은 사과처럼 안에서 곪아가고 있었다. 억압은 보이지 않은 거대한 상처의 뿌리를 남긴다. 영호가 숨긴 뿌리는 시간이 흐를수록 더욱 견고해져만 갔다.

도스토옙스키의 《죄와 벌》에는 소설의 주인공 대학생 라스콜니코프가 나온다. 지독한 가난과 내면의 왜곡된 자존감으로 전당포 노파를 도끼로 살해한다. 끝없이 이어진 극도의 불안 속에서 방황하고 번민하다 희생과 사랑의 상징 소냐에게 자신의 죄를 털어놓고 마음이 열리는 경험을 한다. 노파를 살해한 라스콜니코프에게 소냐는 영혼의 구원자이자 치료사였다. 그는 자신의 트라우마를 숨기지 않고 드러냈다. 빛을 받아들인 그림자는 더 이상 자신을 가두는 죽음의 그림자가 아니다. 라스콜니코프는 자신의 어두운 내면의 그림자, 트라우마를 햇빛 아래 드러내는 용기를 가졌다. 내면의 그림자를 밖으로 드러내는 데도 용기가 필요하다. 소냐의 사랑과 기도 그리고 희생도 라스콜니코프 마음의 등불을 밝히는 데 결정적 영향을 주었다. 트라우마는 스스로를 직면시킬 수 있는 용기와 주변인의 긍정과 지지의 힘으로 소멸시킬 수 있음을 도스토옙스키의 소설을 통해서도 읽는다.

하지만 〈박하사탕〉의 영호는 80년 5월의 상처를 철저히 가두고 은폐했다. 스스로를 비하하고 자책하며 자포자기하며 살았다. 강하지 않은데 강하다고 한다면, 악하지 않은데 악하다고 한다면, 괜찮지 않은데 괜찮다고 한다면, 자연스럽지 않은 억지 감정은 항상 삐거덕거리는 소리를 낸다. 아프면 아프다고 말해야 하지만, 영호는 아픔마저 삭였다. 상처를 드러내지 않고 닫고 있다고 상처가 사라지지 않는다. 더욱 깊게 곪아서 마음 속 갈증을 더하게 만든다. 근원의 에너지가 고갈될 즈음 영호의 방어 기제는 더욱 두터워져만 갔고 그 불신의 티눈들이 영호의 주위를 야물게 에워쌌다.

1994년 여름, 서른다섯의 가구점 사장 영호는 어엿한 사장님이 되었다. 마누라 홍자는 운전교습 강사와 바람이 나고 자신은 가구점 직원 미스 리와 바람을 피운다. 잃어버린 알맹이와 껍데기를 동시에 부둥켜안고 살아가는 그에게 진정한 사랑은 요원하다. 방황과 혼돈의 이름으로 순수를 찾아 헤매지만 아무 데도 순임의 흔적은 없다. 영원히 찾을 수 없는 파랑새처럼 모든 걸 잃고 인생의 마지막 에너지마저 소진해버린 죽기 삼일 전, 순임의 남편이 극적으로 자신을 찾아오지만 이미 때는 늦었다. 죽어가는 순임의 마지막 모습에서 서로가 너무 늦었음을 깨닫는다. 마음의 치료에도 때가 있는 법이다. 어두운 외상의 환부를 드러내고 고통을 마주 볼 용기를 지닌 라스콜리니코프의 엔딩이 축복이었다면 환부를 숨기고 억누른 영호의 엔딩은 비극이었다.

흔히 우리는 '간'을 침묵의 장기라고 부른다. 아무리 아파도 아픈 티를 내지 않는다고 해서 붙여진 별명이다. 병증이 확산되고 죽을 때가 되어서야 간에 문제가 있음을 안다. 트라우마도 그렇다. 꾹꾹 눌러놓고 다져놓고 숨겨놓은 침묵의 간처럼 죽을 때가 되어서야 아프다고 소리친다.

피해자 소녀의 상처와 트라우마

15살 소녀는 세상에서 가장 순수하고 가장 고결한 아름다움의 상징이다. 꽃잎보다 부드럽고 꽃잎보다 더 붉은 소녀의 순수는 막막한 허공에 걸린 갈대처럼 솜털 같은 바람에도 흔들리며 울었다. 1980년 5월, 1943년 5월, 1636년 매서운 칼바람을 맞았던 순수한 15살 소녀들은 광주의 금남로에서, 일본의 정신대에서, 병자호란의 길목에서 자신들의 모든 것을 영혼까지 불태웠다. 그들은 죄가 없다. 굳이 죄를 묻는다면 이 땅의 제 자식조차 지켜내지 못했던 우둔하고 어리석은 왕들과 정치인들에게 그 원죄가 있을 것이요, 그들을 품어주고 도닥여주지 못했던 우리들에게도 이차적인 책임을 물을 것이다. 이 땅의 역사는 15살 소녀들에게 진 빚이 너무도 많다.

영화 〈꽃잎〉은 소설가이자 문학 비평가인 최윤 교수가 1980년 광주 민주화운동의 비극을 다룬 중편소설 〈저기 소리 없이 한 점 꽃잎이 지고〉를 바탕으로 장선우 감독이 전격적으로 영화화하면서 세상에 알려졌다. 광주민주화운동을 최초로 다룬 영화라는 점에서 고통을 침묵으로 일관하던 세상 사람들에게 뜨거운 화두가 되었던 작품이다. 수많은 은유와 상징들을 씨줄과 날줄로 엮어 만든 영화로 단번에 보고 이해할 수 있는 쉬운 영화는 아니다. 손가락 너머의 경지를 좀 넘겨다볼 수 있어야 이해할 수 있는 수준의 영화다. 원작자 최윤 교수는 국문과 출신인데다 최초의 평론이 〈소설의 의미 구조 분석〉이었고 문학박사 학위 논문이 프랑스를 대표하는 작가인 〈마르그리트 뒤라스에 관한 연구〉였으니 사회적 관계항에 대한 분석에는 이미 도통한 분이다. 여기에 장선우 감독은 고고인류학과 출신으로 새로운 시각과 통찰로 영화를 만들어 늘 세간의 화제를 불러일으킨 장본인이다. 무림의 고수와 장인의 만남으로 만들어진 영화다 보니 은유와 상징은 가장 강력한 영화의 프레임이 되었다.

80년 5월 광주민주화운동과 소녀를 동시에 놓고 보자. 눈을 크게 뜨고 바라보면 가해자와 피해자가 보이고 가늘게 실눈을 뜨고 좀 더 가까이 다가가면 진압군과 소녀가 보인다. 피해자의 모습에서 소녀를 보고 소녀를 통해 피해자의 모습을 읽는다. 그랬다. 소녀는 순수하고 고결한 희생된 광주의 상징이었다. 동시에 상처의 은유다. 15살 즈음의 어린 나이로 위안부로 끌려가 하루에 스무 명 이상에게 성적 착취와 폭행을 당하고 불타버린 동료들의 시체를 넘어 살아남은 위안부 할머니들은 살아 있는 것 자체가 기적이다. "지금도 악몽을 꾸고 일본군 정액이 떠올라 우유도 못 먹는다"는 길 할머니… 지나가는 고등학생들만 봐도 자신을 성폭행하러 온다는 환청에 시달리는 망상 단계를 지나 이제는 조현병 증상을 보이는 황 할머니… 그들은 모두 60년 전 정신대에서 살아남은 분들이다. 정신적 충격은 60년의 물리적 시간을 유일하게 비켜가는 살아 있는 비극이다. 정신적 외상은 죽었다가도 살아나는 영혼의 좀비 같은 존재다.

영화 〈꽃잎〉의 소녀는 15살 어린 나이에 엄마의 죽음에 가까운 절규를 소리로 눈으로 듣고 보았다. 오빠를 잃어버린 소녀의 정신적 공황은 그때부터 시작되었다. 이성을 잃어버린 채 동네 사람들 앞에서 가슴을 쥐어뜯고 통곡하는 엄마의 마음을 모두 헤아리진 못한다. 하지만 분명한 사실은 오빠를 더 이상 볼 수 없다는 상실의 충격은 몸이 기억하는 고통의 사실이다. 오빠를 죽음으로 몬 시대적 부조리에 목소리를 보태고자 소녀의 엄마가 광주의 금남로로 향할 때 소녀는 기를 쓰고 따라 나선다. 엄마의 욕설과 폭행에 가까운 만류에도 불구하고 말이다. 그곳에서 소녀는 주검을 목격한다. 얼굴을 알아볼 수 없을 정도로 온몸이 만신창이가 되어 수레에 실려가는 사람의 주검…. 소녀에게 가해진 두 번째 정신적 충격이다. 이후에 벌어지는 참상은 말로도 글로도 표현하기 어려운 트라우마의 정점이다.

아비규환 지옥 같은 현장에서 사람들이 총을 맞고 쓰러졌다. 엎어지고 넘어지며 정신없이 내달리는 가운데 날아온 한 발의 총알이 엄마의 오른쪽 어깨를 관통한다. 모녀가 움켜잡은 서로의 손이 소녀를 잡아두는 족쇄가 됐다. 손으로 뜯어봐도 풀어지지 않는 엄마의 손을 발로 밟고 끊어내며 도망치는 소녀의 마음은 그날 이후로 잊혀지지 않는 원죄가 된다. 홀로 남겨진 소녀에게 이 땅 위에 도피처는 없었다. 모든 걸 다 놓아버린 소녀가 그래도 놓지 않은 유일한 단초는 오빠의 기억과 보따리 그리고 엄마의 죽음이었다. 소녀가 죽어도 놓지 않고 들고 다녔던 보따리는 광주의 아픔이다.

영화에는 소녀의 모든 아픔을 오롯이 지켜본 장이라는 사람이 나온다. 소녀가 오빠라고 따르는 장은 일그러지고 왜곡된 마음을 가진 소녀의 파랑새다. 소녀가 광주의 상처라면 장은 광주의 방관자이자 또 다른 의미의 가해자의 얼굴이다. 눈감고 회피하고 침묵한 것은 방관자의 몸짓이고 폭행하고 강간한 것은 가해자의 행동이다. 고립되고 홀로 남겨진 소녀를 장은 철저히 가두고 유린했다. 다행스러운 것이 있다면 절대로 변하지 않을 것 같은 장이 시간의 간극을 사이에 두고 소녀에게 연민을 느낀다는 것뿐…. 시간은 모든 걸 품어주고 풀어주는 치유의 속성을 가지고 있다. 소녀의 아픔을 어렴풋이 짐작할 즈음 소녀의 자기 독백과 씻김굿 같은 의식을 보고 소녀의 상처를 가슴으로 받아들인다. 상처와 외상, 고통과 슬픔을 온몸으로 견디며 누구 하나 보듬어주는 사람 없이 스스로 치유하고 영혼의 정화까지 해야만 하는 운명의 무게가 눈물겹게 가여울 뿐이다.

꿈과 현실의 구분이 없고 끝없이 재현되는 반복적이고 침습적인 고통스러운 기억의 재현, 일꾼들의 무리만 보아도 그때의 악몽이 떠오르는 외부적인 암시. 이 모든 행동은 73년의 세월이 흘러도 아직까지 악몽에 시달린다는 위안부 할머니들의 트라우마를 그대로 닮아 있다. 잊어버린 소녀는 아직도 우리들 주변 어딘가에서 먼저 간 오빠를 기다리고 있을지도 모른다. 설경구의 독백처럼 그저 잠시 관심 있게 함께 지켜보는 것이 지금 우리들이 할 수 있는 가장 의미 있는 행동이다.

2

영화를 통해 본 폭력의 미래

인간은 태어날 때부터 선한 존재인가? 아니면 악한 존재인가? 이에 대한 질문은 '닭이 먼저인가? 아니면 알이 먼저인가?'라는 질문과 완벽하게 포개진다. 인간의 본성은 선하다는 성선설(性善說)을 주장한 맹자(孟子, BC 372~BC 289)와 루소(Jean Jacques Rousseau, 1712~1852), 인간의 본성은 악하다는 성악설(性惡說)을 주장한 순자(荀子, BC 298~BC 238)와 홉스(Hobbes Thomas, 1588~1679), 아니면 어느 쪽에도 속하지 않는 깨끗한 백지와 같이 태어난다고 주장하는 성무선악설(性無善惡說)의 고자(告子, ? ~ ?)와 칸트(Immanuel Kant, 1724~1804)처럼 인간 본성에 대한 논의는 성자들이 고무줄 끝을 잡고 당기며 노는 진실 게임 같다.

그러나 동서양을 막론한 이런 치열한 논쟁과는 별도로 폭력의 가해자와 피해자는 시대를 막론하고 항상 나온다는 사실이다. 여기서 한 가지 흥미로운 것은 가해자가 영원한 가해자가 아니라는 것과 피해자가 또한 영원한 피해자가 아니라는 사실에 주목할 필요가 있다. 현실에서는 가해자가 피해자가 되기도 하고 피해자가 가해자가 되기도 한다는 다소 복잡한 현실과 마주한다. 폭력이 개입되는 한 인성의 결론은 없다.

영화 〈박하사탕〉에서 영호가 가해자이면서 동시에 피해자가 되었던 사례나 어린 시절 아버지의 폭력에 노출된 아이가 성인이 되면서 자신도 모르게 폭력을 행사하는 가해자가 되는 것은 대표적인 사례다. 가끔 폭력을 행사한 사람이 자신 내면의 야만성을 보고 충격을 느껴 이타적 삶을 선택하는 경우는 타고난 인성과 환경의 복합적 영향이라고 볼 수 있다. 마치 〈세상은 요지경〉이라는 노래처럼 인간의 본성도 요지경이다.

최근에 개봉된 영화가 있다. 자비에 르그랑 감독의 〈아직 끝나지 않았다〉(2018)이다. 이름만 들어도 프랑스 영화임을 직감할 수 있다. 제74회 베니스 영화제 2관왕과 전 세계 33개 영화제 공식 초청 화제작! 포스터에 실린 어깨 힘이 잔뜩 들어간 홍보 카피가 이 영화의 저력을 말해주고 있다. 분노조절 장애에다 의처증까지 복합 장애를 겪고 있는 남편, 앙투안의 저주 같은 가정 폭력의 이야기다. 영화를 보는 내내 남편의 행동이 불편하고 공포스럽다. 마치 분노조절 장애와 감정조절 장애를 동시에 겪고 있는 사람 같다. 폭력에 참회의 눈물을 뒤섞고 야성에 감성을 뒤섞어 삶에 기준이 없다. 이성과 야성을 왔다 갔다 하는 인성을 가졌고 감성은 말라비틀어졌다. 타인에 대한 배려와 이해는 사라진 지 오래다. 의처증을 앓고 있는 사람들의 가장 일반적인 정서. 폭력의 가해자 앙투안이 만든 가정 내 공포의 분위기는 크기와 규모의 차이가 있을 뿐 80년 5월 국가의 폭력과 닮아 있다.

이에 가장 직접적인 피해자인 부인 미리암은 남편이라는 상처가 만든 삶의 그늘에서 움직이는 송장처럼 살아간다. 수없이 반복된 경험인 듯 철저하게 남편을 밀어낸다. 장기간 학습된 폭력에 대한 방어기제다. 그리고 어른들의 갈등 속에 가장 큰 피해자 11살 줄리앙이 있다. 아들 역시 아버지의 거부 감정을 몸으로 드러낸다. 혼잣말로 "뒈져라"라는 말도 서슴없이 내뱉는다. 엄마의 불안을 학습한 결과다. 오래된 폭력에 노출된 부인의 습관적 자기방어와 불안. 아들의 본능적 거부의 적대감. 폭력이 만든 평범한 어느 가정의 슬픈 초상화다. 영화는 아버지의 폭력에 가족의 공포를 섬세하게 보여준다. 드라마, 스릴러, 서스펜스, 리얼리즘을 넘나들며 보여주는 심리적 공포는 폭력의 두려움을 밖으로 드러내는 소름 같은 것이다.

남편의 폭력으로부터 야기된 부인 미리암의 불안과 자기방어는 지속적으로 폭력에 노출된 여인에게 나타나는 가장 일반적인 모습이다. 남편에 대한 저항과 남편을 바꾸려는 노력도 자기애와 내면의 에너지가 있어야 가능한 일이다. 끝없이 이어진 좌절과 폭력 앞에 스스로 놓아버린 삶의 의미는 왜곡된 자아를 만들고 불행의 원인을 자신에게 찾게 되는 악순환을 만들어버린다. 타자나 제3자가 건네는 어설픈 조언이 완전하지 않은 것도 바로 그런 이유다. 가족 내에서 일어난 사건의 피상적 접근이나 상투적 조언은 그들에게 아무런 도움이 되지 않는다. 사건을 바라보는 제3자의 시선은 깊이가 얇고 항상 추상적이다. 영화 〈꽃잎〉에서 소녀가 오빠라고 부르며 따라다닌 장의 절뚝거리는 다리도 비뚤어지고 왜곡된 시선이 가진 우리들 한계의 모습이다. 섣부른 판단과 조언보다는 있는 그대로 지켜봐 주라는 설경구의 주문 같은 독백도 바로 그런 이유에서다.

폭력에 노출된 아이들의 정서적·인지적 충격은 상상 그 이상이다. 물론 영화에서 아이들에게 직접적으로 폭력을 행사하는 아버지의 모습은 보이지 않는다. 하지만 공포를 조성하는 아버지의 모습을 본 아이들의 심리적 상태는 정상적 사고를 마비시킬 정도로 충격에 빠져들게 한다. 아이는 남편을 두려워하고 거부하는 엄마의 불안과 적대감을 완벽하게 학습한다. 영화 속에는 엄마를 지켜주려는 11살 줄리앙의 어설픈 거짓말은 소년이 할 수 있는 최선이다. 하지만 현실에서 자신의 무능력과 한계를 깨닫는 순간 소년은 패배감과 우울감에 사로잡힌다. 흔들리는 자아와 초점 없는 눈빛, 불안과 불만이 혼재되어 굳어버린 얼굴은 줄리앙이 겪고 있는 현재의 모습이다. 11살 소년의 반격은 항상 무위로 끝난다. 11살 소년 줄리앙의 얼굴에서 영화 〈꽃잎〉에 등장하는 15살 소녀의 모습이 겹쳐지는 것도 그런 이유다.

무식하게 폭력을 행사하는 아버지와 자신을 지켜주지 못한 어머니 사이에 소년은 누굴 더 원망하게 될까? 질문을 바꿔보자. 80년 5월에 소녀는 잔인하게 자신들을 진압했던 진압군들을 원망했을까 아니면 자신을 지켜주지 못했던 오빠와 엄마를 더 원망했을까? 이런 경우 대부분은 폭력의 당사자를 지목하겠지만 아이와 소녀는 모든 원망의 책임을 자신에게 돌려버린다. 이렇게 낮아진 자존감과 우울감으로 시작된 병증은 자신들을 부식시켜버린다.

저항과 거부는 그래도 에너지가 있다는 의미다. 여기에 더 이상 견딜수 없는 한계 상황이 겹쳐진다면 상황이 달라진다. 모든 걸 내려놓는 삶의 무의미. 무기력은 저항과 거부 다음에 오는 가장 무서운 한계상황이다. 긍정심리학의 창시자 마틴 셀리그만의 동물 실험으로 발견한 학습된 무기력은 인간의 자포자기와 우울증과도 연관 있음을 증명한 대표적 연구 사례다. 영호의 '삶의 포기'나 소녀의 '정신분열'은 분명히 중첩된 트라우마가 낳은 학습된 무기력이다.

"당신을 좌석에 못 박아버릴 영화"라는 "아직 끝나지 않은 이야기"의 카피는 한 번쯤 폭력을 경험해본 사람들의 트라우마가 만든 공감이다.

■ 자율적 분노

유대인 600만 명을 학살한 히틀러. 25년의 철권통치와 민간을 대량학살한 후세인. 9·11 테러를 주도해 수많은 미국인을 죽인 빈 라덴. 그들은 원래 그렇게 사악했을까? 아니면 환경과 주어진 역할이 그들로 하여금 악마적 존재로 만들었을까? 결론은 아니지만 확실한 건 우리 안에 또 다른 인격이 존재한다는 사실이다.

1971년 8월 14일 스탠퍼드대 심리학과가 있는 조던 홀 지하에 가짜 감옥이 들어섰다. 사회심리학 분야에서 가장 많은 논란을 일으킨 실험이 진행 중이었다. 10년 전 하버드 대학 심리학과 조교수인 스탠리 밀그램(Stanley Milgram, 1933~1984)의 "도덕적인 개인의 권위에 굴복하여 잔혹한 행위를 저지를 수 있다"는 복종의 환경에서 보통 사람들이 어떻게 변하는지를 알아보는 실험 이후 처음이었다. 이에 필립 짐바르도(Philip Zimbardo, 1933~) 교수의 실험은 극단적인 환경에서 보통 사람들이 어떻게 변하는지를 알아보기 위한 연구과제였다. 스탠퍼드 대학의 이 프로젝트가 얼마나 비도덕적이었는가는 실험이 끝난 후 밀그램 박사가 짐바르도 교수를 껴안으며 "이 실험을 해줘서 정말 고마워요. 당신 덕분에 역사상 가장 비도덕적인 실험을 강행한 장본인이라는 딱지를 벗어던지게 되었다"라는 말에서도 알 수 있다.

실험은 간단했지만 설계는 정교했다. 젊고 건강하고 심리적으로 안정된 백인 남학생 70명 중 24명을 뽑았다. 그리고 동전 던지기로 12명의 간수와 12명의 죄수로 각각의 배역을 나누었다. 최대한 신뢰도와 타당도를 높였고 객관성을 유지했다. 그들에게 일당 15달러를 주고 최장 2주간의 역할극에 들어가는 것으로 합의했다. 교도관과 재소자의 성격 특질이 수감 환경에 어떤 영향을 미치는지에 대한 객관적 관찰을 위해 실험 진행자는 개입하지 않기로 했다.

설계는 매우 디테일했다. 입고 있는 옷에서부터 구분을 달리했다. 간수 역할을 맡은 사람에게는 밝은 카키색 유니폼을 지급했다. 그리고 교도관 역할을 맡은 사람에게는 권위를 강조하기 위해 권력을 상징하는 물품들을 지급했다. 수갑, 호루라기, 곤봉 그리고 은색 미러 선글라스까지. 수감자를 통제하는 도구인 수갑, 폭력으로 상대를 제압할 수 있는 곤봉, 자신을 숨기고 보다 적극적인 내면의 행동을 이끌어낼 수 있는 선글라스까지 준비는 완벽했다. 여기에 보다 현실감을 부여하기 위해 인근 경찰서의 협조를 얻어 죄수 역할을 하게 될 실험 참가자들을 실제로 구속까지 시키면서 분위기를 고조시켰다. 그리고 교도관들에게 모든 죄수들의 눈을 가리도록 눈가리개를 씌우고, 옷을 모두 벗긴 후 긴 셔츠를 입혔다. 심리적 수치심을 최대한 유도하기 위해서다. 그리고 복장에서부터 자신들이 어떤 상황에 놓여 있고 어떤 위치에 있는지를 확실하게 하기 위해 왼쪽 가슴에 수인 번호를 달고 이름 대신 번호로 그들을 호명했다. 또한 한쪽 발에는 자신의 자유가 박탈되었음을 상기시키기 위해 쇠사슬까지 묶었다. 이런 일련의 조치는 자신들의 인간성과 인격이 상실되었음을 알리는 일종의 은유적 장치였다. 사회적, 물리적 환경은 물론 심리적 환경까지 완벽하게 조성되었다.

교도관의 행동을 통제하지 않는 자유로운 환경. 과연 사람들은 자신에게 부여된 사회적, 심리적 환경에 어떻게 반응할 것인가? 실험 첫날부터 죄수들은 크고 작은 소동을 일으키며 반항했고 간수의 권위를 무시했다. 이에 간수들은 이들을 통제하고자 엄격한 규칙을 만들고 물리적 제재를 가했다. 다음 날 간수와 죄수들 간의 갈등은 더욱 심해졌다. 점호 시간엔 가혹 행위로 수감자를 괴롭혔고 조금이라도 반항하면 독방에 감금하거나 성적인 모욕까지 가했다. 이성을 잃어버린 교도관과 자제력을 상실한 수감자 모두 한계 상황을 넘어섰다. 한계를 넘어서 자신에 역할에 매몰된 교도관들에게 폭력은 충실한 자기 임무의 상징이 되었고 그들에게 양심의 가책은 없었다.

결국 2주 예정의 실험을 만 6일 만에 종료해야만 했다. 이 실험으로 일약 스타 교수로 떠오른 필립 짐바르도는 사회심리학 분야에 가장 저명한 교수가 되었다. 그리고 그의 인간 내면의 이중적 성격에 대한 분석은 《루시퍼 효과》라는 책으로 출간되어 베스트셀러가 되었다. 일명 '스탠퍼드 감옥 실험(SPE)'으로 불리는 이 실험은 사회적 환경과 상황 그리고 나에게 주어진 역할에 따라 일반인도 얼마든지 악마로 돌변할 수 있다는 사실을 증명해주었다. 우리들 가슴 깊숙이 숨어 있는 폭력성과 가학성이 특정한 조건에서 발현될 수 있다는 증거 말이다. 이는《지킬 박사와 하이드》처럼 인간의 이중성과 양가감정(兩價感情)이 내 안에서 죽지 않고 살아 있다는 증거였다.

실험이 있은 지 정확히 33년 후 2004년 이라크 아부그라이브 교도소에서 미군이 자행한 포로학대 사건이 터진다. 평범한 사람들의 믿기 힘든 학대. 규칙과 통제가 존재하지 않은 잔혹한 환경에서 인간이 어떻게 반응하는지를 확인할 수 있는 실제 사건이었다. 놀라운 사실은 이라크 포로들을 가학적으로 다룬 사건의 중심에 있었던 프레더릭 하사는 지극히 정상적인 가정에서 자란 병사였고 2주일에 한 번씩은 교회에 나갔던 인물로 밝혀져 주위를 한 번 더 놀라게 했다. 심리학자들이 동원된 원인 분석에서도 그에게서 정신병적인 성향을 전혀 발견할 수 없었다고 한다. 협조적이지 않은 이라크 억류자들을 좀 혼내주라는 상부의 명령이라는 권위. 이를 통제하고 감독해야 할 관리자의 부재. 그리고 동료들의 묵인과 방조는 이들에게 자신들의 폭력을 합리화하게 만들었고 죄의식을 느끼지 못하는 움직이는 기계로 만들었다.

최근 필립 짐바르도 교수의 1971년 실험이 조작되었다는 의혹이 제기되고 있다. 사실 여부를 떠나 설령 이 실험이 조작이라고 하더라도 인간의 가진 이중성에 대한 면죄부는 되지 않을 것 같다. 현실은 실험보다 더한 지옥을 지금도 생산해내고 있기 때문이다.

통제된 야만

　1971년 필립 짐바르도 교수의 실험은 통제되지 않는 극단적인 환경에서 보통 사람들이 어떻게 변하는지를 알아보기 위한 연구 과제였다. 이에 반해 10년 전인 1961년 밀그램 실험은 복종의 환경에서 보통 사람들이 어떻게 변하는지를 알아보는 실험이었다. 두 연구의 차이는 통제되는 환경인가 그렇지 않은가의 차이뿐. 객관적으로 보자면 통제 상황에서는 일반인들의 폭력성이 어느 정도 합리적인 선에서 조율될 것 같다는 생각이 들지만 결과는 사뭇 달랐다. 사실관계 속으로 들어가 보자.

　'밀그램 실험(Milgram experiment)'으로 잘 알려진 이 프로젝트는 당시 하버드 대학교의 사회심리학 교수인 스탠리 밀그램의 이름에서 비롯되었다. 유대인이었던 그는 제2차 세계대전의 전범인 아돌프 아이히만이 재판에서 "상부에서 내려온 명령이었기 때문에 어쩔 수 없는 선택이었다"라는 진술을 듣고 전쟁 전 평범한 가장이었던 사람이 명령 하나 때문에 어떻게 저토록 잔인한 학살자가 될 수 있었을지 생각하게 된다. 명령이라는 권위가 인간에게 미치는 영향에 관한 연구는 바로 여기에서 출발했다.

　여기서 독자들에게 드리는 기습 질문 하나!

　만약 당신에게 "어쩔 수 없는 명령에 의해 비인간적인 행동이나 사람을 죽여야 한다면 당신은 어떤 선택을 하겠는가?" 그리고 "과연 몇 명의 사람들이 그 명령에 따라 행동했을까?" 비교 통계를 위해 밀그램은 실험 전 보통 의식을 가진 대학생들을 대상으로 의식조사를 했다. 대학생들의 다수는 당신을 비롯한 대부분의 사람이 예상했던 대로 90퍼센트 이상 그 명령을 거부할 것이라고 답했다. 하지만 여러분들을 실망시켜 미안하지만 결과는 우리들의 예상을 완벽히 뒤집었다.

실험은 연구자의 모집부터 시작됐다. 피실험자 40명을 광고 모집으로 뽑았다. 그리고 그들을 한 명씩 방으로 들여보냈다. 방은 실험의 통제자와 피실험자가 한 방에 있었고 피실험자는 통제자의 명령을 받고 임무를 수행하는 선생 역할이었다. 그들의 역할은 비교적 간단했다. 실험자의 명령에 따라, 선생 역할의 피실험자들은 학생들에게 문제만 내면 되었다. 다만 학생들이 그 문제를 풀다가 틀리면, 피실험자가 체벌로 전기 충격을 가하는 것이 추가되었을 뿐이다. 조금 특별한 것이 있다면 독특하게 설계된 방의 구조였다. 칠흑같이 어두운 방에 실험자와 피실험자가 앉아 있고, 유리 벽으로 막혀 있는 반대쪽 방에는 전기충격용 의자에 학생들이 앉도록 되어 있었다. 그런데 이 전기충격 장치는 학생들이 문제를 틀릴 때마다 강도를 조절해 벌을 줄 수 있도록 고안된 일종의 고문 장치였다. 물론 학생은 고도로 훈련된 연기자였고 전기충격 장치도 가짜다. 전혀 전기가 흐르지 않는데 연기로 고통을 느끼는 척 피실험자를 속인다. 당연히 피실험자는 이를 전혀 눈치채지 못한다.

실험자의 명령에 따라 피실험자는 문제를 내기 시작한다. 문제를 내다 처음으로 틀린 학생에게 실험자의 명령이 떨어진다.

"전기 충격을 주세요. 16볼트부터 주시기 바랍니다."

그렇게 세지 않은 정도니 피실험자는 명령에 즉시 응한다. 전기 충격은 전혀 없었지만 학생은 아픈 척 연기를 한다. 그리고 다시 문제가 이어진다. 하지만 또 틀린 학생. 실험자는 다시 명령한다.

"또 틀렸군요. 이번엔 32볼트를 주세요."

피실험자는 당황하며 불편한 심기를 내비친다. 하지만 32볼트를 주었고 학생은 고통스러운 표정을 짓는다. 피실험자의 문제는 계속 이어지고 학생은 문제를 여러 번 틀린다. 이렇게 전기 충격의 강도는 16볼트씩 계속 높아졌고 학생의 고통은 심해졌다. 문제를 계속 내던 도중 피실험자는 실험자에게 말한다.

"더 이상 못하겠습니다. 저 사람이 너무 고통스러워하잖아요."

이에 실험자는 단호하게 피실험자에게 말한다.

"그 정도 전기는 사람에게 아무런 해가 되지 않습니다. 모든 책임은 제가 집니다. 계속하세요."

실험자의 강한 어조와 권위, 그리고 사람에게 아무런 문제가 되지 않는다는 사실관계의 확인, 그리고 책임의 회피를 확인한 피실험자는 점차 전기 충격의 강도를 높인다. 학생이 느끼는 고통은 상대적으로 커졌고 비명 또한 높았지만 자신이 할 수 있는 최고의 전기 충격인 450볼트까지 올려버린다. 만약 이것이 실험이 아니고 실제 상황이었다면 그 사람은 죽었을지도 모른다. 이러한 비논리적이면서 상식 밖의 실험에 동참해서 과연 40명 중 몇 명이 450볼트를 올렸을까? 궁금할 것이다. 결과는 40명 중에 26명, 무려 65퍼센트가 450볼트까지 눌렀다는 믿지 못할 사실이다.

실험이 끝나고 피실험자들에게 실험에 대해 사실을 말해주고 물었다.

"학생이 고통을 받고 있음을 눈으로 보았음에도 불구하고 450볼트까지 강도를 올린 이유는 뭐죠?"

"옆에 앉아 있던 실험자가 괜찮다고 말했고, 또 자신이 책임지겠다고 말했기 때문에…"

그 누구도 자신의 죄의식과 책임을 탓하지 않았다. 한결같이 옆의 실험자에게 책임을 돌렸다. 즉, 자신은 시키는 일만 했으므로 나에게 책임이 없다는 식이다. 많이 들어본 말일 것이다. 그들은 실험자의 권위와 상황에 완벽히 제압당한 것이다. 안타깝게도 전 세계에서 통용되는 현행법은 설령 자신들이 명령권자의 지시나 명령에 따라 가혹 행위를 했더라도 이들에게 면죄부를 주지는 않는다. 거부나 회피 혹은 저항과 반대를 분명히 할 자의적 능력이 있는데도 불구하고 하지 않는 부분에 대한 죄를 엄중히 묻고 있다. 타인을 배려할 줄 모르는 평범한 사람이 상부의 부당한 지시를 기계적으로 수행할 때 참극이 벌어진다는 '악의 평범성'은 오늘을 사는 우리들이 한 번쯤 되돌아봐야 할 현실의 문제다.

우리는 기억하고 있다. 세월호 사건이 나라를 통째로 블랙홀처럼 빨아들이던 그해. 2014년 8월 28사단 포병부대 의무대 소속 윤 일병이 선임병들의 폭언과 가혹 행위로 사망했다. 종아리와 허벅지의 모든 근육이 파열되었다. 갈비뼈 14개가 파손될 정도로 지독한 가혹 행위가 있었고 사망 당시에는 물 한 모금 삼킬 수 없는 상황이었다고 한다. 폭행 주범인 이 모 병장은 징역 40년을, 적극적으로 동참했던 병사들은 7년형을 받았다. 그리고 상황을 통제하고 관리해야 했던 담당 하사는 5년형을 선고받았다. 어떻게 이들은 한 내무반에서 전우를 죽이는 괴물이 되었을까?

내부를 들여다보면 수많은 원인들이 발견된다. 폭력의 주범이었던 이 병장. 자신 역시 이등병 시절 부당한 폭행의 그늘에서 시간을 보냈다는 점, 내무반 내 계급의 최상층에 있었던 하사의 묵인과 방조가 있었다는 점, 약자가 보호받을 수 있는 안전장치의 시스템이 전무했다는 점, 위험하고 열악한 근무 환경의 노출로 인한 스트레스가 높았다는 점 등이 내부 환경을 썩게 만든 원인으로 지목되고 있다. 필립 짐바르도 교수의 또 다른 실험인 '깨진 유리창 이론'에서 보듯 허술하게 방치해서 깨진 유리창 하나가 자동차 전체를 통째로 버리게 되는 상황으로 확대되는 것처럼 말이다. 환경과 상황이 비뚤어진 신념과 하나 될 때 내면의 괴물은 어디서든 나올 수 있다는 실험의 결과는 우리 모두와 인류를 위한 경고다. 동시에 우리 안의 정의를 키워야 한다는 단순하지만 무게 있는 결론은 폭력을 바라보는 불편한 진실이다.

그럼에도 불구하고 한 가지 희망적인 것은 《스키너의 심리상자 열기》의 작가 로렌 슬레이터가 수소문으로 한 명의 피실험자를 찾아 인터뷰했는데 매우 흥미로운 이야기를 전해주었다. "실험 후 자신 스스로에 대해 매우 놀랐으며 충격적인 결과에 대해 남을 탓하고 합리화하는 자신을 보고 반성했다고 했다"라고 진술했다. 그리고 "자신의 신념을 바꿔 이타적인 인간으로 거듭나도록 노력하고 살았다"는 피실험자의 자기 고백도 있었다. 선한 의도를 위한 인간의 작은 노력, 어쩌면 이것이 세상을 밝게 만드는 인류의 희망은 아닐까?

40명 중 26명 즉, 65퍼센트가 눌렀다는 450볼트의 최고 전력. 65:35는 내 안의 본성에 던진 화두다.

"내 원래의 이름은 잊어버렸어. 하지만 신기해. 치히로는 기억하고 있어."

하쿠

part

10

자아를 찾아서

센과 치히로의 행방불명

千と千尋の神隠し ｜ 제작 2002년 ｜ 감독 미야자키 하야오 ｜ 출연 히이라기 루미, 이리노 미유

성공한 전설들에는 숨은 다양한 스토리가 있다. 때로는 감동적인 이야기가, 때로는 극적인 반전 이야기가 들어 있다. 감동과 반전이 만들어내는 스토리는 우리들 삶의 모습을 그대로 비추고 있다. 〈센과 치히로의 행방불명〉은 일본에서 2,400만 명의 관객을 동원해 전설이 되었고, 304억 엔이라는 수익까지 올리며 전대미문의 흥행 기록을 세웠다. 또 애니메이션으로는 최초로 2002년 제51회 베를린 영화제에서 금곰상을 수상했으며, 이듬해인 2003년 제75회 아카데미 시상식에서 장편애니메이션상을 수상했다. 그리고 2005년에는 제63회 베니스 영화제에서 명작을 지속적으로 발표한 공로자에게 주어지는 명예황금사자상을 미야자키 하야오 감독이 수상했다. 유명한 영화가 모두 감동적인 영화라는 등식은 성립하기 어렵지만 〈센과 치히로의 행방불명〉만큼은 예외다. 일본 영화적 색채가 무엇보다 짙게 배어 있는 영화가 세계적인 영화제에서 수상했다는 이야기는 국가적 색채를 뛰어넘는 엄청난 감동이 있었다는 뜻이다. 감동은 국경과 문화와 언어의 한계를 뛰어넘는 유일한 비지시적 언어다.

〈센과 치히로의 행방불명〉은 수많은 감동과 아름다운 이야기가 녹아 있는 만화영화의 형식을 빌린 자기성장 보고서면서 동시에 자기계발 보고서다. 어른들의 시각과 눈높이가 아닌 10살짜리 소녀가 모험으로 보여주는 이야기를 듣고 보는 형식이다. 그래서 더 감동적이고 오래 여운이 남는다. 슬픔에 빠진 학생들에게, 미래가 보이지 않는다고 말하는 사람들에게 〈센과 치히로의 행방불명〉을 보여주며 상담과 심리치료를 동시에 한다. 영화 속에 녹아 있는 다양한 상징과 치히로의 작은 움직임들이 그들의 내면을 조용히 변화시킨다.

'千と千尋の神隠し'과 'Frozen'은 〈센과 치히로의 행방불명〉과 〈겨울왕국〉의 원제목들이다. 원제목 속에 '실종(失踪)'이라는 의미와 '얼어붙은'이라는 부정적 의미가 제목에 포함되어 있다. 그들이 잃어버린 것은 무엇이고 또 언 것은 무엇일까? 성장통을 단단히 치르고 있는 10살 소녀 치히로는 모험을 통해 잃어버린 자기 내면의 빛을 찾는다. 〈겨울왕국〉 속 두 자매는 여행을 통해 진정한 사랑과 절제의 힘을 발견한다. 안과 밖의 모험과 여행을 통해 그들이 찾은 보석은 자신 안에 있는 내면의 빛과 진정한 사랑의 발견이다. 두려움은 항상 자신 안에 들어 있는 자기가 만든 내면의 트라우마다. 두려움과 당당하게 맞설 때 새로운 또 다른 자아를 발견한다는 작은 교훈이 큰 울림으로 다가오게 만드는 영화들이다.

철부지 10살 소녀가 낯선 신들의 공간에서도 주눅 들지 않고 당당히 살아가는 과정에서 겪게 되는 다양한 경험들은 지나온 우리들의 과거이자 현재이자 미래의 모습이다. 인생을 두 번 살아본 경험자들은 아무도 없다. 모두 처음이며 초행길이다. 어떤 길이 우리가 찾는 최선의 길일까? 궁금해질 때 치히로가 보여준 모험 여정은 어두운 길을 환하게 비추는 달빛이다. 모험의 여정에서 만나는 다양한 종류의 캐릭터들은 우리 주변에 있는 사람들의 복사판이다.

갈등과 대립 관계에 있는 유바바, 치히로를 도와주는 조력자 제니바와 린, 가마우지 할아범, 치히로를 좋아하는 가오나시와 보 그리고 연인 하쿠까지. 마치 인생 여행에서 만날 수 있는 다양한 캐릭터들의 종합 선물세트 같다. 낯선 공간의 이방인 치히로는 그럼에도 불구하고 자신이 할수 있는 최고의 진정성으로 그들을 대한다. 부모와 함께 있을 때 보여준투정과 불만에 가득 찬 치히로가 더 이상 아니었다. 모두가 싫어하는 오물신을 피하지 않고 최선을 다해 씻겨주는 모습에서 강한 직면의 힘과 책임감을 본다. 하쿠를 살리기 위해 소중한 경단을 내놓고 제니바에게 용서를 대신 구하는 모습에서는 진정한 사랑과 희생을 읽는다. 그리고 모두가 외면하는 결핍의 가오나시에게조차 따뜻한 시선을 보내며 그가 주는 황금을 거부하는 단호한 모습에서는 포용과 절제의 힘까지 배운다.

10살 소녀의 가장 빛나는 가치인 순수함과 정직함은 거친 삶의 여정 중에 우리들이 잃어버린 내 안의 모습이다. 모험 중 치히로가 보여준 책임과 희생 그리고 용서와 포용은 우리들이 찾아야 할 잃어버린 분실물들이다. 음식의 탐욕으로 돼지가 된 치히로의 부모, 가오나시의 사금을 얻기 위해 다가갔다가 잡아먹힌 수많은 온천장의 일꾼들, 도술을 배우기 위해 자신을 잃어버린 하쿠까지, 절제를 잃어버린 탐욕은 중독이라는 이름의 자기 상실이다. 유영하는 푸른 상징과 은유들 속에서 건진 순수와 절제의 미학은 미야자키 하야오 감독이 치히로를 통해 전하고자 했던 간절한 메시지는 아닐까?

〈센과 치히로의 행방불명〉의 인기 못지않게 〈겨울왕국〉의 저력도 대단하다. 화려한 영상과 스토리로 흥행성과 작품성을 모두 잡았다. 이름에 걸맞게 제71회 골든글로브 애니메이션상과 제86회 아카데미상 주제가상과 장편애니메이션상을 수상했다. 한국에서도 1,000만 관객 동원에 성공한 최초의 애니메이션 영화라는 타이틀까지 거머쥐었다. 그 성공 배경에는 화려한 영상과 스토리 그리고 음악적 완성도에 있다. 뮤지컬 애니메이션이다 보니 음악적 완성도가 높은 것은 사실이지만 여기에 영화의 극적 스토리가 없었더라면 폭발적인 인기는 쉽지 않았을 것이다.

아렌델 왕국의 두 공주가 영화의 주인공이다. 신비한 마법을 가지고 태어난 엘사와 말괄량이 동생 안나. 자신이 가진 특별한 마법으로 동생 안나가 다친 이후로 엘사는 자신의 마법을 두려워한다. 심지어 스스로를 가두고 철저히 은폐시킨다. 왕위 계승식에서 벌어진 사건으로 아렌델 왕국을 겨울로 만들어버리고 엘사는 얼음산으로 떠나고 안나는 언니를 찾아 떠난다는 스토리다. 영화의 중심은 언니 엘사를 찾아 떠나는 안나를 중심으로 전개되지만 모든 영화의 스포트라이트는 엘사에게 집중되어 있다. 애니메이션 중 최고의 음악으로 평가받는 〈겨울왕국〉의 주제가 〈렛 잇 고(Let it go)〉도 엘사가 자신의 두려움을 떨치고 진정한 자유를 느낀다는 노래다. 어른들의 편견과 스스로가 만든 죄의식에 갇혀버린 엘사는 세상의 자유롭지 못한 바로 우리들의 모습이다.

"한때 날 지배했던 공포도 나를 괴롭힐 수 없어. 내가 무엇을 할 수 있는지 보여줄 때야. 한계를 시험하고 뚫고 지나가는 거야. … 나는 새벽을 깨는 태양처럼 솟아오를 거야. … 여기 내가 서 있어. 이 빛 속에. 폭풍아,

몰아쳐라. 추위는 절대 날 괴롭히지 않아."

자신을 가두었던 여왕의 상징, 망토를 벗어던지고 얼음산 위에서 부른 엘사 공주의 〈렛 잇 고〉는 자신의 트라우마에서 벗어나는 희열의 소리였다. 노래를 부르는 엘사의 얼굴 위로 유바바와 담판하던 10살 소녀 치히로의 야무진 얼굴이 스친다.

〈센과 치히로의 행방불명〉과 〈겨울왕국〉

'어른들이 더 좋아하는 만화영화'. 두 영화에 대한 세상의 반응이다. '어른들이 더 좋아하는 SF 영화', 1977년 조지 루카스 감독의 〈스타워즈〉가 세상에 나왔을 때 반응과 닮아 있다. 아이들의 감성을 위해 만든 영화가 역으로 어른들을 감동시켰던 기저에는 우리의 잃어버린 정서도 한몫했다. 나를 잃어버린 채 살아왔던 시간들, 진정한 사랑과 조건 없는 사랑, 그리고 내 안에 순수까지 우리는 어른이 되면서 너무 많은 걸 잊고 살았다. 〈센과 치히로의 행방불명〉(2001)과 〈겨울왕국〉(2013)은 분명 우리가 잊고 있었던 초록 감성을 되찾아주는 영화다.

〈센과 치히로의 행방불명〉은 애니메이션계의 거장, 미야자키 하야오 감독의 작품이다. 〈바람계곡의 나우시카〉(1984), 〈천공의 섬 라퓨타〉(1986), 〈이웃집 토토로〉(1988), 〈모노노케 히메〉(1997) 등 주옥같은 영화들의 완결판이라고 해도 과언이 아니다. 그의 모든 작품을 관통하는 하나의 대주제는 인간과 자연이다. 수많은 상징과 은유를 품은 대지의 흙과 자연이라는 물과 바람, 사랑의 따스한 온기로 완성한 잘 빚어진 명품 도자기 같은 작품이다. 그래서 그의 작품에는 도자기처럼 바람 소리가 들린다.

10살짜리 꼬마 여자아이 치히로의 인생 시련 극복기 같은 영화로 영화를 보는 내내 공감의 고개만 끄덕인다. 영화 속 '하쿠'라는 친구를 통해 '사랑'과 '희생'을 배우고, '오물 신'을 통해서는 '책임'의 소중함을 배운다. 그리고 '가오나시'와 '제니바'를 통해서는 '포용'과 '용서'의 가치까지 배운다. 영화 한 편에서 받은 느낌이 그물 가득 끌어올린 만선의 배처럼 기쁨과 감동이 넘친다. 명작의 카타르시스를 제대로 느끼게 해주는 영화다. 10살짜리 아이의 이야기가 모든 세대에게 감동을 주는 흔치 않은 사례다.

〈센과 치히로의 행방불명〉이 동양적 시각의 인생 시련 극복기라면 〈겨울왕국〉은 서양적 시각의 인생 시련 극복기다. 디즈니의 전통적 스토리를 살짝 비켰지만 진정한 사랑의 힘이 두려움과 위기를 이겨낸다는 메시지는 그대로다. 마법의 힘을 지닌 '엘사'. 천방지축 동생 '안나', 이 두 자매가 만드는 새로운 사랑의 이름은 '진정한 사랑'이다. 남녀 간의 사랑이라는 이분법에서 벗어난 사랑의 확장성이다. 자신이 녹는 줄도 모르고 '안나'를 위해 난로에 불을 붙이는 눈사람 '울라프'의 희생적 사랑과 치히로의 무조건적인 희생과 사랑이 닮아 있다.

자신 내면의 힘을 억압하고 살았던 '엘사'. 반대로 내면의 숨겨진 빛을 찾아내 모든 사람들을 사로잡고 부모님까지 구했던 '치히로'. 어쩌면 우리는 이들처럼 아직까지 숨겨진 내면의 힘을 모르고 있는지도 모른다. 모험 여행을 떠나기 전까지는 말이다. '포기하기에는 아직 이르다.' 이렇게 두 영화는 말하고 있다.

1

나를 잃어버린 자의 슬픔

한 번쯤 자신이 아끼는 물건을 잃어버린 적이 있는 사람은 안다. 잃어버린다는 것이 얼마나 자신을 당황하게 만드는 것인가를. 〈센과 치히로의 행방불명〉은 잃어버린 자들의 이야기다. 원제목은 '센토 치히로노 카미카쿠시(千と千尋の神隱し)'. 여기에서 '카미카쿠시(神隱し)'는 '신에 의해 숨겨졌다' 혹은 '이유 없이 종적을 감추다'는 의미다. 'The Spiriting Away'라는 영어 번역도 그래서 나왔다. '상실(喪失)'과 '실종(失踪)' 모두 잃어버림의 의미다.

상실은 사람 관계의 단절 혹은 헤어짐과 물건이 없어지거나 사라지는 것을 말한다. 이에 반해 실종은 없어지거나 떠난 뒤에 남는 자취나 형상, 즉 종적을 잃어 간 곳이나 생사를 알 수 없게 되는 것을 말한다. 행방불명이 간 곳이나 방향을 모른다는 뜻이니 결국은 실종의 의미가 더 가깝다.

실종에는 찾는 주체의 노력 여하에 따라 잃어버린 것을 찾을 수도 있다는 긍정의 의미가 일부 포함되어 있다. 부정의 제목에서 긍정의 의미를 기어코 찾아낸다. 그것이 우리가 이 영화를 선택한 이유이기 때문이다.

영화 속 등장인물들이 잃어버린 것은 과연 무엇일까? 실종의 첫 번째 대상자는 치히로의 아빠와 엄마다. 걷잡을 수 없는 욕망이 '인간' 자체를 상실하게 했다. 맛있는 냄새를 풍기며 엄청나게 쌓여 있는 음식들 앞에 그들은 통제력을 잃어버렸다. 맛있는 음식들이 즐비한 주인 없는 식당, 통제할 사람도 통제 능력도 없는 그들에게 그곳은 바로 욕망이란 이름의 무덤이었다. 음식에 대한 욕심과 탐욕 때문에 조절할 줄 몰랐던 식탐이 그들을 돼지로 만들어버렸다. 돼지가 되어버린 치히로의 부모는 '절제'를 잃었다. 첫 화면부터 등장하는 상실이 강렬한 은유다.

다음 영화의 가장 흥미로운 캐릭터 가오나시는 이 영화의 가장 특별한 캐릭터다. 다양한 해석이 가능하고 무궁무진한 이야기를 품고 있다. 그의 모습에서 나와 이웃의 모습을 동시에 본다. 가오나시는 얼굴과 목소리 그리고 팔과 다리가 없다. 가끔씩 보이긴 하지만 아주 간헐적이다. 항구적이지 않은 것은 자신의 것이 아니다. 그래서 그의 이름도 얼굴이 없다는 의미의 '가오나시(顔無し)'다.

미술치료적 시각과 관점에서 보았을 때 얼굴이 없다는 의미는 자아 정체성의 상실을 의미한다. 자존감이 극도로 낮은 경우나 심한 우울증 상태에 빠진 사람들의 그림들을 보면 얼굴에 눈, 코, 입이 없거나 아예 얼굴을 검은색으로 덮어버리는 경우도 있다. 영화 속 가오나시의 행동에서 보이는 극도의 우울감과 존재감 없는 캐릭터가 현실을 대변한다. 손은 일과 연결되고 발은 자신이 가야 할 목적지와 목표를 상징한다. 가오나시는 일도 없고 마땅히 갈 곳도 없다. 아무도 그를 주목하지 않는 것은 당연하다.

가끔씩 사라지는 가오나시의 모습에서 '히키코모리(引き籠り)'의 어두운 그림자를 본다. 일본 NHK 복지 네트워크의 발표에 따르면 일본의 히키코모리가 160만 명에 이른다고 한다. 여기에다 외출을 하지 않는 넓은 의미의 히키코모리를 포함하면 전국적으로 300만 명 이상으로 파악하고 있다니 남의 일이 아니다. 최근 급속한 사회 변화와 취업에 대한 부담감, 불가능에 가까운 사회 진입장벽, 그리고 지나친 경쟁 구조 등으로 우리나라에서도 은둔형 외톨이가 증가하고 있기 때문이다.

가오나시의 검은색 캐릭터는 죽어버린 청춘들의 희망이 사라진 어두운 그림자다. 스스로 존재감을 드러내지 못하는 가오나시의 잃어버린 목소리. 타인의 목소리를 빌려 비로소 자신의 이야기를 할 수 있는 가오나시의 저주는 그리스신화에 나오는 요정 '에코'의 운명을 닮았다. 모든 것을 잃어버린 채 자신이 누구인지도 모르고 아무도 찾지 않는 가오나시에게 치히로가 다가갔던 것은 '관심'과 '포용'의 행동이다.

그리고 치히로의 연인으로 등장하는 하쿠. 그가 잃어버린 것이 욕망에 의한 사람됨, 이른바 인성(人性)인데, 마법을 배우겠다는 욕망으로 자신의 이름을 잃어버려 돌아갈 곳을 상실한 자가 되었다. 자신의 정체성을 잃어버린 행동은 거침없다. 마녀 유바바의 제자를 자처하면서 유바바가 시키는 대로 제니바의 수호 도장을 훔쳐오는 악행을 서슴지 않는다. 그의 도플갱어(Doppelgänger) 같은 이중적 태도도 원래의 이름을 잃어버린 자의식 없는 행동이 낳은 산물이다.

"내 원래의 이름은 잃어버렸어. 하지만 신기해. 치히로는 기억하고 있어." 마법이라는 강한 욕망 때문에 하쿠는 자신이 누구인지 잊어버렸다. 하지만 무의식 속에 남아 있는 사랑의 힘은 사랑하는 사람을 작은 포말의 기억 속에 살려놓았다. 제니바의 말처럼 "착하지만 어리석은" 하쿠의 이중성은 이름을 잃어버린 자의 슬픔이다. 하지만 치히로는 주술에 걸려 죽어가던 하쿠의 생명은 물론 잃어버린 이름까지 찾아주었다. 치히로가 물에 빠진 신발을 찾기 위해 빠졌던 강의 이름 '코하쿠 강(琥珀川, 호박이라는 보물이 포함된 강)'을 기억해내는 순간 하쿠는 자신의 이름을 찾는다.

'니기하야미 코하쿠누시(饒速日命 琥珀主)', 하쿠의 원래 이름이다. '넉넉하고도 빠른 생명, 호박의 주인'이라는 의미다. 그랬다. 하쿠는 강의 정기였다. 호박이라는 이름을 가진 코하쿠 강. 물론 지금은 사라지고 그 자리에 아파트가 생겼지만⋯ 어쩌면 하쿠가 자신의 이름을 잃어버리게 된 것도 사라진 강을 대신해서 아파트가 생겼기 때문인지도 모른다. 그러고 보니 하쿠(珀, 호박 박)라는 이름에도 역시 '호박'이라는 보물이 들어 있다. 치히로에게 하쿠는 자신을 살려준 보물이었고, 하쿠 또한 치히로는 자신의 생명과 이름을 되찾아준 보물이었다. 서로에 대한 진실한 사랑이 잃어버린 이름을 찾게 했다.

그뿐만이 아니다. 오물 신으로 불리며 온천에 있는 모든 이들이 거부했던 강의 신도 자신을 잃어버렸다. 심한 악취를 풍기며 온갖 오물을 뒤집어쓴 강의 신은 더 이상 강의 신이 아니었다. 하회탈을 닮은 얼굴에 백색의 갈기를 휘날리며 하늘과 강을 수시로 넘나들던 신의 당당한 모습은 사라진 지 오래다. 온갖 쓰레기를 품고 악취를 풍기며 서서히 죽어가는 부패 신의 모습이다.

치히로의 희생과 정화의 노력이 아니었다면 강의 신은 부활하지 못했을 것이다. 밥이 타버리는 지독한 오물을 온몸에 뒤집어써도, 모두가 더럽다고 회피해도 치히로는 온몸으로 오물 신을 닦고 씻긴다. 성공적인 세정이 끝나고 강의 신이 빠져나간 자리에 남은 반짝이는 사금과 만병통치의 약, 경단. 이것은 강의 신이 그들에게 준 선물임과 동시에 치유의 능력이었다. 사금을 만들고 죽어가는 생명까지 구할 수 있는 강의 신을 오물 신으로 만들었던 건 인간들이 버린 부패물이었다. 인간이 죽게 만든 강의 신을 신들의 공간인 온천장에서 치히로가 가진 정화의 능력으로 부활시킨 것은 분명 결자해지의 플롯이다.

이렇듯 영화 속에 등장하는 온천장의 수많은 캐릭터들은 분명 자신의 소중한 것을 잃어버리고 살아가는 부정형의 군상들이다. 다양한 욕망의 함정 속에 빠져 살고 있는 군상들이 잃어버린 자신을 찾기 위해 요구되는 것은 단 한 번도 경험한 바 없는 모험의 여정이다. 우리가 잃어버린 '상실'이란 이름의 자기 정체성을 통제하며 살아가는 유바바로부터 벗어나는 유일한 방법은 이름을 잃지 않는 것이다. 이름은 자기 정체성이며 동시에 생명 에너지다.

▪️ 치히로의 상실과 자기 극복

경계를 벗어난다는 것은 언제나 두렵다. 인간의 원초적 본능에서 벗어나는 행위이자 동시에 상실을 의미하기 때문이다. 매슬로우 박사의 인간 욕구 세 번째도 그래서 소속감과 사랑의 욕구다. 인사이더를 지향하려는 인간의 욕구는 본능이 가진 생존 욕구다. 영화의 첫 장면은 경계를 벗어나는 것으로 시작한다.

이사를 가는 모습에서 치히로의 어두운 표정을 읽는다. 친했던 친구들과 헤어지는 것도 싫고 시골로 내려가는 것도 싫었기 때문이다. 투덜대듯 짜증기가 가득한 얼굴이다. 길을 잃고 가는 도중 오래전에 버려진 유원지 성벽의 터널 앞에 차가 멈춘다. 그곳엔 앞과 뒤가 똑같이 생긴 두꺼비 모양의 석상 하나가 장승처럼 박혀 있다. 경계와 경계를 구분 짓는 유일한 표석이다.

큰 사찰에 가보면 처음으로 만나는 문을 본 기억이 있을 것이다. 양쪽 두 기둥만으로 세워진 문이라고 해서 '일주문(一柱門)'이라고 부른다. 불가에서는 이 문을 중심으로 속계(俗界)에서 진계(眞界)로 넘어오는 기준점을 삼는다. 세속(世俗)의 세상에서 진리(眞理)의 세계로 넘어오는 문이라는 뜻이다. 치히로가 무섭다고 발을 동동 구르며 쳐다보던 무섭게 생긴 석상 하나는 보통의 인간계와 특별한 신계를 구분 짓는 일종의 경계문이었고 사천왕문의 역할을 담당했다.

그리고 긴 터널과 그들이 건넌 조그마한 개울은 세속에서 완전히 벗어남을 의미하는 절집의 '불이문(不二門)'과 '해탈문(解脫門)'이자 그리스 신화에 나오는 저승의 강인 '스틱스 강'과 닮았다. 쉽게 돌아올 수 없음을 은연중 상징한다. 신계에서 처음으로 겪은 치히로의 상실은 부모의 부재다. 돼지가 되어버린 부모의 부재는 치히로가 생애 처음으로 맞이하는 충격적 상황이다. 10살 소녀가 감당하기에는 너무나 큰 충격이다.

어릴 적에 자고 일어났는데 엄마의 부재로 놀래서 울어본 경험이 한두 번씩은 있을 것이다. 분리 불안에 대한 기억은 나이가 어릴수록 엄청난 정서적 충격으로 남는다. 홀로 남겨진 치히로의 정서적 충격은 존재감의 상실로 이어진다. 자신이 사라지고 있었던 것이다. 그때 하쿠가 도움을 주지 않았다면, 그리고 강렬하게 직면시켜주지 않았다면 지금의 치히로는 없었을 것이다. 하쿠의 만담에서 시작된 현실의 직면치료 요법은 심리치료에서 가장 강렬한 상담치료법 중 하나다.

영웅이 되는 모험의 로드 무비가 시작되었다. 투정 많고 어리바리한 10살 소녀 치히로는 돼지가 되어버린 부모도 구해야 하고 신들의 공간에서 자신의 일자리도 찾아야 하는 미션이 주어진 것이다. 물론 조력자 하쿠의 도움은 있지만 모든 걸 대신해주지 않는다. 그는 길만 알려줄 뿐이다. 가마 할아범에게 일자리도 자신이 직접 부탁해야 하고 유바바에게 가서 일하게 해달라는 부탁도 자신이 직접 만나서 해야 한다. 인간을 극도로 싫어하는 공간에서 인간의 냄새도 지워야 하고 인간계에서 왔다는 편견을 극복해야 하는 것도 오직 자신의 몫이다. 모험의 시작이고 본격적인 입문과 시련의 시간들이다. 많은 사건들이 자신을 기다리고 있고 시험을 통과하지 못하면 부모를 구해내는 건 물론 자신도 돼지가 되거나 죽을 때까지 일만 하는 검은 숯덩이가 될 수도 있기 때문이다.

부모의 상실로부터 시작된 분리에 대한 두려움을 느낄 사이도 없이 가혹한 현실의 시련과 마주해야 했다. 하쿠는 치히로에게 싫다든지, 돌아가고 싶다는 표현을 절대 하지 말라고 신신당부한다. 현실의 부정은 존재의 상실이며 동시에 생존의 이유가 부정되는 것이기 때문이다.

"싫다거나 돌아가고 싶다고 말하고 싶겠지만 일하고 싶다고만 말하는 거야. 괴로워도, 참고 기회를 기다리는 거야. 그렇게 하면 유바바도 손대지 못해. 잊지 마, 나는 치히로 편이야." 타인의 상실을 통제하는 유바바에게 강렬한 '삶의 의미'와 '생존의 이유'로 대별되는 '일하고 싶다'라는 의미는 아무도 함부로 손댈 수 없는 가장 강렬한 자기방어였다. 하쿠는 경험으로 그걸 알고 있었다.

모험의 시작과 시련에서 우리는 크리스토퍼 놀란 감독의 영화 〈배트맨 비긴즈〉(2005)에서 배트맨의 유년 시절을 읽는다. 부모님이 길거리에서 피살되는 모습을 본 치히로와 비슷한 연령대의 어린 브루스 웨인은 죄의식과 분노로 고통의 시간을 보낸다. 부모를 지켜내지 못했다는 죄의식과 죽음을 똑똑히 목격했던 그날의 외상이 그를 방황하게 만들었다. 복수의 욕망과 명예를 지켜야 한다는 가르침 사이에서 해답을 찾기 위해 그가 선택한 것은 시련의 길이다. 시련의 시간을 통해 그는 육체적·정신적으로 성장할 수 있었고 동시에 자신을 오랫동안 괴롭혔던 트라우마로부터 벗어났다.

브루스 웨인처럼 스스로 선택한 시련이든 치히로처럼 운명적으로 주어진 시련이든 결국 선택은 자신의 몫이다. 한 가지 분명한 것은 시련이라는 것이 결코 고통만이 아니라는 사실이다. 시련은 또 다른 성장이자 기회임을 작지만 당당한 치히로의 어깨로 보여주고 있다.

〈센과 치히로의 행방불명〉을 보면서 우리가 그나마 위로를 받는 것은 10살짜리 어리바리한 소녀가 생각보다 잘 견뎌내는 것에 대한 안도감이다. 영화를 보는 내내 심장이 졸렸던 것은 '치히로가 잘해낼 수 있을까?'라는 투사적 의미의 심리적 불안감이었다. 치히로의 모습에서 내 모습을 보았기 때문이다. '치히로가 잘해낼 수 있을까?'라는 질문이 아닌 저런 상황에서 '나는 잘해낼 수 있을까?'라는 질문을 끊임없이 던지며 영화를 본다. 치히로의 모습에서 지나온 우리들 어린 시절의 모습과 현재의 모습

그리고 미래의 모습까지 동시에 만난다. 그래서 영화를 보는 내내 치히로를 응원하듯 몰입했던 것도 바로 그 이유였다. 시련을 모험으로 바꾼 한 아이의 성장 이야기를 담은 〈센과 치히로의 행방불명〉은 잃어버린 자신을 찾아가는 야무진 10살 소녀와 우리들의 자기극복 성장 이야기다.

▪ 엘사의 상실과 자기 극복

치히로가 평범한 10살 소녀의 이야기라면 〈겨울왕국〉의 엘사는 특별한 소녀들의 성장 이야기다. 공통점이 있다면 모두 상실의 이야기와 동시에 내면의 자아를 찾아 나서는 시련의 이야기를 담고 있다는 것. 남들에게 말 못할 특별한 능력을 지닌 엘사. 모든 것을 얼려버리는 마법을 가진 것을 아는 사람들은 부모님을 비롯해 동생 안나뿐이다.

자신이 가진 능력을 남들에게 절대 들키지 말라는 부모님 때문에 엘사는 자신만 할 수 있는 마법을 신이 내린 저주쯤으로 생각하게 된다. 하지만 동생 안나와 함께 노는 데는 마법만큼 좋은 것도 없다. 눈을 만들고 빙판 위에서 안나와 재미있게 놀 수 있는 것도 모두 마법 덕분이다. 물론 그것이 좋게 사용될 때에 한해서다.

궁에서 안나와 놀던 엘사가 실수로 미끄러지는 바람에 안나의 머리를 얼게 만든다. 안나의 머리에 생긴 한 줄의 백색 머리는 그때의 상처가 만든 기억의 조각이다. 다행히 트롤 할아버지의 도움으로 안나는 살아난다. 하지만 자신의 다친 기억과 언니가 사용한 마법의 기억까지 몽땅 잊어버리게 된다.

사랑하는 동생을 다치게 했다는 정신적 충격은 엘사로 하여금 적극적 방어기제를 쓰게 했다. 사람들을 멀리하고 스스로 고립된 생활을 선택했다. 또 그것이 자신이 할 수 있는 최선의 선택이라고 생각했다. 동생을 사랑하고 사람들을 사랑하지만 자기가 가진 마법의 힘이 누군가를 또 다치게 할 수 있다는 두려움 때문에 그들과 거리를 두었다. 그것이 사랑하는 동생을 다치게 하지 않는 유일한 방법이라고 생각한 것이다. 10년 동안을 그렇게 둘은 서로 떨어져 지냈다.

엘사의 마법을 무조건 숨기고 억누른 부모님. 또 부모님의 결정에 무조건적으로 순응하면서 착한아이 콤플렉스를 가지고 자신의 능력에 죄의식을 느낀 엘사. 어떻게 보면 모두의 잘못이다. 강제적 억압과 무조건적인 순응이 만든 10년의 간극이 사람을 멀리하게 했고 자매 사이를 멀어지게 했다. 시간의 길이만큼 마음의 거리도 멀어졌다. 나중에 그것이 서로 오해의 원인이 되었고 엘사를 떠나게 만들었던 다툼의 시초가 되었다.

동생 안나가 엘사의 마법에 머리를 다쳐 트롤 할아버지에게 갔을 때 트롤 할아버지는 이렇게 말한다. "그 마법의 능력은 커질 겁니다. 물론 좋은 점도 있지만, 아주 위험하기도 합니다. 조절하는 법을 배워야 해요. 두려움은 공주님의 적이 될 겁니다." 안타깝게도 엘사는 자신의 마법을 조절하는 법을 배우지 못했다. 두려움 때문이다. 궁궐의 문을 굳게 닫은 것처럼 엘사의 마음 문도 그렇게 10년 동안이나 닫혀 있었다.

그리고 갑작스러운 부모님의 사망 소식으로 엘사의 고립은 극도로 심해졌고, 부모님의 죽음은 두 자녀를 모두 외로움이란 이름의 벼랑 끝으로 몰았다. 검은 옷을 입고 언니의 방문 앞에서 외로움을 호소하는 안나의 쓸쓸한 표정. 한편 방 안쪽에는 역시 검은색 옷을 입은 엘사의 방에 멈춘 듯 허공을 맴도는 갈 곳 잃은 눈송이들이 중력을 잃고 공중에서 배회한다. 엘사의 감정에 따라 움직이듯 제작된 눈과 얼음들이 엘사의 상실된 마음을 대신하고 있다.

피할 수 없는 대관식 날. 자신이 꿈꾸던 남자를 만날 수 있다는 기대감에 부푼 안나와 오늘 하루만 견디면 된다는 불안한 마음을 가진 엘사. 두 자매의 마음이 그대로 노래로 드러난다. 하지만 대관식 날 안나의 계속된 외로움이 처음 본 왕자를 만나 결혼을 결정하는 성급함으로 드러나고 엘사는 이를 반대하면서 자신의 분노를 처음으로 표출하게 된다.

마법을 통제하고 조절하는 방법을 배우지 못했던 엘사는 자신의 분노를 닮은 얼음으로 사람들을 견제하고 공격한다. 결혼을 축복해달라고 애원하듯 매달리는 안나에게 다가서지 못하도록 날리는 날선 얼음송곳들이 안나와 사람들을 정확히 향하고 있다. 타인에게 절대로 마음의 문을 열지 않아 얼었던 마음에 안나와 사람들을 향한 거부의 마음이 그림처럼 아름다운 아렌델 왕국을 얼게 만들었다. 왕국의 겨울은 엘사의 닫힌 마음이 비틀어진 마법과 합쳐져 만든 엘사 자신의 마음속 세상이었다.

세상을 모두 얼게 만든 사람이 엘사라고 해서 영화에서처럼 그녀를 괴물이라고 할 수는 없다. 그녀는 누구보다 동생을 사랑하고 사람들을 사랑했다. 그녀가 도망치듯 떠난 것은 그 누구도 자신의 마법 때문에 다치는 것을 원치 않아서였다. 그래서 아무도 오지 않고 절대 접근할 수 없는 곳에서 자신만의 왕궁을 만들었던 것이다.

그곳에서 엘사는 그동안 가면으로 보여주었던 착했던 자신의 모습을 바람에 날려 보낸다. 여왕의 상징이던 외투와 자신을 감추었던 장갑을 과감히 벗어던졌다. 그리고 다시는 울지 않고 일어설 것이라고 다짐한다. 아무리 강한 폭풍과 추위가 몰아쳐도 자신을 막을 수 없을 거라고 외친다. 〈겨울왕국〉 최고의 OST로 등극한 〈렛 잇 고〉는 결국 현실을 당당히 직면하겠다는 자기 극복의 독백이다.

10년을 꽁꽁 숨겨놓았던 자신의 마법이 세상에 드러나는 순간 역설적이게도 자신의 트라우마에서 벗어나는 계기가 되었다. 비록 그 결과는 자신이 원하는 대로 되지 않았지만 말이다. 자신의 왕국에서 진정한 눈의 여왕으로 거듭난 엘사의 눈빛은 〈바람과 함께 사라지다〉에서 "내일은 내일의 태양이 떠오를 테니까"라는 명대사를 던졌던 강렬한 스카렛 오하리의 눈빛과 닮아 있다.

트롤 할아버지의 말처럼 두려움을 극복하는 순간 엘사는 진정한 자유를 얻었고 잃어버린 자신을 찾았다. 하지만 그것은 미완의 성공이다. 엘사는 여전히 고립되었고 사람들을 멀리했다. 다행스러운 건 아직 엘사를 포기하지 않는 사람들이 많다는 것.

안나가 얼음판매상 크리스토퍼의 도움을 받아 설산으로 가는 도중에 갑자기 울라프를 만난다. 그리고 두 자매를 위해 마지막까지 헌신하다가 안나를 위해 자신을 녹이면서도 얼어가고 있는 안나를 위해 장작에 불을 밝힌다. 엘사와 안나의 사랑이 만든 기적의 울라프는 영화 속에서 조연급이지만 주연을 능가하는 미친 존재감을 보여주고 있다.

〈센과 치히로의 행방불명〉에 나오는 가오나시에 버금가는 존재라고 할 수 있을까? 오랜 시간이 흘렀지만 가오나시와 울라프는 주인공들의 마음의 대변자로서 아직까지 대중들의 사랑을 받고 있다. 엘사의 투사라고 여겨지는 올라프가 안나에게 베푸는 무조건적 희생은 그래서 이해가 된다.

"안녕! 난 올라프고 따뜻한 포옹을 좋아해!"라며 등장할 때마다 이렇게 소개한 올라프는 조건 없는 희생의 상징이다. 엘사와 안나의 조건 없는 사랑이 만든 올라프의 희생처럼 서로를 위한 희생적 사랑이 엘사의 닫힌 문을 열고 잃어버린 자신을 찾게 만든다. 죽어가는 안나에게 '진정한 사랑의 행동'만이 안나를 구할 수 있다는 트롤 할아버지의 이야기는 남녀 간의 사랑을 뛰어넘는 위대한 사랑의 힘이다.

머리 색깔이 거의 백색으로 바뀌어져 가는 절체절명의 순간, 진실한 사람과의 키스만이 자신을 살릴 수 있을 거라 믿는 안나가 얼음 속을 뚫고 자신에게 달려오는 크리스토퍼와 자신을 배신한 한스가 언니 엘사를 죽이려고 칼을 들고 다가가는 장면을 동시에 본다. 자신을 위해 크리스토퍼에게로 향할 것인가? 아니면 언니를 구할 것인가? 그 짧은 시간에 두 사람의 장면이 동시에 지나간다.

자신의 목숨보다 언니를 구하기 위해 자신을 던지는 순간 안나는 그대로 얼어버린다. "진정한 사랑이란 자기 자신보다 남을 더 우선순위에 두는 거야"라고 안나를 걱정했던 올라프의 희생적 행동과 똑 맞아떨어지는 장면이다. 얼어버린 안나를 껴안고 오열하고 있는 사이에 극적으로 안나의 심장은 다시 뛰기 시작한다. 진정한 사랑이 얼어버린 심장을 녹인 것이다.

자신을 감추며 살아온 많은 시간들. 엘사가 자신을 감추기 위해 끼었던 장갑. 그리고 설산으로 가는 도중 벗어던진 장갑. 장갑은 엘사의 잃어버린 자기 정체성이자 동시에 가면이었다. 진정한 사랑의 힘을 알고 난 후 자신을 억압하는 장갑은 더 이상 필요하지 않았다.

크롤 할아버지의 말처럼 엘사는 이제 자신을 조절할 수 있기 때문이다. 진정한 사랑의 힘은 잃어버린 자신을 찾게 해주는 가장 위대한 힘이었다.

2
순수함이 만든 평강의 힘

애니메이션의 거장 미야자키 하야오 감독에게 소녀는 어떤 의미일까? 비단 〈센과 치히로의 행방불명〉을 염두에 두고 한 질문은 아니다. 그가 창조한 수많은 살아 있는 영화 속 캐릭터들 가운데 소녀는 항상 영화의 중심이었다. 자연의 일부면서 그들과 소통하고 교감을 나누는 특별한 존재였으며 동시에 죽어가는 대자연을 회복시키는 막중한 임무까지 맡고 있는 존재였다. 미야자키 하야오 감독에게 소녀는 살아 있는 생명 그 자체였고 깨끗하고 순수한 숲의 정령이었으며 어머니와 같은 모성의 극치였다.

〈바람계곡의 나우시카〉(1984)는 미야자키 하야오 감독의 트레이드 마크가 되는 자연과 인간의 조화, 순수하지만 강인한 소녀의 희생과 부활의 리더십 코드로 만든 최초의 작품이다. 죽어가는 마을과 숲을 살리기 위해 무섭게 돌진하는 변종 곤충 무리 앞에 자신을 기꺼이 던지는 소녀 나우시카는 자연과 인간 모두를 아우르는 진정한 리더의 표본으로 등장한다. 또 〈모노노케 히메〉(1997)도 들개 신 모로와 함께 숲의 정령 모노노케(도깨비)가 소녀로 나온다. 자연의 모든 것에 영혼이 있다고 믿는 범신론 사상이 배경이 되는 일본 고유의 신도(神道) 문화를 깔고 있는 영화가 〈모노노케 히메〉다. 숲을 지키기 위해 전사가 될 수밖에 없었던 소녀는 숲의 정령이자 수호자다. 그 외 〈이웃집 토토로〉(1988), 〈하울의 움직이는 성〉(2004) 등 미야자키 하야오 감독의 작품 속에 등장하는 소녀는 갈등 해결의 중심이자 화해의 상징이다. 더불어 모두를 감싸 안고 포용하는 가장 이상적인 모성의 상징이다.

이 글을 쓰고 있는 2018년의 여름은 기상 관측 이래 최고로 더웠다고 하며 114년 만에 찾아온 무더위라고 했다. 많은 전문가들이 이러한 무더위의 원인이 대체로 지구온난화와 산업화의 영향 때문이라는 데는 이견이 없다. 무분별한 화석연료의 사용과 이로 발생하는 이산화탄소가 두꺼운 온실가스층을 만들어 방출되지 못한 복사에너지가 지구의 평균기온을 상승시킨다는 무서운 현실. 이에 유일한 대안인 숲마저도 산업화의 논리로 급속도로 사라지고 있으니 산업화 역설이 자연의 재앙으로 이어지고 있는 셈이다. 자연과 인간은 과연 공존할 수 있을까? 인간은 숲을 얼마나 재생시킬 수 있을까?

안타깝게도 그 질문에 대한 현실의 대답은 아직까지는 부정적이다. 지구의 허파라고 불리는 아마존의 원시림이 해마다 사라지고 있기 때문이다. 전 세계 모든 생물의 4분의 1이 서식하는 원시 우림의 보고이자 전 세계 산소의 5분의 1을 생산하는 지구의 산소 호흡기인 아마존이 현재

전체 면적의 17퍼센트가 소실되었고 아직도 개발은 계속되고 있다는 슬픈 소식만 들리기 때문이다. 브라질과 콜롬비아를 시작으로 총 8개국에 영토가 걸쳐질 정도로 방대하고 전체 넓이만 750만 제곱킬로미터에 이를 정도로 엄청난 면적을 자랑한다. 하지만 금광 개발을 위한 인간의 이기심과 목축을 비롯한 동물 사료를 생산하기 위한 무분별한 벌목과 개간으로 아마존은 죽어가고 있다. 빠른 산업화로 발생한 문명의 독이라는 이산화탄소의 증대와 반대로 지구의 허파 역할을 담당할 원시림의 소멸은 범지구적 환경 재난으로 다가오고 있다. 미야자키 하야오 감독이 영화를 통해 던지는 자연과 인간의 공존, 숲의 부활이라는 담론은 결국 인간의 생존과 미래에 대한 화두다. 자연과 소통하는 인간, 숲을 살리고 동물과 공존하는 소녀는 순수한 인간 본연의 모습을 담고 있다.

2009년에 미국에서 활동한 애니멀 커뮤니케이터 하이디 씨가 SBS의 〈TV 동물농장〉에서 보여준 감동적인 장면을 잊을 수 없다. 영화나 꿈속에서 가능한 동물과의 소통을 직접 시연해 보여주는 장면은 스토리 하나하나가 모두 감동이었다. 동물의 말을 듣고 이해하는 능력은 신이 자신에게만 준 특별한 능력이 아니라 동물들이 내는 비지시적인 몸짓언어를 순수하게 받아들이며 이해하려고 노력할 때 들을 수 있는 가장 아름다운 소통이라는 걸 배웠다.

소녀의 이미지는 바로 그런 것이었다. 순수함을 잃지 않는 마음과 진정성 있는 행동의 언어. 그것이 세상을 바꾸는 가장 위대한 힘이라는 걸 미야자키 하야오 감독의 모든 영화에 등장하는 소녀들이 보여준 상징이다.

〈센과 치히로의 행방불명〉은 10살 소녀의 순수함과 진정성이 신들의 마음까지도 바꾼다는 설정인데 매우 흥미롭게 다가온다. 신들의 시각에서 보면 인간은 철저히 이방인이다. 물론 그곳에 함부로 들어올 수도 없지만 들어오기 위해서는 반드시 시험을 통과한 자라야만 한다는 숨은 뜻이 있는 것 같다. 한 발이라도 들여놓는 순간 인간의 욕심과 탐욕 때문에 동물로 바뀐다는 설정이 신선하고 무섭기까지 하다. 영화 속 신들의 공간에서 첫 번째 관문의 통과 자격 시험은 주인 없는 가게에서 산처럼 쌓인 맛있는 음식을 먹는 테스트다. 신들의 공간에 들어서기 위한 첫 번째 조건으로 이는 '물욕이 없는 사람'이 되어야 한다는 의미도 함축되어 있다. 이 정도 조건이면 필자를 비롯해 99퍼센트는 통과하기 어렵겠다. 우리나라에서는 법정 스님과 김수환 추기경 정도가 해당될까? 거의 낙타가 바늘귀를 통과하는 수준과 맞먹는다.

그러나 너무 과하다고 할 것도 아닌 게 과거 우리 인간이 죽게 되면 이집트에서는 천국의 입구에서 사자가 "삶의 기쁨을 찾았나?", "남에게도 기쁨을 주었나?"를 질문했다고 한다. 그리고 이걸 통과해도 죽은 자를 인도하는 아누비스 신이 인간의 심장을 정의의 깃털을 추로 삼아 무게를 재서 깃털보다 무게가 많이 나가면, 사자처럼 생긴 괴물이 잡아먹었고 반대인 사람은 오시리스 신이 다스리는 세상에서 영원한 생명을 얻게 된다는 이야기는 잘 알려진 고대 전설이다. 그리고 우리 조상들도 사후에 저승에 가면 지옥을 관장하는 염라대왕이 업경대(業鏡臺)를 통해 생전에 지은 죄를 낱낱이 체크했다고 하니 그 또한 〈센과 치히로의 행방불명〉에 나오는 시험보다 훨씬 강도가 세다.

치히로라는 10살 소녀가 보여준 절제와 진정성의 극치를 우리 조상들의 선비 사상의 실천행으로 읽는다. 퇴계 이황(李滉, 1501~1570)을 비롯해 조선 최고의 지식인들이 평생의 좌우명으로 삼았다는 '무자기(毋自欺)'와 '신독(愼獨)'의 정신을 치히로의 실천행에서 만나게 될 줄은 꿈에도 몰랐다. 유교 경전에서 공자의 가르침을 정통으로 나타내는 사서 중 하나인 《대학》에서 무자기는 자신을 속이지 않는 정신으로, 신독은 홀로 있을 때 삼가는 정신으로 해석하고 있다. 자신을 속이지 않고 혼자 있을 때 삼가 할 줄 아는 정신은 고도의 자기 절제와 순수한 마음이 없으면 실천하기 어려운 경지다. 선비 정신의 상징으로 평가받는 퇴계 선생을 비롯한 조선의 지성들이 이를 좌우명으로 삼은 것은 실천의 어려움을 알고 있었기 때문이다. 치히로가 보여준 실천행은 무자기와 신독의 표본이다. 이 자리를 빌려 《대학》의 무자기편 전문을 참고로 소개한다.

그 뜻을 성실하게 한다는 것은 스스로 속이지 않는 것을 말한다. 악을 미워하기를 악취를 미워하는 것과 같이하며, 선을 좋아하기를 호색을 좋아하는 것과 같이하여야 하니 이것을 일러 스스로 만족함이라 이른다. 그러므로 군자는 반드시 홀로 있을 때를 삼가는 것이다(所謂誠基意者 毋自欺也 如惡惡臭 如好好色 此之謂自謙 故君子必愼基獨也).

치히로가 보여준 욕망의 통제

치히로의 부모가 그들의 모습을 잃어버리고 돼지가 된 것은 걷잡을 수 없는 거대한 욕망 때문이다. 욕망은 인간의 타고난 본능이며 동시에 자본주의가 가진 본능적 속성이다. 어떻게 보면 현대 자본주의는 인간이 가진 이기심을 극대로 이용한 이데올로기 게임이다. 인간의 욕망을 최대한 부추겨야만 자본주의는 발전한다는 말에 전적으로 동의한다.

프랑스의 문학평론가 르네 지라르(Rene Girard, 1923~2015)는 욕망의 구조가 삼각형을 닮았다고 했다. 주체는 대상을 직접 욕망하는 것이 아니라 타자가 욕망한 것을 통해서만 욕망할 수 있으며, 욕망의 기본 구조는 욕망 주체와 욕망 대상 사이에 중개자가 존재하는 삼각형 모양으로 되어있다고 말이다. 따라서 욕망이란 늘 모방된 욕망이며, 타자의 욕망을 모방하려는 욕망 즉, 모방의 결과물로 해석했다. 현대인이 무언가를 욕망하는 것은 그 내부의 욕망 때문이 아니라 누군가가 욕망하는 것을 보고 따라서 욕망하게 된다는 뜻이다. 평론가다운 이론이다.

이것을 유명한 설득 심리학의 대가 로버트 치알디니(Robert Cialdin, 1945~) 교수는 '사회적 증거의 원칙'으로 간단하게 설명했다. 인간의 의사결정은 타인의 결정을 보고 따라 하는 경향이 있다는 식이다. 확실히 교수들의 이론이 좀 더 쉽게 다가온다.

음식을 보고 먹고 싶다는 충동을 일으키게 되고 주인이 없더라도 나중에 돈을 내면 된다고 생각하며 허겁지겁 먹는 아빠와 엄마의 행위는 배고픔 그 이상이다. 르네 지라르식 욕망의 구조가 형성된 것이다. 수많은 그릇들을 비우고, 서로 경쟁이라도 하듯 음식을 게걸스럽게 먹어 치운다. "와서 너도 먹어라!"고 말하는 부모의 말을 치히로는 듣지 않는다. 치히로가 다시 가게에 들어왔을 때, 부모는 끔찍한 모습의 돼지로 변해 있었다. 욕망에 사로잡힌 이는 사람됨을 잃게 된다. 영화의 첫 장면은 단적으로 그것을 보여주고 있다.

그러고 보면 욕망의 대상들은 한결같이 쉽게 거부할 수 없는 인간 본능의 말초적 신경을 자극하도록 설계되어 있다. 식욕은 맛있는 음식으로 장 신경을 자극하고 성욕은 성적인 쾌락으로 본능 신경을 자극한다. 그뿐 아니다. 성취 욕구는 모든 걸 구할 수 있는 재물과 권력에 대한 환상으로 우리의 의식과 무의식을 자극한다. 그러고 보면 우리는 죽을 때까지 끊을 수 없는 욕망의 더미 위에서 살고 있는 셈이다. 치히로가 첫 번째로 끊은 욕구는 인간 본능인 음식의 욕구다. 음식의 유혹을 과감히 끊어낼 수 있었던 절제의 힘은 신의 세계로 들어가기 위한 첫 번째 통과의례였다.

또 다른 욕망의 모습들은 금을 줍는 온천장의 직원들을 통해 엿볼 수 있다. 직원들은 부패 신으로 오인한 강의 신이 흘리고 간 사금을 줍다가 욕심 많은 유바바에게 모두 빼앗긴다. 사금의 욕망을 잊지 못한 두꺼비가 홀로 욕실의 마룻바닥을 뒤적일 때 가오나시가 흘려준 사금을 줍다가 금으로 유혹하는 가오나시에게 잡아먹히는 장면은 꽤나 인상적이다. 우리의 민낯을 보는 듯 얼굴이 화끈거리고 동시에 실소도 나온다. 외로움을 벗어나고픈 강렬한 욕망에 사로잡힌 가오나시는 예전에 존재감 없던 가오나시가 아니다. 직원들을 잡아먹고 목소리를 내겠다는 삐뚤어진 욕망의 괴물이 되었다.

개구리를 삼키면서 비로소 갖게 된 목소리는 가오나시의 숨겨진 욕망을 깨운다. 순진한 친구가 술기운을 빌려 자신의 야성을 드러내는 것처럼 가오나시는 독주를 마시듯 온천장의 인부들을 삼킨다. 여러 사람들이 뒤섞여 내는 소리는 가오나시의 억눌린 내면의 소리다. 가오나시는 점점 더 많은 금으로 모든 이들의 욕망을 부추긴다. 온천장의 직원들은 한밤중에 유바바 몰래 금을 얻으려고 가오나시한테 엄청난 음식과 향응까지 제공한다. 금을 소유하고자 하는 욕망이 욕망을 지배하고 가오나시는 그런 이들을 하나하나 먹어 치우며 자신의 몸을 계속 부풀려간다. 엄청난 몸집으로 커진 가오나시를 보고 유바바는 치히로를 불러 있는 대로 더 많이 금을 빼앗아오라고 명령한다. 하지만 치히로는 처음부터 물질을 욕망하지 않았다.

부모들까지 음식을 먹으라고 종용했지만 먹지 않았던 사실. 심지어 하쿠가 몸이 사라지는 걸 막기 위해 먹으라고 권하는 캡슐 약조차 먹지 않다가 설명을 듣고 겨우 먹을 정도였다. 오물 신으로 착각한 강의 신을 목욕시키기 위해 약물 패를 가져오라는 린의 말에 카운터에서 패를 부탁하지만 거절당한다. 그 옆에 가오나시가 한 개를 빼서 던져주었을 때 고맙다는 인사를 할 뿐 더 많은 패를 줘도 치히로는 받지 않았다. 온천장에 근무하는 이들 모두 금을 보고 환호하지만 치히로는 두 손 가득 금을 건네는 가오나시에게 고개를 젓는다. 그런 게 필요 없다고 말이다. 마지막에는 하쿠가 훔쳤던 제니바의 마법 도장까지도 용서를 빌며 도로 가져다준다. 이뿐 아니라 부모를 살릴 수 있는, 오물 신으로부터 받았던 신비의 약 경단도 하쿠와 가오나시에게 아낌없이 나눠준다. 치히로가 가진 절제의 힘은 물질적인 것에 집착하지 않는 자연주의 정신이다.

이쯤 되면 디오게네스와 같은 금욕을 실천할 수 있는 치히로의 단호함이 궁금하다. 아무나 그리고 누구나 할 수 있는 실천력이 아니기 때문이다. 그 단호함은 어디에서 오는가. 치히로의 단호함 속에서 디오게네스의 금욕주의를 만난다. 행복을 외부가 아닌 자신의 내부에서 찾고 자신의 신념을 강렬하게 실천하는 정신. 디오게네스의 도덕적 탁월성은 바로 비움과 절제의 힘에서 비롯되었다.

그 비움과 절제는 또 어디서 나오는 것일까? 한 가지 분명한 것은 치히로가 힘을 얻거나 의지하는 곳이 강이라는 확신과 믿음이다. 생명 에너지의 원천이자 근원인 강. 치히로가 가진 비움과 절제의 힘은 바로 강의 힘에서 나왔다. 그가 오물 신을 정화시킬 수 있었던 것도, 하쿠의 이름을 기억해낼 수 있었던 것도, 제니바의 집이었던 용서와 화합의 장소 6번째 노마노소코(沼の底) 역에서 모든 걸 해결하고 치유할 수 있었던 것도 강이 갖고 있는 자정의 능력 때문이었다. 치히로의 정신과 에너지는 바로 그곳에서 출발했으며 그곳이 치히로의 생명 에너지였던 것이다. 치히로의 강은 치유의 작은 숲이었다. 그래서일까? 치히로에겐 어느 영화에서 나온 주인공의 상큼한 독백처럼 아이의 맛을 내는 식혜의 단맛과 어른의 맛을 내는 막걸리의 깊은 맛이 함께 난다. 80살의 무의식을 품고 있는 10살의 치히로. 욕망의 구조로부터 벗어날 때 비로소 자유를 찾게 되는 것이다.

치히로의 책임과 포용의 정신

돼지가 될 운명이었던 치히로가 신의 세계에 입성하게 된 것은 전적으로 절제의 힘 덕분이다. 하지만 본격적인 치히로의 운명은 그때부터다. 다행히 하쿠의 도움으로 신들의 세계에서 몸이 사라지는 최악의 상황은 모면한다. 하지만 일하지 않는 자는 존재의 이유가 없어 소멸되는 것이 유바바가 통제하는 온천장의 질서다. 하쿠가 치히로를 가마 할아범에게 보낸 것도 바로 그런 이유다. 하쿠라는 조력자를 통해 새로운 세상에서 자신이 무엇을 해야 하는지는 알았지만 일자리를 찾고 부탁하는 몫은 오직 치히로 자신의 몫이었다. 누구도 그걸 대신해주지는 않는다. 철저히 혼자라는 사실을 직면하고 스스로 모든 걸 결정하며 행동하지 않으면 기회가 없다는 걸 깨닫는다. 자신이 처한 정확한 상황을 깨닫는 순간 치히로는 더 이상 칭얼대고 어리바리한 10살 소녀가 아니었다. 야무지고 책임감과 사명감으로 똘똘 뭉친 투사였다.

현실을 회피하지 않고 당당하게 자신의 일자리를 부탁하는 모습은 치히로의 첫 번째 직면이다. 가마 할아버지에게 일자리를 요구하는 도중 숯 검댕이 하나가 숯덩이의 무게를 이기지 못해 쓰러지고 만다. 그걸 본 치히로는 주저 없이 숯 검댕이를 구하며 도와준다. 치히로의 의지와 이타심을 본 가마 할아범은 빈 그릇을 가지러 온 린에게 자신의 조카라고 속이면서까지 유바바에게 일자리를 얻을 수 있도록 도움을 준다.

자! 여기서 우리는 짧지만 강렬했던 치히로의 말과 행동을 통해서 치히로의 내면을 읽어볼 수 있다. 말과 행동은 생각에서 나오고 그 생각은 정리된 감정에서 비롯되며 감정은 무의식에서 시작한다고 했다. 일자리를 구하겠다는 치히로의 단호한 신념은 말과 행동으로 전달되었고 위기에 처한 숯 검댕이를 본능적으로 도와주는 이타심은 치히로가 가진 무의식의 발로였다. 가마 할아범이 치히로를 도와주려고 했던 것은 치히로의 무의식 속에 있는 이타심과 선한 의도를 읽었기 때문이다. 민폐를 끼치지 않겠다는 치히로의 신념이 희생적 이타심으로 연결되어 있음을 알 수 있다.

가마 할아범과 치히로의 스토리에서 일본의 뿌리 깊은 정신문화의 한 줄기를 읽는다. '다른 사람에게 민폐를 끼치지 마라'라는 '메이와쿠오

가케루나(迷惑を 掛けるな)' 정신이다. 메이와쿠 문화를 제대로 알린 계기가 2011년 3월 11일 일본 도호쿠(東北) 지방에서 발생한 동일본대지진 때다. 일본 관측 사상 최대인 리히터 규모 9.0의 지진으로 발생한 엄청난 쓰나미와 후쿠시마 현의 방사능 유출은 사고의 정점이었다.

사망자와 실종자 수가 2만여 명, 피해 주민만 33만 명에 이른다고 하니 그때의 피해가 어느 정도였는지 상상이 가고도 남는다. 이러한 극도의 혼란 상황에서도 일본인들이 보여준 질서 의식은 우리는 물론 세계인들의 찬사를 한몸에 받았다. 정전 때문에 암흑으로 변한 호텔 로비에서 급히 제공한 우동 열 그릇을 수십 명이 서로 양보했던 사례나 지진으로 도로 대부분이 파손되었는데도 불구하고 파란 신호등일 때만 도로를 건넜다는 일화는 유명하다. 그리고 어렵게 구조된 할머니의 첫마디가 "폐를 끼쳐 죄송합니다!"였다는 이야기는 메이와쿠 문화의 상징으로 아직까지 언급되고 있다.

하지만 일본의 저명한 언론인이자 저술가인 후나바시 요이치 씨는 당시 한국의 한 언론사와의 인터뷰에서 이러한 일본의 행동을 "운명이니 어쩔 수 없다"라는 체념과 포기로 해석해서 주목을 끌었다. 만약에 이런 비슷한 상황이 우리에게 닥쳤더라면 어떠했을까? 일부에서는 아마도 난리가 났을 거라는 다소 비판적인 이야기를 하는 사람들이 많다. 하지만 필자는 그 난리를 꼭 부정적인 상황으로 해석하지 않는다. 후나바시 요이치 씨가 메이와쿠 문화를 체념과 포기로 읽었듯이 필자는 난리의 상황을 '한국의 다이너미즘(Dynamism, 역동성)'으로 해석하고 싶다. 1960년 4·19혁명과 1980년 6월 민주항쟁을 시작으로 가깝게는 2002년 월드컵과 주한미군 장갑차 여중생 사망사건 촛불시위에서 2016년 촛불집회에 이르기까지 매 순간 우리의 난리는 부정적 의미의 난장판이 아닌 역사의 흐름을 바꾼 민중의 역동성이었다. 전 세계 어느 나라를 둘러봐도 이런 긍정의 에너지는 없다. 정화와 통합의 에너지며 내 안에 뜨거운 에너지가 없다면 절대로 나오지 않는 우리 민족 고유의 생명 에너지다.

심지어 우리는 죽음을 기리는 장례까지도 축제로 만들어버리는 민족이다. 우리들에게 장례는 얽히고설킨 관계들의 맺힌 한을 풀어내고 끝내는 의식의 마당이다. 그리고 오래된 원한을 털어내고 모두가 화해하고 새롭게 출발하는 과거의 죽음이자 미래의 출발 즉, 축제다. 그래서 장례식은 모든 것을 새롭게 만드는 과정의 야단법석이자 난리다. 임권택 감독의 〈축제〉(1996)는 장례식을 소재로 만든 가장 한국적인 야단법석의 영화다. 하나의 행동 속에서 두 가지의 서로 다른 해석을 보면서 개인과 집단의 무의식 속에 들어 있는 또 다른 자아를 보게 되어 흥미롭다.

최근 일부 보도에 따르면 젊은 사람들이 돈도 없으면서 해외여행을 자주 나간다고 그들의 허세를 꼬집고 있다. 그러나 이러한 시각도 조금만 긍정적인 시각으로 본다면 미래 세대들의 호연지기로 해석할 수 있다. 해외에 나가는 것도 도전 정신이 없으면 즉시 실천할 수 있는 일이 아니기 때문이다. 또한 언어적 장벽, 금전적 문제 등 모든 한계 상황을 극복하고 몸으로 부딪히고 배우는 가장 활력 넘치는 학습법이기 때문이다. 오히려 일본의 기성세대들은 지금 일본의 젊은 세대들이 활력이 너무 떨어진다고 야단들이다. 돈까지 대주며 해외로 나가 호연지기를 키우라고 부추기고 있으며 심지어는 한국의 젊은이들을 배우라고까지 하고 있다. 최근 일본 청년들을 설명할 때 빠지지 않는 '떨어지다', '멀리하다'의 동사에서 유래된 접미사 '바나레(ばなれ)'는 꿈도 욕심도 사라진 일본 청년들의 현주

소다. 불현듯 한국 청춘들의 '욜로(YOLO)'가 떠오른다. "인생은 한 번뿐이다(You Only Live Once)"를 외치며 현재의 행복에 최선을 다하는 한국 청춘들의 역동성이 오히려 자랑스럽다.

다시 본론으로 들어가서, 어떠한 상황에서건 자신에게 주어진 일은 야무지게 해내고야 말겠다는 치히로의 집념은 책임감이다. 부모님을 구해야 한다는 신념이 생존의 이유를 만들었고 이제는 자신밖에 믿을 수 없다는 강력한 삶의 이유가 치히로의 신념을 단단하게 만들었다. 이 영화가 한 소녀의 성장 스토리를 담고 있다는 이유도 바로 이것 때문이다. 포용과 용서는 한계의 상황에서 인성의 확장성을 보여주는 최고의 미덕이다. 비오는 날 처량하게 온몸으로 비를 맞고 있는 가오나시의 외로움을 그냥 흘려보내지 않고 비 맞는 걸 걱정해 창문을 열어 두겠다는 치히로의 관심과 배려는 사회적 관계에서 가장 중요한 덕목인 화합의 덕목이다.

치히로의 덕목은 여기에서 끝나지 않는다. 하쿠가 제니바로부터 도장을 훔쳤을 때 제니바가 도장에 걸어놓은 마법 때문에 죽기 직전의 그를 치히로는 강의 신이 준 경단으로 죽음을 잠시 멈추게 해주었다. 하쿠의 생사는 물론 자신의 생존 여부도 알 수 없는 상황에서 하쿠의 목숨을 구하기 위해 도장을 들고 무작정 제니바에게 용서를 구하러 떠나는 모습은 무모하기까지 하다. 자신의 안위보다는 사랑하는 사람을 위해 기꺼이 자신을 희생하는 아름다운 모습은 영화 〈겨울왕국〉에서 "진정한 사랑만이 얼어붙은 심장을 녹일 것이다"라고 했던 트롤 할아버지의 이야기와 닮아 있다.

또 영화 〈센과 치히로의 행방불명〉을 위해 엄선한 히사이시 조의 영화음악 〈그날의 강(あの日の川)〉은 치히로의 고단했을 여정을 위로해주는 최고의 선율이다.

언제나 몇 번이라도…
부르고 있어, 가슴 어딘가 안에서.
…

빛나는 것은 언제나 여기에
내 안에서 찾을 수 있었으니까.

빛나는 마음이 내 안에 있는 한, 고난은 고난만이 아니다. 치히로가
몸으로 들려준 이야기, 순수함이 만들어낸 평강의 힘은 치히로의 고단했
던 여정을 아름답게 그리고 모두가 행복한 세상에서 가장 아름다운 여행
으로 바꾸어놓았다.

"병법에서 반드시 죽고자 하면 살고, 반드시 살려고 하면 죽는다고 했다.
또 한 사내가 길목을 지키면, 1,000명도 두렵게 할 수 있다고 했는데,
이는 오늘의 우리를 두고 하는 말이다. 너의 여러 장수들이 조금이라도
명령을 어긴다면 즉시 군율로 다스려 조금도 용서치 않을 것이다."

이순신

part

11

직면의 힘

명량

Roaring Currents │ 제작 2014년 │ 감독 김한민 │ 출연 최민식, 류승룡, 조진웅

南도의 임지에서 보낸 이순신의 8년은 역사와 운명이 만든 자발적 유배였다. 전쟁이 발발하기 전 도도한 역사의 흐름 속에 이순신은 없었다. 마흔이 넘도록 주연은커녕 조연의 역할도 맡지 못했다. 아무도 그를 주목하지 않았고 중용하지 않았다. 당쟁과 오만에 빠져버린 위정자들이 만든 왜곡된 역사에 정의로운 자의 심지는 쓸모없는 불쏘시개였다. '작은 배역은 있어도, 작은 배우는 없다.' 이순신이 맡은 배역은 비록 작았지만 결코 자신의 역할을 부끄러워하지 않았다. 작은 일에도 최선을 다하는《중용》23장의 정신을 묵묵히 실천할 뿐이었다.

　　조선은 건국 이래 당쟁과 사화는 많았지만 전란은 없었다. 200년 가까이 이어진 전란 없는 혼란의 정국은 사람들의 이성을 비틀어놓았다. 혹시나 모를 전쟁에 대비하라는 율곡 선생의 '10만 양병'도 백성들의 혼란과 불편함을 가중시킨다며 무산시켰다. 끊어진 현실감각의 절정이다. 연이어 보고되던 왜란의 징조도 파견 보낸 세 명의 통신사가 서로 다른 내

340

용으로 보고하는 바람에 혼란만 더욱 가중시켰다. 선조는 적들이 쳐들어오지 않을 것이라는 보고를 채택했다. 바람을 현실로 받아들인 선조와 조정의 안이함이 도를 넘었다. 한 가지 위안을 한다면 선조의 예민한 성격을 자극하지 않으며 조용한 준비를 하려고 했던 것은 아닐까? 위로할 뿐이다. 조용하게 준비하는 전쟁은 없다. 전쟁의 허상을 끌어안고 살고 있던 위정자들에게 다가온 전쟁의 현실은 차갑고 잔인했다.

전선은 초장부터 깨졌다. 비명을 지를 시간조차 주어지지 않았다. 무너진 전선마다 주검이 넘쳤다. 산 자와 죽은 자의 구분이 없었고 의미도 없었다. 산자들도 시간이 지나 곧 죽은 자가 되었다. 재난을 대비하지 않은 자들의 자상(刺傷)은 생각보다 컸다. 죽는 자의 비명과 산 자들의 울음이 조선 팔도를 흔들었다. 울음은 깊었고 시간은 길었다. 1592년 임진년(壬辰年) 잔인한 4월의 여름과 1598년 무술년(戊戌年) 차가운 11월의 겨울은 전쟁의 시작과 끝이다. 그 치열했던 운명의 시간에 영웅은 등장했고 또한 사라졌다. 장군의 등장과 존재가 마치 그 전쟁을 위해, 준비 안 된 조선의 유일한 준비처럼 말이다.

〈명량〉(2014)은 전쟁의 처음과 끝의 중간에 일어났던 가장 드라마틱한 전쟁이었다. 한산대첩이 '화려한 불꽃'이라면 노량해전은 '불타는 노을'이고 명량대첩은 '작열하는 태양'이다. 한산대첩이 푸치니의 〈네순 도르마〉라면 노량해전은 베토벤의 〈운명〉이고 명량대첩은 칼 오르프의 〈카르미나 부라나〉다. 작열하는 태양에서 흘러나오는 〈카르미나 부라나〉의 선율처럼 명량의 싸움은 조선의 운명을 건 마지막 불꽃 같은 전투였다.

두 달 전 칠천량(경남 거제시 앞바다)에서 원균이 이끈 조선 수군은 괴멸했다. 모든 걸 잃어버린 조선의 운명은 그야말로 바람 앞에 촛불이었다.

조선 수군을 파하고 육군으로 합류하라는 선조에게 이순신은 "신에게는 아직 열두 척의 전선이 있습니다(今臣戰船尙有十二)"라는 장계를 올려 운명의 전쟁을 준비한다. 김한민 감독은 명량해전을 중심으로 전쟁 직전의 모습과 당시 전쟁의 모습을 정직하게 그렸다. 기존 영화들이 보여준 영웅담의 스토리 위주가 아닌 절대 위기의 전쟁터에서 한 장수가 직면해야 할 감정의 모습을 여과 없이 그렸다. 영웅의 모습이 아닌 풍찬노숙(風餐露宿) 고뇌하는 장군의 모습이었다.

13대 133, 13대 300이라는 숫자는 의미가 없다. 그 숫자들이 장군의 위대함을 다 설명해주지는 못한다. 우리가 영화 〈명량〉을 통해 기억해야 할 것은 장군의 전적과 승리의 스토리가 아니다. 절대적 수세 속에서도 결코 잃지 않았던 장군의 평정심은 무엇이었나? 수군들을 어떻게 하나로 뭉치게 할 수 있었던가? 어떻게 정보를 입수하고 조직을 관리했던가? 23번의 전투에서 보여준 이순신의 전술은 어떠했는가? 그리고 마지막으로 장군의 삶을 관통한 '무의 정신'은 과연 무엇이었는가? 이런 것이다. 영화는 〈명량〉을 그리고 있지만 〈명량〉을 통해서 이순신의 본질을 만난다. 자료를 찾으면 찾을수록, 공부를 하면 할수록 감동 대신 먹먹함이 밀려온다. 측은지심(惻隱之心)이다. 이 글을 쓰는 동안에 한산대첩, 명량대첩, 노량해전이 일어난 전적지를 모두 방문했다. 땅으로 밟아보고 싶었고 눈으로 확인하고 싶었고 가슴으로 느끼고 싶었다. 어떻게 책상머리에서 감히 그분의 행적을 쫓을 수 있겠는가?

오늘의 삶에서 해답을 찾지 못했거든 이순신 장군의 《난중일기(亂中日記)》를 읽어보라. 자존감이 떨어져 삶의 의욕을 잃었다면 《이충무공 행록(行錄)》을 읽어보라. 길 위에서 인문학을 느끼고 싶다면 김훈의 《칼의

필자가 15년을 한결같이 입었던 무관 한복인 철릭. 오롯이 장군의 기개를 느끼기 위함이다. 2018년 사단법인 독도사랑범국민운동본부에서 주최한 독도 선남선녀 선발대회 때 이 한복을 입고 출전해 필자는 안용복 장군 상을 수상했다.

노래》를 읽어보라. 한 편의 영화로 존재의 이유를 느끼고 싶다면 영화 〈명량〉을 보라. 이순신의 존재는 삶의 이정표이자 고단한 삶의 치료제다. 그분의 삶을 몸으로 느끼고자 장군께서 입었던 무관의 공복 '천릭(天翼)'을

15년째 입고 있다. 장수로서의 기상을 느껴보기 위해 22년 전 장군 복장을 하고 사진을 찍어놓았다. 이러한 모든 필자의 노력에도 불구하고 그분을 온전하게 느끼지는 못했다. 그분은 오직 '행동하는 정의'에 있고 홀로 있을 때 삼가는 정신인 '무자기(毋自欺)'의 정신 속에서 그분을 만날 뿐이다. 영화 〈명량〉은 '행동하는 정의'와 '무자기' 정신의 완결판이다.

〈명량〉

　　포항에서 배를 타고 울릉도에 가본 사람은 안다. 지독한 뱃멀미로 우리 몸속에 남은 마지막 찌꺼기까지 뱉어내게 만들었던 징글징글한 고생의 기억을…. 장터 마당에서 보리밥을 시켜 먹어본 사람은 안다. 입안에서 성글게 씹히던 맛없는 보리밥의 까칠함을…. 12월 해변가를 오래 걸어본 사람은 안다. 바닷바람이 칼날같이 일어나 무림의 고수처럼 신체의 빈 공간을 가차없이 베어버린다는 사실을….

　　이순신을 회상하면 동시에 떠오르는 기억의 되새김은 추억하고 싶지 않은 고통이라는 몸의 잉여물이다. 그랬다. 이순신은 우리가 되살리고 싶지 않은 고통의 잉여물 속에서 살았다. 우리는 그를 영웅으로 기억한다. 살아생전 영웅으로 대접받지 못하고 죽어서 전설로 대접받아야 했던 킬리만자로의 표범 같은 외로운 인생이었다. 영화 〈명량〉(2014)은 죽음의 순간에 살아난 사내들의 이야기며, 조선의 이야기다. 역사에 만약이란 존재하지 않는다. 하지만 만약, 이 전쟁에서 이순신이 패했더라면 우리의 역사는 분명 지금 우리가 기억하고 있는 역사는 아니었을 것이다. 등줄기에서 식은땀이 흐른다.

　　영화 〈명량〉은 우리 역사상 가장 위기였던 시기에 그 위기를 이겨낸 한 장수에 관한 이야기다. 조선왕조 519년 역사상 그토록 극적인 시대도 없었고 그토록 비극적인 순간도 없었다. 리더는 소멸했고 빛은 사라졌다. 모두가 절망이라고 생각한 순간 남쪽의 바닷가에서 드러난 이순신의 존재는 잃어버린 리더와 빛의 발견이라는 가장 극적인 장면이었다. 2014년 4월 16일 세월호가 침몰했다. 417년 전 7월 16일 원균이 이끌던 조선 수군이 침몰하던 참담함과 닮았다. 2014년 7월 30일 〈명량〉이 개봉되었다. 정유년 9월 16일 이순신이 이끌던 13척의 조선 수군이 일본 전함 133척을 대파하던 때와 동일한 통쾌함을 느꼈다. 리더가 사라진 바다를 보면서 동시에 우리는 이순신을 떠올렸다.

　　모두가 불가하다고 외칠 때 홀로 승리를 확신했다. 모두가 어렵다고 할 때 이길 수 있는 방법을 제시했다. 모두가 두려움에 떨 때 두려움을 떨칠 수 있도록 생각의 관점을 바꾸었다. 이기는 싸움을 위해, 이길 수 있도록, 이길 수밖에 없는 환경과 여건을 만들었다. 이순신은 그런 사람이었다. 영화 〈명량〉은 영웅의 이야기가 아니다. 전쟁에서 이기는 승리의 이야기가 아니다. 들여다보면 내 안에 두려움을 용기로 만드는 직면의 이야기다. 불가능하지만 방법을 기어코 찾아내는 리더의 이야기다. 그래서 열광하는 것이다.

　　이순신의 무의 정신은 어린 시절부터 일관되게 나를 지배했다. 그 무게를 감당하기에 버거움을 느낀다. 부족함으로 삶을 견딜 뿐이다.

1

역사를 잊은 민족에게 미래는 없다

"역사를 잊은 민족에게 미래는 없다." 역사에 대한 경고 중 이처럼 강렬한 메시지도 없다. 단재 신채호(申采浩, 1880~1936) 선생의 "역사를 잊은 민족은 재생할 수 없다"는 말씀과 직선으로 만난다. 반만년의 역사를 통해서 우리가 경험한 역사의 교훈은 셀 수 없이 많다. 하지만 아직도 실패의 역사는 반복되고 있다. 언제나 역사는 깨어 있는 자의 몫인가 보다.

2,000년 디아스포라(Diaspora)의 슬픔 속에서도 이스라엘을 재건할 수 있었던 것은 잊지 않았던 역사의 기록 《토라(Torah)》와 《탈무드(Talmud)》 그리고 고난의 역사에 대한 기억이 있었기 때문이다. 우리가 '명량'을 통해 기억해야 하는 것은 이순신 장군이 만든 승리의 기억만이 아니다. 영화 속에 모두 담지 못한 실패의 기억도 함께 새겨야 한다. 인간

의 역사에는 빛과 어둠이 함께 녹아 있다. 균형 잡힌 역사의 시각은 인간의 자만과 오만을 막아주는 생명의 방주다. 실패를 통해 성공을 읽고 패전을 통해 승전의 가치를 깨달을 수 있다면 말이다.

〈명량〉의 초반은 임진왜란 발발 6년인 정유년에 시선을 멈추고 있다. 이순신이 삼도수군통제사에서 파직당하고 한성으로 압송되어 고문당하는 장면이 영화의 시작이다. 고문받는 이순신의 슬픈 눈동자를 끌어당기며 영화는 두 달 전 음력 7월 16일 거제도 앞 칠천량에서 원균이 이끌었던 전멸된 조선 수군의 모습을 보여준다. 분명 전쟁에서 패한 이는 원균이다. 하지만 좀 더 세밀하게 들여다보면 전쟁의 전략적 실패는 권율에게 있으며 정치적 실패는 선조와 병조판서 같은 조정의 대신들에게 물을 수 있다. 조선 수군의 칠천량에서의 패전은 정치와 전략 그리고 전술의 총체적 실패이기 때문이다. 전쟁마저 정치적 도구로 이용했던 선조, 직언을 거부한 권율과 대신들, 무모한 돌격대장 원균까지 패전의 원인은 차고 넘친다. 칠천량의 패전이 실전에서 원균의 무능에 있었다면 임진왜란은 정치에서 선조의 무능에 있었다. 모든 결과에는 반드시 원인이 있다.

칠천량해전 전에 단 한 번도 패한 적 없었던 조선의 수군은 리더를 교체하자마자 패했다. 이순신의 수하 장수 이억기나 최호 등 승전 경험이 있는 장수들이 대부분 있었는데도 불구하고 오합지졸처럼 당했던 것은 그들의 명령권이 극도로 제한된 채 오직 원균의 군령에 의해 전투가 수행되었음을 의미한다. 따라서 칠천량 해상에서 일어난 모든 패전의 원인은 오직 원균에게 있다.

원균은 자신의 감정을 조절하지 못했다. 해상에서 일어나는 모든 것을 손바닥처럼 읽었던 이순신과 달리 원균은 이성보다 감정을 앞세웠다.

이성과 정보로 전쟁을 수행했던 이순신과는 달리 원균은 분노와 공명심으로 전쟁을 수행했다. 해류와 판옥선 등 가능한 한 모든 정보를 가지고 전쟁을 수행한 이순신과 달리 원균은 즉흥성과 감으로 전쟁을 수행했다. 맨 앞에서 부하들을 이끌며 전쟁을 수행한 이순신과 달리 원균은 부하들을 부리며 전쟁을 수행했다.《난중일기》에 따르면 원균은 전쟁 중에 기생을 끼고 술을 먹었다는 기록이 등장한다. 보고 직접 들은 팩트만 기록하는 이순신의 기록 습관으로 비춰보았을 때 사실일 가능성이 크다. 패전의 이유는 자신에게 있고 승전의 요인은 적군에게 있다고 했다. 나를 알고 적을 알면 승리한다는 병법의 기본을 무시한 대가는 참혹했다.

이순신이 한성으로 압송되던 그즈음 원균은 이순신의 자리, 삼도수군통제사로 부임했다. 그날은 진실이 빛을 잃고 거짓이 날개를 다는 날이었다. 또한 한국사 3대 패전(敗戰)의 서막을 알리는 우울한 날이기도 했다. 자신이 삼도수군통제사로 부임하면 부산포에 있는 왜적들을 쓸어버릴 것이라 장담한 원균도 막상 와보니 이순신의 전술적 판단이 옳았다고 생각했다. 그래서 자신도 한동안 출병을 거부했다. 엉거주춤 출동을 미루는 사이 권율은 원균을 불러다 곤장까지 치며 바다로 수군을 쫓다시피 내몬다. 말이 안 되는 상황이 연출된 것이다. 요즘으로 치자면 육군참모총장이 해군사령관을 불러 매질을 했다는 소린데, 그만큼 선조의 뒤틀린 정치적 명분에 군 최고사령관까지 눈치를 보았다는 뜻이다. 당시 최고 결정권자였던 선조의 왜곡된 정치감각을 상징적으로 보여주는 대목이다.

전선의 감각이 아닌 정치의 감각으로 살아남은 권율의 생존 본능이 원균의 야성 본능을 자극했다. 분노와 오기가 뒤섞인 원균의 심사는 이미 출발부터 균형을 잃는다. 7월 12일 한산도 통제영에서 부산포로 떠난 전선만 160척 내외, 판옥선에 배속된 사후선 및 협선과 탐망선까지 합치면 족히 300척에 이르는 대선단이다. 수군만 1만이다. 이 규모는 한산도로 진을 옮긴 이후로 그 어떤 지원도 받지 않고 오직 이순신과 수하 장수들이 5년 동안 눈물로 이룩한 조선 수군의 전부였다. 높은 파도를 오직 근육의 힘만으로 노를 저어 절영도(絶影島, 부산 영도)에 도착하니 왜군 1,000여 척의 대선단이 위용을 뽐내고 있었다. 마치 기다리고 있었다는 듯이 말이다.

이순신이 없는 수군의 전투력을 확인하려는 듯 왜군의 초기 전투는 치고 빠지는 유인 전략이었다. 일종의 힘 빼기 전략이다. 이 전략은 판옥선보다 가볍고 날렵한 세키부네 함선이 가진 장점을 이용한 적군에겐 최상의 전략이었고 장거리를 이동한 조선 수군에게 최악의 전략이었다. 하지만 원균은 왜군의 전략에 적절하게 대응하지 못했고 심지어 12척의 판옥선을 표류하게까지 만든다. 결국 후퇴를 거듭하다 가덕도에 일시 정박해서 물을 보충하려 했지만 왜군의 매복으로 또다시 400여 군사를 잃고 칠천도까지 후퇴한다. 원균 또한 이 땅의 장수로서 어찌 최선을 다하지 않았겠냐마는 승리의 여신은 그를 선택하지 않았다.

적의 유인 작전에 적절히 대응하지 못해 초장에 너무 많은 전투 체력을 소모한 조선의 수군. 후퇴를 하면서 잃어버린 400명의 수군은 원균이 보인 지휘력의 한계였다. 부산포에서 밀린 조선 수군은 거친 파도와 싸우며 지금의 거제도 본섬과 칠천도 사이의 조그마한 해협 칠천량에 집결했다. 조선 수군의 움직임을 꿰뚫고 있었던 왜군은 15일 밤 야습으로 판옥선 4척을 불태운다. 적의 야습을 사전에 방어하지 못했던 것이다. 야습에도 적절한 대응을 하지 못하는 조선 수군의 모습을 지켜본 왜군은 드디어 16일 새벽 4시경에 전면 공격을 감행한다. 조선 수군은 최후의 항전을 해보지만 중과부적(衆寡不敵)이다.

아비규환의 상황 속에 전투 초장 배설의 지휘 아래 전선 12척이 도망을 치고 조선 수군은 전투다운 전투도 없이 무너져 내렸다. 수군의 사기도 함께 무너져 내렸다. 마지막 최후까지 항전을 해보지만 반전의 계기가 없자 원균은 수하 부하를 데리고 고성 춘원포로 비상 하선을 한다. 하지만 곧 추격해온 왜적에게 칼을 받고 최후를 맞았다. 직책과 자리의 무게를 감당하지 못했던 자의 오만과 자만 그리고 욕심이 만든 참담한 결과물이다. 그날은 원균의 최후였고 조선 수군의 최후였다. 또한 선조를 비롯한 위정자들에게 신이 조선에게 내린 마지막 경고의 날이었다. 다시 한번 강조하지만 모든 결과에는 반드시 원인이 있다.

∷ 패전에서 배우는 승전의 가치

사료에 기초한 원균의 전투 흐름을 읽으면 칠천량해전의 어떤 기록들에서도 우리 수군의 적절한 전략과 전술적 운용의 형태가 없었다는 걸 확인할 수 있다. 수세 속에 공세가 있고 공세 속에 수세가 있어야 함이 진법의 기본인데 기가 막힐 노릇이다. 한 명의 리더만 바뀌었을 뿐인데 도요토미 히데요시(豊臣秀吉, 1537~1598)까지 인정했던 최강의 조선 수군이 어떻게 그렇게 오합지졸이 될 수 있었단 말인가? 리더의 자리가 갖는 무게의 의미를 단박에 알 수 있게 해주는 가슴 아픈 역사의 사례다. 분명 원균의 패전은 싸움에서 지는 모든 요소들을 다 갖춘 조직이 내지르는 살아 있는 비명이다. 그리고 왜곡된 정치적 욕망과 거짓으로는 결코 전쟁에서 승리할 수 없다는 결정적 증거로 칠천량해전은 이 땅에 400년 동안 진한 교훈을 남긴다.

목숨을 건 전쟁터에서 이순신을 믿고 길게는 6년을 함께한 수군들이다. 눈빛만 보아도 장군이 무슨 생각을 하고 있는지 알았다. 이순신을 믿었기에 그들은 단 한 번도 패전하지 않았고 무적의 팀이 될 수 있었다. 전선에서만큼 이순신의 군령은 임금의 명령보다 더 무겁고 지엄했다. 백성을 버린 선조, 그가 버린 백성을 보듬어 안은 이순신… 어쩌면 그들에게 이순신이란 존재는 자신들의 목숨과도 같았을 것이다. 또한 그런 이순신을 정치적 이유로 고문하고 백의종군시켜버린 임금과 조정을 신뢰하기 어려웠을 것이다.

이순신의 탄핵은 곧 조선 수군에 대한 탄핵이었다. 그리고 그 자리에 원균이 들어왔다. 당시 수군들 사이에 원균의 평판은 좋지 않았다. 자신의 주군을 쫓아낸 자리에 그 당사자의 한 명이었던 자가 지휘자로 왔으니 무슨 할 말이 있겠는가? 군은 사기에 죽고 사는 조직이다. 또한 사기는 전쟁의 승패를 좌우하는 가장 중요한 요인이다. 전쟁을 코앞에 둔 시점에 특별한 죄목도 없이 오직 정치적 목적으로 그들의 수장을 바꾸는데 무슨 사기와 군령이 있겠는가? 백 번 양보해보아도 아쉬운 대목이 아닐 수 없다. 이것은 이순신의 인사가 오직 선조의 개인적 판단에 따른 결정이었다는 명백한 증거다.

421년이 지난 지금에 와서 아무리 생각하고 복기해봐도 이순신을 교체한 당시 조정의 판단을 납득하기 어렵다. 선조의 정치적 오판이 한두 번이 아니었음에도 불구하고 시스템과 사실관계로 조정이 돌아가지 못한 것은 안타까운 일이다. 조선 최고의 두뇌들이 조직을 장악하고 전쟁 초반 그렇게 깨진 경험을 갖고 있음에도 불구하고 승리하는 자를 중심으로 전선이 재편되지 못했던 것이다. 끝까지 명분과 정치적 이해관계로 전쟁을 수행한 실종된 현실감각이 가슴 아프다. 어쩌면 칠천량에서의 완벽한 패전은 신이 더 자극적인 경고와 교훈을 이 땅에 살고 있는 사람들에게 주려고 한 것은 아닐까 싶은 생각이 들 정도다. 신의 뜻을 감히 헤아리긴 어렵다. 원균의 패전도 이순신의 기적 같은 승리도 선조와 이순신 등 역사의 주역들이 스스로 말했듯 모두 신의 뜻이지 않겠는가? 하지만 모든 걸 잃어버린 냉혹한 현실은 이후 조선의 수군이 감당해야 할 분명한 삶의 무게다.

일본 수군의 기습공격을 예측하지 못한 죄, 이순신이 목숨보다 신뢰했던 탐방선을 비롯한 망군(望軍)들을 세우지 않은 죄, 기다리는 적을 피곤한 몸으로 상대해야 했던 지는 전쟁을 수행한 죄, 전투의 구체적인 작전 계획을 세우지 않은 죄, 부하들의 목숨을 가벼이 한 죄까지 지휘자로서 원균의 죄는 너무 크다. 자신을 통제하지 못하고 전선을 장악하지 못한 장수의 최후는 비참했고 역사의 평가는 가혹했다.

임금의 출동 명령을 거부하고 오만하기 짝이 없는 이순신을 제거하고 지휘관을 원균으로 바꾸어도 선조는 조선의 수군은 건재할 것이라고 생각했다. 조선의 수군이 강한 게 이순신 때문이 아니라 조선의 수군이 원래부터 강했기 때문이라 생각한 그 무모한 오판이 무섭다. 선조와 원균의 그 지독한 오만과 독선은 결핍과 콤플렉스를 가지고 있는 자들의 자기방어며 실패하는 자들이 공통적으로 갖고 있는 자가당착(自家撞着)이다.

선조가 지시하고 원균이 실행한 조선의 수군은 패했다. 하지만 이순신의 수군은 지지 않았다. 그는 결코 전쟁을 명분으로 수행하지 않았기 때문이다. 임진왜란 초기 조선의 육군은 패했다. 하지만 이순신의 수군은 지지 않았다. 철저한 준비와 이기는 싸움을 했기 때문이다. 최고의 조건으로 최악의 결과를 만든 원균과 최악의 조건으로 최고의 결과를 만든 이순신, 그들이 살아온 삶의 가치가 승패를 갈랐고 그들이 가진 신념의 크기가 승리의 요인이었다.

'무자기(毋自欺)' 정신과 '이타심(利他心)'이 이순신의 군령이었다면 '권위(權威)'와 '공명심(功名心)'은 원균의 군령이었다. '정의(正義)'가 이순신의 신념이었다면 '분노(憤怒)'는 원균의 신념이었다. 목숨을 건 전쟁터에서 불신은 싸우는 적보다 더 무서운 내부의 적이다. 생물처럼 살아 움직이는 인간의 관계항에서 '무자기'와 '이타심'은 보이지 않는 힘이고 리더가 가진 '정의'의 크기는 모두의 자존감과 명예를 지켜주는 보이는 힘이다. 영화에서 볼 수 없었던 성공과 실패의 이야기는 오늘을 살고 있는 우리들의 현재와 미래까지 생각하게 만든다. 영화 〈명량〉은 '그럼에도 불구하고 이순신은?' 이런 관점에서 우리의 삶까지 돌아보게 만드는 반추의 영화다.

임진년 5월 사천 전투에서 맞은 왼쪽 어깨의 총상이 완쾌되지 않았다. 정유년 3월 한성에서 맞은 장독이 다 풀리지 않았다. 그리고 백의종군까지…. 해군사령관에서 계급 없는 병사로 강등. 몸의 상처보다 마음의 상처가 더 컸을 것이다. 영화 〈글래디에이터〉(2000)에서 주인공 막시무스 장군은 마르쿠스 아우렐리우스가 제안하는 황제 자리를 단호히 거부한다. 그리고 자신은 피아 식별이 가능한 전쟁터가 적성에 맞는다고 한다. 자신의 정치적 결핍을 부끄럽게 생각하지 않았던 이순신의 정신과 닮아 있다. 영화에서 창조한 완벽한 장군이자 절대 인간의 전형인 막시무스, 잊지 말아야 할 것은 우리는 가공된 영화 속의 막시무스보다 더 위대한 이순신을 가지고 있는 민족이라는 사실이다.

　모든 걸 잃어버린 정유년의 7월, 칠천량과 정유년의 9월, 명량해전 사이에 물리적 시간은 두 달, 60일이다. 전 세계 군사 전문가들도 절대로 이길 수 없는 싸움이라고 평가했다. 마치 다윗과 골리앗의 싸움처럼 말이다. 몸의 상처와 마음의 상처를 함께 가지고 있음에도 어떻게 자신을 다스렸는지, 절대로 이길 수 없는 여건과 환경 속에서 어떻게 이기는 싸움의 전략을 짰는지, 두려움으로 가득 찬 병사들의 마음을 어떻게 용기로 바꿀 수 있었는지, 모든 게 소멸된 상황에서 어떻게 군사들을 재건할 수 있었는지, 불가능을 가능으로 만들었던 신의 한 수가 그저 궁금할 뿐이다. 다윗이 골리앗을 이겨 성경 속 신화가 되었듯 이순신은 살아 있는 역사의 전설이 되었다. 이기는 자의 이유는 오로지 자신에게 있다.

▪ 정치적 실패에서 배우는 역사의 교훈

　칠천량에서의 패전이 부분의 실패라면 임진왜란은 전체의 실패다. 이 둘의 공통점은 모두 준비되지 않은 자들이 남긴 울음의 역사라는 것이다. 원균의 칠천량해전을 돌아보면서 능력 없는 지휘관의 공명심과 무모함이 조직과 역사에 얼마나 큰 피해를 끼치는지 알게 되었다. 상담을 하다 보면 직감이 발달한다. 다른 사람도 아니고 과학적이고 학술적인 통계를 가지고 이야기를 해야 할 교수가 직감을 이야기한다는 게 조금 의아하게 들릴 수도 있다. 하지만 여기서 말하는 직감은 말로 설명할 수 없는 일종의 몸의 반응, 축적된 경험의 통계라고 해두자.

　재미있는 일화가 있다. 책의 서두에서도 한 번 언급한 적 있는 정치학자이면서 동시에 초기 한국 미술사 분야에서 원로로 활동한 특이한 이력의 소유자인 이동주 박사가 낙관(落款)도 작가의 필적(筆跡)도 없어 모두가 작품의 출처를 궁금해할 때 그 작품의 진위를 단박에 맞춘 적이 있다. 많은 사람들이 어떤 근거를 가지고 말하느냐고 묻자 이동주 박사가 오랫동안 옛 그림을 보면서 느낀 몸의 감각이라고 말했다는 일화는 유명하다. 자살을 앞두고 있는 사람들이 자신의 신변을 정리하는 행동들과 뇌졸중(腦卒中, stroke)에 걸리기 직전의 사람들에게 오는 일반적 전조 현상을 전문가들은 본능적으로 알아차린다. 축적된 경험의 결과다. 대형 재난이 터지기 전에 나오는 전조 현상은 개인이나 조직이 마지막으로 내는 일종의 시그널이다. 자신이 아프니까 한번 봐달라는 신호며 빨리 와서 자신을 치료해달라는 마지막 몸부림이다. 상담사는 몸과 마음에서 나오는 시그널을 분석하는 사람이다. 따라서 전문가의 직감은 틀리는 법이 없다. 마치 부인들의 육감과 할머니의 쑤시는 무릎처럼 말이다….

　조선이라는 물리적 생명체도 똑같다. 하나의 큰 개인일 뿐이다. 시그널도 똑같고 전조 현상도 똑같다. 사고가 터진다는 것은 그 시점의 문제가 아니다. 오래전부터 있어왔던 축적된 오류의 합이다. 1392년 조선 건국에서부터 임진왜란이 일어난 1592년은 공교롭게도 건국 200년이 되던 해였다. 요즘 같았으면 건국 200주년을 기념하는 국가적 행사가 대대적으로 열렸을 텐데 조선의 현실은 달랐다. 연산군(燕山君, 1476~1506)을 시발로 해서 명종(明宗, 1534~1567)에 이르는 네 명의 왕조는 정치적 혼란기의 정점이었다. 이른바 대형 사건이 터지기 전 전초전 성격의 사건들이 줄을 잇는다. 불행한 일은 연달아 터진다고 했던가? 무오사화(戊午史禍, 1498)와 갑자사화(甲子士禍, 1504)로 알려진 연산군부터 시작된 피를 부르는 죽음의 전주곡은 중종(中宗, 1506~1544)에 이르르는 기묘사화(己卯士禍, 1519)까지 불렀다. 동시에 조정의 혼란을 틈탄 왜구는 중앙의 영향력이 미치지 않는 부산의 해안 쪽을 부지런히 노략질했고 상처를 냈다. 힘없는 백성들의 고단한 삶은 상상을 초월한다.

이즈음 인종(仁宗, 1515~1545)이 즉위하여 나아지려던 조선의 정국은 왕의 갑작스러운 죽음으로 12살에 등극한 명종(明宗, 1534~1567)으로 다시 혼란에 들어간다. 문정왕후의 수렴청정과 문정왕후의 동생인 윤형원의 외척 정치는 조선을 부패와 혼란의 중심으로 몰아넣으며 을사사화(乙巳士禍, 1545)로 피의 클라이맥스를 장식한다. 조정의 부패와 관리들의 수탈이 만든 자발적 의적 임걱정이 나온 것도 그즈음이다. 4대 사화로 말미암아 훈구(勳舊)와 사림(士林)은 이제 죽어도 상종 못할 사이가 되었다. 이러한 사화를 피해 낙향한 사림들은 고향에서 은둔하며 정치를 잊고 학문을 닦았다. 성리학의 발전은 자연스러웠다. 하지만 이것이 오히려 계파를 만드는 당론의 진원지가 되었으니 참으로 기막힌 노릇이 아닐 수 없다. 결국 임진왜란은 사화와 당쟁 그리고 유약한 선조의 정치력 등 조선의 위정자들이 만든 분명한 인재였다.

이이의 십만양병설의 폐기도, 일본의 의도를 파악하기 위해 조정에서 보낸 통신사들의 의견 분열도 모두 약해빠진 조선의 체질과 선조의 예민한 성격에 기인한 바, 한 국가의 안위가 달린 문제를 왕의 눈치를 보며 결정을 해야 하는 상황을 어떻게 인재로 보지 않겠는가? 임진왜란 직전의 상황이 1995년 삼풍백화점 붕괴 직전의 모습을 보는 듯하고 2014년 세월호의 침몰을 보는 듯해 가슴이 먹먹할 뿐이다. 병중의 조선을 유일하게 진단하고 최후의 처방을 내린 이이의 십만양병설 처방도 거부한 상황에서는 어찌해볼 도리가 없었을 것이다. 죽음의 어두운 그림자는 현실이 되었다. 치료에도 시기가 있다. 우리는 그것을 결정적 시기라고 부른다. 뇌졸중처럼 치료의 적기를 놓치면 아무리 명의가 와도 병을 고칠 수 없다. 설령 치료가 된다 해도 그 예후는 대단히 나쁘다. 우리는 그것을 경험으로 안다. 조선은 치료의 결정적 시기를 놓친 말기 암 환자였다.

4월 13일 오후 5시에 일본 전함 700여 척이 부산포를 뒤덮었다. 다음 날 14일 새벽 5시 인시(寅時)를 시작으로 상륙작전을 개시했다. 왜군들이 상륙하는 날 부산이 함락되었다. 다음 날 15일 동래성이 무너졌다. 그리고 서울 한성이 적의 수중에 들어가는 데 걸리는 물리적인 시간은 단 20일밖에 되지 않았다. 군민까지 합세해서 최후의 1인까지 싸웠지만 적은 전투 병력과 짧은 준비 기간으로 전선은 속절없이 무너졌다. 건국 후 200년 동안 이어져 온 평화는 조선의 국방을 상비군 체제에서 일부 지역을 제외하고 병농일치(兵農一致)의 예비군 체제로 만들었다. 아이러니하게도 200년 동안 이어진 평화가 방어의 걸림돌이었다. 정기적인 훈련이 없었고 체계적인 훈련도 마련되지 않았다. 그나마 있는 병적기록부도 조세의 문란으로 허위 작성된 것이 많았으니 조선의 운명은 바람 앞에 등불이었다.

2018년 1월 1일 필자는 KBS에서 주관하는 신년 특집 〈함께 가는 대한민국〉에 패널로 출연했다. 토론의 주제가 '경제', '안보', '취업', '재난'에 집중되다 보니 자연스럽게 관련 자료를 중심으로 팩트를 체크할 수 있었다. 가까이 있었던 제천 스포츠센터 화재 사고(2017)나 수많은 타워 크레인 붕괴 사고(2017) 그리고 조금 멀리 있었던 삼풍백화점 붕괴 사고(1995)와 세월호 사건(2014) 등 모든 사건·사고의 중심에는 '책임의 결여'와 '거짓'이 자리 잡고 있었다. 예외는 없었다.

2017년 포항 지진의 진앙지였던 흥해읍에 피해가 집중되었다. 일부 노후된 건물이 주저앉고 뒤틀렸다. 파괴력은 생각보다 컸다. 진앙지의 깊이가 경주 때보다 상대적으로 얕아 발생한 자연 재난이다. 문제는 파손된 건물이다. 노후된 건물이야 오래돼서 그랬다고 치지만 지은 지 얼마 되지 않은 건물이 무너진 것은 충격적이었다. 언론에서는 필로티 건물의 불안전성을 부각했지만 필자가 현장을 돌아본 결과 건물의 구조 때문만은 아니었다. 오히려 부실한 공사 때문이었다. 같은 구역 내 동일한 필로티 건물 중 어떤 건물은 무너지고 어떤 건물은 멀쩡했기 때문이다. 무너진 건물은 한결같이 규정보다 철근의 개수가 적었고 철근 간 이격 거리도 도면보다 멀었다. 시멘트 속에 감춰진 사라진 양심은 사고 전에는 보이지 않았지만 지진이라는 재난에 그 부끄러운 민낯을 드러냈던 것이다. 재수가 없었던 것이 아니라 분명한 인재였다. 필자가 여러 번 언급했던 내용이다. 결코 잊지 말아야 할 내용이기 때문이다. 재난 현장을 눈으로 발로 뛰면서 확인한 필자의 시각이다.

아수라장 같았던 포항에서도 이순신은 있었다. 지어진 지 얼마 되지 않은 멀쩡한 건물이 금이 가고 주저앉았지만 1986년에 지어진 포항공과대학교는 멀쩡했기에 하는 말이다. 건물 35개 동에 균열 하나 가지 않고 물컵 하나 떨어지지 않았다. 어떻게 이런 일이 가능했을까? 거기에는 당시 포스코 회장이었던 고(故) 박태준 회장의 신념이 있었기 때문이다.

당시엔 우리나라 건축법상 내진 설계 기준도 없을 때였다. 그럼에도 불구하고 "우리나라도 언제든 지진이 올 수 있다. 강진에 견디는 천년 갈 학교를 짓자"라며 공사 관계자들을 다독였다. 또 영국의 옥스퍼드 대학과 케임브리지 대학을 직접 둘러본 후 "옥스퍼드 대학과 케임브리지 대학은 학교 역사가 600년이 넘는다. 우리는 1,000년이 가도록 튼튼하게 짓자"라고 말하며 날마다 관계자들을 독려했던 일화는 유명하다. 그래서일까? 대학 기숙사 건물은 외벽 두께만 30센티미터다. 이는 필자가 직접 확인한 주저앉은 대성아파트의 외벽(15센티미터)보다 무려 두 배나 두꺼운 치수였다. 건축과 관련한 일화도 있다. 한번은 1977년 포항제철 발전송풍설비공사에서 부실이 발견되었다. 이에 박태준 회장은 주저 없이 이미 80퍼센트가 완성된 설비를 다이너마이트로 폭파시켜버렸다. 규정과 원칙을 무시한 부실을 결코 용납하지 않겠다는 신념이었기 때문에 가능했다.

'집요했고 유난스럽다'라는 말까지 들었을 것이다. "여태까지 단 한 번의 전쟁도 일어나지 않았습니다." "우리나라는 지진이 일어나지 않습니다." 주변의 만류에도 불구하고 이순신 장군과 박태준 회장은 그저 묵묵히 준비했다. 내 안에 확고한 믿음과 신념, 무자기 정신이 없었다면 결코 쉽지 않았을 행동들이다. 그 야무지고 단단한 준비가 조선의 백성을 그리고 대학의 학생들과 교직원들을 살렸다. 껍데기로 요란하게 세상을 살아가는 요즘 그분들의 진중했던 발걸음이 한없이 그립다. 이순신은 있다. 다만 우리가 찾지 못할 뿐이다. 껍데기를 모두 걷어내는 날 우리 모두는 이순신이 될 것이다.

2

두려움을 용기로 바꿀 수 있다면

강연장에 처음 서본 사람들은 안다. 사람들의 시선이 얼마나 따가운 가를. 처음 면접을 본 사람들은 안다. 질문자의 한마디가 송곳처럼 날 카로울 수 있다는 사실을. 두려움은 모든 사람들이 가지고 있는 본능 적이고 원초적인 떨림이다. 떼어놓을 수도 없고 떨어지지도 않는다. 그 지독한 두려움에 사로잡히면 트라우마(trauma)가 되고 꺾이면 조현병 (schizophrenia)이 된다. 공황장애(panic disorder)는 잡혀서 도망간 사람들이 겪는 두려움이다.

영화 〈명량〉은 영웅 이야기가 아니다. 두려움을 극복한 고독한 장수 의 이야기다. 한국 영화 사상 최고의 흥행 기록을 올릴 수 있었던 것도 바로 이 때문이다. 영웅의 이야기가 아닌 슬픔을 극복하고, 두려움을 극복하고, 왜곡된 시선을 극복하고, 한계를 극복한 우리들의 이야기이기 때문이다. 〈명량〉은 공감과 분노가 뒤섞이고 위로와 슬픔이 뒤섞여 부르는 노래인 〈아리랑〉 같은 영화다. 김한민 감독이 명량대첩을 특별히 영화의 소재로 잡은 것도 바로 이것 때문일 것이다.

〈명량〉의 프롤로그(prologue)는 이순신의 고문 모습과 칠천량에서 깨진 조선 수군의 모습을 차례로 보여준다. 수군 전체를 감싸고 있는 두려움은 얼어붙은 병사들의 마음과 차가운 군영이 만들어내는 눅눅한 습기 때문에 독버섯처럼 번졌다. 두려움이 번지는 속도에도 날개가 있다. 한 움큼뿐인 조선 수군의 전부를 잃어버린 허탈감과 칠천량에서 깨진 패전의 공포는 군영 내 장군과 수졸을 가리지 않고 나타났다. 싸우기도 전에 이미 전의부터 상실했다. 천하의 이순신이라고 하더라도 이번에는 힘들 것이다. 적군과 아군의 생각이 같았다. 칠천량에서 철저히 유린당한 조선 수군의 두려움은 생각을 넘어 확신으로 굳어졌다.

영화 속에는 사부 오상구가 도망치다 망군들에게 잡혀온 영상이 짧게 나온다. 두려움과 공포에 떨고 있는 오상구의 눈빛은 죽은 자가 내뿜는 마지막 암광(暗光)의 눈빛처럼 어둡다. "칠천량에서 6년 동안을 같이한 동료들이 모두 죽었습니다요… 오늘 제 손으로 그들의 수급들을 묻고 왔습니다. 정말 두렵습니다… 이제 틀림없이 제 차례 같습니다… 이렇게 속절없이 다 죽어야 합니까?" 칠천량에서 경험한 공포의 크기는 이순신과 함께한 수많은 승전의 크기보다 컸다. 칠천량 전투 초장에 도망친 경상우수사 배설도 적들의 날램과 간악함을 핏대 높여 말하며 수군으로 맞서려는 이순신의 무모함에 온몸으로 저항했다. 두려움은 장군과 사병을 가리지 않는다. 명량해전에서 왜적들이 조선 수군의 공격으로 속수무책 당한다. 당연히 지원군을 보내야 하지만 도도 다카토라(藤堂高虎,

1556~1630)는 방관만 한다. 두려움은 아군과 적군을 가리지 않는다.

이순신 또한 그러한 공포를 모를 리 없다. 오히려 더 두려웠을지도 모른다. 자신의 선택에 따라 배설의 말처럼 마지막 남은 수군의 종자까지 박멸할 수 있다는 두려움…. 하지만 이순신의 결심은 확고했다. 선조가 수군을 파하고 권율이 이끄는 육군으로 합류하라는 교지를 보냈을 때 이순신은 "아직 신에게는 열두 척의 배가 있사옵니다(今臣戰船 尙有十二)"라는 말로 자신의 신념을 피력한다. "고작 열두 척의 배로 무엇을 할 수 있겠는가?" 조소와 좌절의 뉘앙스가 담긴 비아냥은 선조와 배설이 남긴 실패한 자들의 변명이라면 "아직 신에게는 12척의 배가 있사옵니다"라는 확신과 도전의 뉘앙스를 담은 이순신의 육성은 승리하는 자의 어록이다.

지독한 흙수저에다 운까지 따라주지 않았던 이순신에게 선택받지 못한 시간은 마냥 흘려보낸 시간이 아니라 결정적 시기를 준비한 운명의 시간이었다. 부모가 가난하면 성공할 수 없다고 한다. 이순신은 몰락한 역적의 가문에서 태어나 가난 때문에 외갓집에서 자랐다. 할아버지 백록이 기묘사화에 연루되었기 때문이다. 그래서 아버지 정은 벼슬을 하지 않았다. 어린 시절 이순신은 가난했지만 마음까지 가난하지는 않았다. 28살 때 훈련원에서 주관하는 무과 별시를 치던 도중 낙마해서 발목뼈를 다쳤지만 느티나무로 묶고 시험을 마쳤던 시기가 그때다. 혹자는 머리가 나빠서 성공할 수 없다고 한다. 이순신은 첫 시험에서 낙방하고 서른둘의 늦은 나이에 무과에 합격했다. 직장이 변변치 않다고 불평한다. 이순신은 14년 동안 변방 오지의 말단 수비 장교로 전전했다. 이후 마흔다섯에 정읍 현감(종육품)이 될 때까지 함경도와 전라도 고흥 발포진을 오가며 오지와 야전을 전전했다. 상관의 지시라 어쩔 수 없었다고 변명한다. 이순신은 직속상관들과의 불화로 몇 차례나 파면과 불이익을 받았고 결국에는 임금의 지시까지 어겨 한 달 동안 고문과 백의종군까지 당했다.

실패하는 사람들에게 있는 '변명'도 성공하는 사람들에게 가면 성공의 '신념'이 되고 성공의 '이유'가 된다. 무의식에서 단련되어 나온 신념과 이유가 '행동'이다. 우리가 이순신의 행보를 쫓아야 하는 이유가 여기에 있다. 이순신의 행보를 통해 이순신의 신념과 이유를 읽는다. 신념과 이유가 성공하는 사람들의 영혼이라면 그들의 행동은 성공하는 사람들이 남긴 진한 삶의 궤적이다.

문제는 물리적 시간과 심리적 자신감의 회복이다. 1년 2개월과 60일은 조선 수군에게 주어진 물리적 시간이다. 임진왜란이 일어나기 전 1년 2개월과 명량해전이 일어나기 전 60일을 쫓아가면 절명의 위기 속에서 승전의 단초와 승리하는 자의 이유를 발견할 수 있다. 두려움을 극복하는 방법이 어떻게 하나만 있겠는가? 승전의 이유가 어떻게 평면적일 수 있겠는가? 이순신의 행보는 두려움을 극복하고 기어코 승기를 잡는 이기는 자의 당당한 발걸음이다. 입체적으로 바라본 이순신의 신념과 행동의 증거를 통해 이기는 사람들의 습관을 배운다.

"경거망동하지 마라, 태산과 같이 진중하라." 임진왜란 첫 전투인 옥포해전에서 이순신 장군이 병사들에게 한 첫 일성이다. 그물에 걸리지 않는 바람처럼 나아가고, 소리에 놀라지 않는 사자처럼 나아가고, 흙탕물에 더럽히지 않는 연꽃처럼 나아가면 이순신을 만나리라.

두려움을 용기로 바꾸는 사람들의 몸의 언어

준비하고 훈련하라.

이순신이 전라 좌수사(정삼품)로 임명되어 여수 좌수영에 왔다. 신묘년(辛卯年), 1591년 2월 13일이다. 마흔일곱 살 때고 임진왜란이 일어나기 딱 일 년 하고 두 달 전이다. 마흔다섯 때 정읍 현감(종육품)에서 마흔일곱 때 전라 좌수사(정삼품)까지 2년 동안 이순신의 신분은 파도를 탔다. 극심한 정치적 갈등 때문이었을 것이다. 그 짧은 시간 동안 무엇을 할수 있었을까? 하지만 이순신은 그 짧은 시간 동안 전쟁의 모든 준비를 마쳤다. 병적 기록부에 허위로 기재되어 있는 병력들을 실제 병력으로 채우고 녹슨 병장기를 새로 만들고 병사들을 훈련시켰다.

특히, 전쟁의 승패를 좌우할 비밀 병기인 거북선을 건조해 함포 시범 사격을 한 날이 4월 12일이다. 임진왜란이 일어나기 딱 하루 전이다. 이 기막힌 타이밍을 설명할 방법이 없다. 장군의 말처럼 천우신조(天佑神助)라 할 것인가? 지극히 정성스러우면 하늘을 감동시킨다는 말이 결코 빈말이 아니었다. 삼도 수군통제영에 경상좌수영과 전라우수영, 충청수영이 있었는데도 이순신이 이끄는 전라좌수영을 제외하고는 임진왜란 초기 이렇다 할 전과나 교전 기록이 전무한 것으로 보아 이순신처럼 철저한 준비와 강도 높은 훈련이 없었다고 보는 것이 타당할 것이다. 철저한 준비와 실전 같은 훈련은 두려움을 극복하는 첫 번째 비결이다.

나만의 하드웨어를 만들어라.

거북선이 나오기 전에 '귀선(龜船)'이란 용어가 간헐적이긴 하지만 고려 말이나 조선 초에 나온다. 하지만 실전에 응용되어 전선에 투입된 것은 임진왜란이 처음이다. 이순신의 지휘와 나대용(羅大用, 1556~1612)에 의해 만들어진 비밀 병기인 거북선은 임진년 조선 수군의 위용을 세계에 알린 핵심 콘텐츠였으며 최고의 전략 무기였다. 1년이라는 짧은 기간에 없던 '전선감조(戰船監造)'라는 직책까지 만들고 그 자리에 나대용을 군관으로 임명해 거북선을 건조하게 했던 것은 이순신 장군의 탁월한 전략적 식견이라고 할 수 있다. 원자폭탄 한 방이 제2차 세계대전을 종식시킨 결정적 요인이었음을 부인할 수 없다. 지금도 전쟁의 우위를 점하기 위해 강대국들이 막대한 국방비를 쏟아부으며 초음속 전투기 개발에 국가적 명운을 거는 것도 이 때문이다.

밖에서 안을 들여다볼 수는 없지만 안에서 밖은 볼 수 있도록 했다. 거북선 머리와 꼬리까지 총 19문의 포가 장착되어 사방에서 포를 쏠 수 있는 당시로서는 상상할 수 없는 최첨단 전함이다. 또한 배의 갑판을 거북 모양의 덮개로 씌우고 칼이나 창을 꽂아 적이 배 위로 뛰어오를 시 치명적 타격을 주도록 고안했다. 이는 적의 단병접전까지 간파한 장치다. 그뿐 아니다. 거북선의 선체는 돌격선의 임무를 수행하기 위해 특별히 외판의 두께를 4치(12~13센티미터)로 만들었다. 이는 조총이 50미터의 유효사거리에서 두께 4.8센티미터의 전나무 판자를 뚫지 못한다는 근거를 바탕으로 만들어졌다. 따라서 왜선의 삼나무, 전나무보다 재질이 더 단단한 12~13센티미터 소나무의 외판으로 만들어진 거북선을 소총으로 뚫는 것은 불가능에 가까웠다. 해상에서 접전 시 '충파(衝破) 작전'이 가능했던 것도 이 때문이다. 한마디로 바다 위에 탱크가 돌아다닌 셈이니 거북선의 돌격이 곧 죽음이었으니 왜적들의 공포에 질린 눈동자는 보지 않아도 상상이 간다.

요즘으로 치자면 육군에서 소총과 칼, 활로 싸울 때 우리는 탱크를 몰고 전쟁을 했다는 뜻이다. 이 가공할 무기가 임진왜란 2차 전투인 5월 29일 날 사천해전에 처음 투입되고 한산도대첩 때 클라이맥스를 장식하게 된다. 화력의 콘텐츠와 클래스는 비교 불가다. 이 말도 안 되는 하드웨어를 임진왜란 하루 전에 완성했다는 것은 오직 이순신 장군의 혜안으로밖에 설명이 안 된다. 왜냐하면 거북선의 건조 당시 선조를 비롯한 조정에서는 이 작전을 몰랐던 것으로 파악되었기 때문이다. 임진년 6월 14일 이순신이 선조에게 보낸 장계를 보면 자신이 왜적의 침입을 대비하여 별도로 거북선을 만들었다는 기록이 보인다. 이것은 오로지 승리하는 자의 본능이 만든 기적일 뿐이다.

조선 수군 연승의 또 다른 비밀은 판옥선에 있다. 좀 더 정확히 말한다면 질 좋은 하드웨어를 최적의 조건으로 활용해 전투력을 극대화시킨 이순신의 운용 능력에 있었다는 뜻이다. 육지에서 아군 패전의 원인이 신식 무기 조총과 고도로 숙련된 일본군의 소프트웨어 때문이라고 한다면 해상에서의 아군의 승전은 판옥선과 판옥선에 장착된 화포 그리고 고도로 훈련된 이순신의 지휘력이 가진 소프트웨어에 있었다. 조선 수군의 전투 주력 함선이었던 판옥선은 일본의 주력 함선인 세키부네보다 훨씬 크다. 체급이 달랐단 소리다. 길이가 3센티미터고 높이가 6미터인 3층 구조로 승선 인원만 160명에 이른다. 세키부네의 승선 인원이 70명 정도고 대장선인 아타케가 140명 정도인 것과 비교해보아도 그 위용을 알 수 있다. 아군과 적군의 주력선인 판옥선과 세키부네의 높이 차이가 1미터 정도니 헤비급과 미들급의 싸움이라고 봐도 좋다. 판옥선 1척이 세키부네

한산대첩 전망대에서 문화해설사 강수영 선생으로부터 한산대첩 설명을 듣고 당시의 전투 상황을 이야기했다. 영화 〈명량〉 개봉 1년 뒤 김한민 감독도 강수영 선생으로부터 이곳에서 똑같은 설명을 들었다고 한다. 초가을 통영의 햇살은 따가웠다. 426년 전 7월의 여름도 그러했을 것이다. 한산대첩의 전투가 그림처럼 읽힌다.

3척 정도의 파워와 맞먹는다는 이야기가 그저 나온 소리가 아니다.

여기에다 판옥선의 구조적 장점도 더해진다. 왜선이 주로 얇은 삼나무나 전나무에 쇠못으로 만든 구조였다면 우리는 단단하고 두꺼운 소나무 판목에다 나무못을 박은 구조였다. 그리고 시간이 흐를수록 우리 배는 물속에서 더 견고해졌다. 거대 함선의 규모에다 단단한 재질적 특성이 더해지면서 다양한 성능을 가진 포의 장착이 가능했다. 이것이 화력 면에서 왜선을 압도하게 된 결정적 이유다. 왜군들의 해상 전략이 빠르고 민첩하게 적선으로 다가가 월선으로 단병접전의 단기 승부를 내는 것이나 쉽게 접근을 허용하지 않고 원거리에서 포를 쏘아대는 이순신의 수군을 이기기는 현실적으로 어려웠다. 여기에 판옥선의 장점과 세키부네의 단점을 꿰뚫고 있었던 이순신 장군의 지리적 특성까지 활용한 전략과 전술은 왜군이 결코 넘을 수 없는 '넘사벽'이 되었다.

임진년 7월 6일, 한산도대첩은 판옥선이 가진 구조적 장점과 지휘자의 대범한 작전이 완성한 기념비적인 전쟁이었다. 견내량(지금의 거제시)에 있는 적을 한산도 앞바다로 유인해오면서 적 앞에서 180도 선회하며 학이 날개를 펼친 듯 포위하여 섬멸한 학익진(鶴翼陣)은 배의 바닥면이 평평한 평저선(平底船)으로 된 우리 배의 특성을 십분 활용한 이순신 장군의 지혜와 군사들의 피나는 훈련의 결과가 만든 기적이다. 세상에 공짜는 없다. 승리의 비밀과 두려움을 극복할 수 있었던 원동력 뒤에는 차별화되는 나만의 콘텐츠와 그 콘텐츠를 자유자재로 사용할 수 있었던 숨은 노력이 있었다. 그것이 두려움을 극복하게 만든 두 번째 비결이다.

BTS(방탄소년단)가 세계를 제패하고 있다. 세계적으로 보기 드문 화려한 '칼군무'와 국제화를 대비한 철저한 영어 회화 능력, 세계 젊은이들을 겨냥한 감성적인 멜로디는 차별화된 콘텐츠로 준비하고 노력하는 자만이 성공할 수 있다는 영원한 교훈이다.

영화 〈명량〉에서 기적적인 승리를 만든 후 배 안에서 휴식하던 병사 중 한 명이 던진 말이 오랫동안 가슴에 남는다. "나중에 우리 후손 아그들이 우리가 이러고 한 것을 알까?"

▪ 두려움을 용기로 바꾸는 사람들의 마음 언어

두려움의 얼굴.

천하의 명장, 조선 왕조 519년 역사를 통틀어 최고의 영웅으로 평가받는 이순신의 부하 관리와 사랑은 정평이 나 있다. 이런 장군과 함께 싸우면 그 어떤 적도 두렵지 않았을 것이다. 하지만 현실은 달랐다. 〈명량〉에서 우리의 상상과 다른 전투를 보면서 보는 내내 답답했다. "아니, 대장선이 싸우고 있는데 나머지 함선들은 뭐하는 거지?" "왜 저렇게 떨어져 있어?" "어머, 저러다가 이순신이 죽겠네!" 영화를 보는 도중 여기저기서 터져 나온 독백에 가까운 한탄과 한숨 섞인 소리였다.

극도의 트라우마 상황에 빠져 있는 많은 사람들을 상담하면서 필자는 인간의 의지가 이성만으로 작동하지 않는다는 걸 알았다. 2016년 9월 12일 경주에서 기상 관측 사상 최고의 지진이 발생했을 때 사람들은 어떻게 행동했을까? 가까운 대학교수들을 상대로 매우 의미 있는 전수조사를 했다. 20명을 대상으로 조사를 했는데 결과는 의외였다. 상식적으로 우리는 지진이 일어나면 급히 가방이나 쿠션으로 머리를 가리고 책상 밑으로 들어가라고 배웠다. 하지만 결과는 의외였다. 20명의 교수들 중 단 2명만 적극적인 행동을 취했고 나머지는 아무런 행동도 없이 그저 어리둥절 놀라기만 했던 것으로 조사되었다. 그런데 흥미로운 건 적극적인 행동을 취했던 2명의 교수도 구체적으로 어떤 행동을 취했느냐는 질문에 가까운 벽 쪽으로 몸을 기댔는데 그 벽이 책장이었다고 한다. 당황하면 의식이 길을 잃는다. 인지부조화는 이때 사용하는 용어다.

천하의 명장 이순신 장군의 수하들이었지만 명량해전 초장에 그들은 자신들의 배를 움직이지 않았다. 명량의 바다 위를 새까맣게 뒤덮은 적선의 위용을 보고 당당히 나서기는 쉽지 않았을 것이다. 두려움이 자신들의 몸을 비겁하게 만들었고 극도의 공포심이 이성적 판단을 흐리게 만들었다. 만약, 그 상황에서 이순신의 대장선이 조금이라도 흔들리는 모습을 보였더라면 그 전투는 조선 수군의 전멸로 끝날 수도 있었다. 리더의 정신력이 중요한 이유가 바로 이것 때문이다. 모두가 두려움을 느낄 때 홀로 그 두려움을 온몸으로 극복해야 하는 외로운 사람이 리더다. 두려움은 인간의 이성과 감성, 그리고 야성의 맨 밑바닥에 차갑게 웅크리고 있는 무의식의 본능이다. 죽음조차 내려놓은 이순신에게 두려움은 무게가 없었다. 두려움은 오로지 인식하는 자의 몫이다.

관점을 바꾸고 이기는 싸움을 하라.

두려움은 적군과 아군을 가리지 않고 왔다. 공포심은 장수와 부하들의 계급을 가리지 않고 왔다. 이순신이 부하들의 가슴속 깊이 박혀 있는 두려움과 공포의 짙은 그림자를 떨쳐버리고 매번 당당히 싸움에 나설 수 있었던 것은 이긴 자의 경험이 가져온 자신감 때문이었다. 23전 23승은 이기는 싸움을 해왔던 이순신 장군의 승률이다. 한걸음 더 걸어 들어가면 이기는 환경을 만들고 싸웠다는 표현이 더 정확할 것이다. 명량에서도 그랬다. 이유와 변명을 말하지 않고 묵묵히 이기는 싸움의 준비를 했다.

해변가를 돌며 자신이 돌아왔음을 알렸다. 칠천량에서 살아남은 자들이 하나둘 이순신 곁으로 모였다. 군사가 모이고 군영이 제 모습을 갖추었다. 뼈가 아물고 살이 붙듯 하나하나 자리를 잡아갔다. 기적 같은 일이다. 하지만 그것뿐이었다. 병장기와 병사들은 보충했지만 그 속을 채우는 승리의 에너지는 없었다. 오직 두려움과 공포가 있었을 뿐이다. 그들이 모인 건 어찌 보면 오롯이 이순신에 대한 의리 때문이었는지도 모를 일이다. 선순환과 인연의 힘은 질겼다. 이순신의 선한 의도를 도의상 뿌리치지 못한 칡뿌리처럼 질긴 인연은 식은 화롯가의 작은 불씨였다.

선조의 교지처럼 육군으로 편성할 것인지? 조선 수군을 유지할 것인지? 진은 어떻게 펼친 것인지 알 길이 없다. 극한의 공포를 한 번 맛본 사람에게 다가오는 새로운 공포는 그 강도가 배가된다. 칠천량에서 도망친 배설이 명량해전을 앞둔 그달 9월 초 이튿날 또 도망을 쳤다. 두 번의 도망이 자신에게 짧은 위로가 되었을지는 모르지만 그는 영원한 역사의 죄인이 되었다. 2년 뒤 그는 선산에서 권율에게 잡혀 서울에서 참형을 당한다. 영화 〈명량〉에서 배설은 귀선을 불태우고 도망가는 인물로 나온다. 그리고 거제 현령 안위가 쏜 화살에 배 위에서 죽는 모습으로 그의 최후를 그리고 있다. 영화적 상상력이 만든 영상이 보는 이들의 마음을 후련하게 했다. 배신자의 최후는 언제나 그러하듯 비참하다. 후에 그의 무공을 인정받긴 했지만 그의 허물을 덮기에는 부족해 보인다. 역사의 기록은 객관적이나 느낌은 주관적이다. 살기를 도모했던 배설은 영원히 죽었다.

명량 하루 전 이순신은 우수영(右水營) 앞바다로 진(陣)을 옮긴다. 벽파정(碧波亭) 뒤에 명량이 있는데 적은 수의 아군으로 전쟁을 수행하기에는 명량보다 최적의 장소는 없다고 판단했다. 좁은 수로는 적의 움직임도 작게 만든다. 좁은 길목에 적들을 몰아넣고 죽기를 각오하고 싸운다면 승산이 있을 것이라고 판단했다. 영화 속 '회오리'는 진도 울돌목의 지형을 이용한 최적의 공간이었다. 이기는 자의 본능이 만든 신의 한 수다.

이런 이순신의 작전을 왜군이 몰랐을 리 없다. 그럼에도 왜군이 명량으로 공격 방향을 잡은 것은 자신들의 선봉장에 명량과 환경이 비슷한 곳인 시코쿠의 에히메 현에서 해적으로 유명세를 떨친 구루시마 미치후사가 있었기 때문이었다. 자신 있었다는 말이다. 빠르게 달려들어 초장에 끝을 보겠다는 것이다. 이것이 구루시마 미치후사의 전략이었다. 이걸

사자성어로 표현하면 '아무개념(我無槪念)'의 정신 즉, '나는 개념이 없다'는 뜻이다. 아무리 이순신이 유능하다 하더라도 고작 13척의 배는 자신들에게 큰 타격을 주지 못할 것이라 생각했다. 무모한 자신감은 항상 오만을 부른다. 명량이 그랬다.

이순신은 명량해전 하루 전 병사들을 모으고 두려움에 떨고 있는 그들의 마음을 바꿔준다. 부족한 수군으로 울돌목에서 적을 맞는 건 무모한 짓이라고 몰려온 그들에게 이순신은 군영을 불태우며 말한다.

"병법에서 반드시 죽고자 하면 살고, 반드시 살려고 하면 죽는다(必死則生 必生則死)고 했다. 또 한 사내가 길목을 지키면, 1,000명도 두렵게 할 수 있다(一夫當逕 足懼千夫)고 했는데, 이는 오늘의 우리를 두고 하는 말이다. 너의 여러 장수들이 조금이라도 명령을 어긴다면 즉시 군율로 다스려 조금도 용서치 않을 것이다." 굵고 짧은 이 문장 속에는 이순신이 부하들에게 전하고 싶은 모든 내용을 다 담았다. 흐트러진 마음을 다스리는 방법을 담았고, 전략의 방향을 담았으며, 군령의 지엄함을 담았다. 촌철살인이다.

"필사즉생 필생즉사(必死則生 必生則死)"가 《오자병법(吳子兵法)》의 고전에서 유래했건 "일부당경 족구천부(一夫當逕 足懼千夫)"가 진나라 좌사(左思, 250~305)가 쓴 《촉도부(蜀都賦)》의 고전에서 유래했건 출처가 중요한 게 아니다. 절체절명의 순간에 날린 촌철살인의 인용과 비유가 두려움에 떨고 있는 병사들에게는 강렬한 각인의 메시지가 되었기 때문이다. 말에도 뜨거운 심장이 있음을 처음으로 알았다.

천운도 자신의 노력이 만든 결과물이다. 두려움에 주저하는 병사들을 당겨서 오게 할 수 있었던 원동력도 수많은 적을 마주한 채 독전(獨

戰)을 할 수 있었던 것도 '적은 133척이 아니라 하나의 큰 배'라고 생각한 발상의 전환이 있었기 때문에 가능했다. 배설의 마음과 이순신의 마음을 모두 헤아리기 어렵다. 그러나 한 가지 분명한 사실은 그들이 걸어온 행적을 통해 421년 전 그들의 속마음을 읽을 뿐이다.

작은 배역은 있어도, 작은 배우는 없다

영화 속 주인공은 언제나 나

유명한 배우든 그렇지 않는 배우든 배우의 숙명은 연기다. 때론 영웅으로 등장하기도 하고 때론 악역을 맡기도 한다. 절대 선, 절대 악의 역할은 존재하지 않는다. 한쪽으로 기운 배역은 연기의 폭을 위축시키고 다양한 감정을 소화하는 데 방해가 된다. 결국 배우 한 사람에게 요구되는 희로애락 같은 다양한 감정은 우리가 살아가는 인생의 깊이와 기막히게 닮아 있다.

배우가 잘생기고 아름답다는 것은 축복이다. 하지만 때론 그것이 걸림돌이 되기도 한다. 배우가 평범하게 생겼다는 것은 분명 축복은 아니다. 하지만 결코 그것이 걸림돌이 되지는 못한다. 축복에는 항상 무거운 책임이 따르고 평범은 부단한 노력을 요구한다. 세상에 모든 배우들은 큰 배역을 기대하며 하루를 보낸다. 하지만 준비 없이 맞이한 큰 배역은 오히려 독이 되어 돌아온다. 작은 시각으로 세상을 바라보면 참 공평하지 않은 듯 보이지만 큰 시각으로 세상을 바라보면 참 공정하다. 작은 틀에서 세상을 바라보면 비극(悲劇)이지만, 큰 틀에서 세상을 바라보면 희극(喜劇)이다. 세상이 공평하지 않다고 생각하는 사람들의 기준은 성공한 사람들의 화려한 영상 속 주인공들만 보기 때문이고, 세상이 공정하다고 생각하는 사람들의 기준은 영상 속 엑스트라들을 바라보기 때문이다. 타인과의 비교는 자신이 맡은 배역의 몰입을 방해할 뿐이다.

큰 배우와 크게 될 배우는 큰 배역이든 작은 배역이든 가리지 않고 최선을 다한다. '미친 존재감', '미친 연기력', '넘볼 수 없는 아우라', '넘치는 카리스마' 등의 수식어는 세상 사람들이 연기 달인에게 보내는 찬사다. '외모만으로 승부하는 배우'란 말은 큰 배우의 좋은 조건을 가졌음에도 불구하고 연기력이 기대에 못 미치는 경우에 실망스럽다는 뜻의 드러냄이다. 이 말에는 한 번 더 기대를 하겠다는 기대 심리와 한 번만 더 실망하면 돌아서겠다는 경고의 의미가 모두 담겨 있다. 이런 평가를 받은 배우는 십중팔구 다음 연기에 뼈를 깎는 연기 변신을 하고 온다. 세상에 그저 얻어지는 영광이란 없다.

가끔 우리는 평범한 외모지만 미친 존재감을 드러내는 배우들을 보면서 대리 만족을 느낀다. 그들의 성공에서 자신을 보기 때문이다. '연기의 달인'이란 소리는 그들에게 보내는 최고의 찬사다. 성동일과 라미란 같은 배우를 두고 하는 말이다. 그들은 이미 큰 배우가 되었다. 밑바닥에서부터 다진 탄탄한 실력과 다양한 캐릭터들을 소화한 가공할 내공 그리고 평범하기에 더욱 비범하게 보여야 할 몰입의 연기력은 신의 한 수가 되었다. 그들에게 평범함은 대배우가 되는 디딤돌이었다.

〈아바타〉에서 〈명량〉에 이르기까지 수많은 작품들 속 주인공을 만났다. 제이크 설리와 이순신까지 그들의 삶 속에 평범함은 없었다. 가장 평범한 삶을 살기 위해 선택한 시련과 도전은 큰 배우가 될 주인공들이 겪는 한결 같은 운명이다. 하지만 그들은 자신에게 다가온 운명을 거부하지도 포기 하지도 않았다. 그저 묵묵히 자신의 역할에 최선을 다할 뿐…. 대배우의 전설은 그 속에 있었다. 언제나 작은 일에도 최선을 다하는 하나의 몸짓.

내 인생 최고의 영화와 내 생애 최고의 명대사는 무엇인가?

마지막 〈에필로그〉를 쓰고 있는 지금 이 순간 한국 영화의 거목 신성일 배우가 타계했다는 소식이 들렸다. 한 편의 영화처럼 세상을 살다간 신성 일은 당신의 삶 자체가 영화였다. 어디 그것이 비단 신성일 배우에게만 국 한될 일이던가? 우리들 삶도 그러하다. 우리 모두의 삶이 한 편의 영화며 한 권의 소설이다. 삶이란? 그저 조금 긴 여행일 뿐, 우리 모두는 삶이란 길 위의 주연배우들이자 동시에 감독이다. 지금 이 순간에도 촬영은 계속되 고 우리가 만나는 모두는 단지 나를 위한 엑스트라들이다. 내 인생의 영화 속 주인공은 언제나 나다. "그냥 인생은 연기(煙氣+演技)다." "연기로 왔다 가 연기로 떠서 돌아다니다, 다시 연기로 만나는 것." 55년을 동지처럼 보 낸 엄앵란 여사가 남편을 떠나보내며 한 마지막 말이 가슴을 파고든다.

열 편의 영화를 통해 우리는 많은 주인공들을 만났다. 그리고 그들의 삶 에 담겨 있는 다양한 이야기를 들었다. 우리가 만나본 주인공들 중 그 어 떤 스토리도 똑같은 이야기는 없었다. 경쟁적으로 살아가는 인생이란 길 위에 그저 타인의 삶을 따라가는 인생보다 나의 길을 걸어가라는 메시지가 영화 속 주인공들이 남긴 한결같은 교훈이었다. 많은 영화는 나와 우리를 되돌아보게 했다. 그렇다고 영화를 자주 보라는 교과서적인 메시지는 아니다. 영화를 통해서 타인의 신념을 경험해보라는 의미다. 그리고 자신의 신념을 한 번쯤 돌아보라는 뜻이다. 그래서 영화는 힐링이고 치유이며 때로는 자기계발이다.

많은 학생들을 만나면서 영화를 통해 인간의 심리를 이야기했고 지혜와 정의, 용기와 절제에 대해 이야기를 나누었다. 물론 필자의 이야기가 학생들을 비롯한 일반인들의 생계에 직접적으로 도움이 되지는 않는다는 걸 모르는 바는 아니다. 서울대 김난도 교수처럼 세상을 살아가는데 보탬이 되는 최신 트랜드를 소개하는 강의는 더더욱 아니다. 그럼에도 불구하고 많은 분들이 호응을 해주었고 강의를 듣는 도중 눈물을 흘렸다는 이들도 있었다. 또 낮아진 자존감을 되찾았다는 이야기도 들었다. 영화 이야기만 했다면 결코 나올 수 없는 반응들이다. 영화를 핑계로 나의 이야기와 우리의 이야기와 인문학의 이야기를 했기에 가능했던 일이다. 사느라고 바빠서 그동안 우리가 잊고 있었던 아름다움의 가치와 위대한 영웅들에 대한 이야기를 건드릴 수 있었기 때문에 가능했다.

선과 악의 경계를 고민했던 문명인 제이크 설리. 영화 〈아바타〉에서 그는 원주민과 미래 인류 사이를 고민하다 자연인 제이크 설리를 선택한다. 나비족의 일원이 되기 위해 훈련한 대부분은 자연과의 '교감'을 위한 노력이었다. 제임스 카메론 감독이 창조한 미래의 인간형은 우리가 잃어버린 자연을 품을 수 있고 동물과 식물과도 기꺼이 교감을 나눌 수 있는 그런 인간을 원했던 건 아닐까? 제이크 설리의 모습에서 미야자키 하야오 감독의 치히로를 읽는 건 그래서 우연이 아니다.

영화 〈쉰들러 리스트〉에 등장하는 오스카 쉰들러는 우리 주변에서 쉽게 볼 수 있는 전형적인 비즈니스맨이다. 그런 쉰들러가 내 안에 순수를 발견하는 순간 찾아낸 이타심의 에너지는 영화 〈패치 아담스〉에서 패치의 조건 없는 사랑과 연결된다. "하나의 생명을 구하는 자는 세상을 구하는 것이다."《탈무드》의 말처럼 쉰들러와 패치가 만난 내 안의 신성(神聖)은 신이 인간에게 부여한 가장 고귀한 첫 번째 선물이다. 하지만 우리가 분명히 알아야 할 것은 신성은 갈구하고 찾는 자의 몫이다.

탈출할 수 없는 거대한 절망의 영화 〈쇼생크 탈출〉의 앤디는 또 어떤가? 그가 포기하지 않고 일어설 수 있었던 이유는 영화 〈글래디에이터〉의 막시무스 장군이 가지고 있다. 앤디의 절망과 막시무스의 절망은 모양과 색깔까지 닮았다. 앤디와 막시무스에게 '생존의 이유'는 그들이 하루하루를 버티게 하는 '삶의 의미'다. '생존의 이유'가 분명하고 '삶의 의미'가 명확한 사람은 그 어떤 고난도 이겨낼 수 있다. 오스트리아의 정신과 의사인 빅터 플랭크는 역설적이게도 죽음의 홀로코스트에서 이 소중한 가치를 찾았다. "가까이 보이는 시련도 멀리 떨어져서 바라보면 축복이다." 소줏집 낡은 벽 밑에 누군가가 써놓은 삐뚤한 문장도 가끔은 명언일 때가 있다. 고난 속에 인생을 살아본 사람은 낙서도 어록이 된다.

마음이란 낙하산과 같다. 완전히 펼쳐졌을 때만 그 기능을 충분히 발휘할 수 있기 때문이다. 행복은 호주머니에 들어 있는 돈의 양도 나의 지위에 있는 것도 아니라고 한 말은 하버드 대학 탈 벤 샤하르 교수가 행복 6계명에서 한 말이다. 가진 것 없고 모두 무섭다고 피하는 아웃사이더들의 영화 〈오아시스〉의 홍종두도 사랑을 한다. 비록 남들이 비아냥거리고 웃더라도 한공주와 나눈 그들의 사랑은 세상 그 어떤 사랑보다 정직하고 아름답다.

그런 면에서 보면 사랑은 직선이지 않고 곡선이라 참 다행스럽다. 화려한 사랑 안에 사랑이 차갑고 초라한 사랑 안에 사랑이 뜨거울 수 있음에 감사한다. 그래서 사랑은 주관적이다. 사랑은 모양이 서로 다른 바퀴가 완전하게 맞물려야 온전하게 돌아가는 합의 원리를 갖고 있다. 사랑에는 경계가 없다. 사랑은 벽이 없다. 사랑은 한계가 없다. 한계를 갖고 사는 인간에게 사랑은 신이 주신 두 번째 선물이다.

누구를 위해 온전히 자신을 바쳐본 적 있던가. 그렇게 해본 사람은 안다. 나누고 베푸는 것이 얼마나 아름다울 수 있는가를…. 자신을 불꽃같이 태우며 살아본 적 있던가. 그렇게 해본 사람은 안다. 오늘 이 시간이 얼마나 소중한가를…. 해가 아침을 밝히는 게 일상이라면 사람은 세상을 밝히는 게 일상이다.

깊은 밤에도 소망의 나뭇가지를 뻗어 부지런히 달빛을 건져 올리는 한 그루 나무처럼, 겨울밤 속살거리는 갈바람 소리를 내며 이불 속으로 들어온 새끼 고양이의 감촉에서 작은 행복을 느끼며 내일의 나를 준비한다.

나를 위한 다큐멘터리는 그렇게 시작된다.

내 인생 최고의 영화는 '나'이고,
내 생애 최고의 명대사는 '지금'이다.